旅游管理（MTA）

教学案例集

主　编　邵秀英　刘丽娜
副主编　耿娜娜　黄永胜　冯卫红　郝从容
　　　　李晋宏　席婷婷　席　雯　王洁玉

重庆大学出版社

图书在版编目（CIP）数据

旅游管理（MTA）教学案例集 / 邵秀英, 刘丽娜主编.
-- 重庆：重庆大学出版社, 2022.6
ISBN 978-7-5689-3242-4

Ⅰ.①旅… Ⅱ.①邵… ②刘… Ⅲ.①旅游经济—经济管理
—研究生教育—教案(教育) Ⅳ.①F590

中国版本图书馆CIP数据核字（2022）第067272号

旅游管理（MTA）教学案例集

主　编：邵秀英　刘丽娜
责任编辑：尚东亮　　版式设计：尚东亮
责任校对：邹　忌　　责任印制：张　策

*

重庆大学出版社出版发行
出版人：饶帮华
社址：重庆市沙坪坝区大学城西路21号
邮编：401331
电话：（023）88617190　88617185（中小学）
传真：（023）88617186　88617166
网址：http://www.cqup.com.cn
邮箱：fxk@cqup.com.cn（营销中心）
全国新华书店经销
重庆市国丰印务有限责任公司印刷

*

开本：787mm×1092mm　1/16　印张：18.75　字数：315千
2022年6月第1版　　2022年6月第1次印刷
ISBN 978-7-5689-3242-4　定价：68.00元

前 言——

2020 年 9 月，教育部、国家发展改革委、财政部发布的《关于加快新时代研究生教育改革发展的意见》中指出，要"优化培养类型结构，大力发展专业学位研究生教育"。国务院学位委员会、教育部《专业学位研究生教育发展方案（2020—2025）》中要求，到 2025 年，将硕士专业学位研究生招生规模扩大到硕士研究生招生总规模的 2/3 左右。旅游管理硕士专业学位（Master of Tourism Administration，简称 MTA）是教育部于 2010 年设立的教育项目，旨在培养旅游及其相关产业高层次应用型人才。新时代我国研究生改革与文化旅游融合发展，为旅游管理专业学位研究生教育带来了重大的发展机遇和挑战。

案例教学是提升专业学位研究生教育人才质量的有效途径和手段。20 世纪 80 年代，案例教学引入我国并广泛运用于工商管理、公共管理教学中。旅游管理专业学位（MTA）案例教学是旅游管理研究生教育与文化旅游产业有效衔接的重要途径，旨在通过对文化旅游产业和行业实际场景再现或文旅事件过程叙述，让学生身临案例场景，在开放式讨论或者研讨互动、观点碰撞等教学过程中，引导学生的推理能力，培养学生的创造性思维，提高学生分析问题与解决问题的能力。

太原师范学院于 2018 年获得旅游管理专业硕士学位点，以服务山西文化和旅游产业、行业为己任，以培养应用型、复合型高层次人才为目标。在 3 年多来的研究生培养中，积极探索案例教学，建设 MTA 教学案例库。本书所选案例涵盖旅游景区标准化建设与旅游产业创新、后疫情时代的旅行社发展、餐饮与酒店管理、乡村文旅融合与差异化发展、非遗传承与旅游活化、工业旅游等板块，重点聚焦传统村落旅游发展中的遗产保护、社区参与、开发主体与原住民受益等热点问题，探讨传统村落遗产属性、旅游发展困境及其解决路径，突出了太原师范学院旅游管理专业研究基础和优势，以期丰富 MTA 案例研究与教学。另外，本书全部案例为作者原创，仅用于课堂教学讨论，不对相关景区或企业的管理做出任何评判，不对其市场经营构成损害。

编者

2022 年 2 月

目录——

弘扬优秀传统文化中脱颖而出的晋商文化主题餐厅

——山西会馆的发展之道

案例正文

摘要： 山西会馆源于明清时期山西人在全国各地建立的以"山西会馆"为名称的会馆，本文的山西会馆指山西会馆餐饮文化有限公司。它不仅传承了会馆"联络乡谊"的功能，还将山西历史文化、晋商文化、民间风俗、地方特色、餐饮文化融合起来，被誉为"能吃饭的博物馆，山西人的会客厅"。山西会馆以打造山西面食文化、民俗文化为中心，并以店内自身建设和店外积极展示两条主线为连接点，打造全新商业模式，传承山西品牌文化。经过 10 多年的不懈努力，打造了"山西文化餐饮的一面旗帜"。

关键词： 传统文化；主题餐厅；山西会馆

新时代，餐饮企业受市场环境的影响，许多企业遭受重创。特别是新冠肺炎疫情暴发以来，餐饮企业的经营更加艰难。山西会馆餐饮文化有限公司（简称"山西会馆"），延续晋商"山西会馆"的品牌，传承"山西会馆"的晋商精神，发扬"山西会馆"的晋商文化。在激烈的市场竞争中，山西会馆从一家主题餐厅发展到七家，从太原发展到北京，甚至走进纽约联合国总部，成为展示山西饮食文化的亮丽名片。而同期同类餐饮企业信都酒家、晋阳双来饭庄、山西饭庄、芙蓉酒楼、晋韵楼都先后由盛而衰，甚至闭门歇业。山西会馆的制胜之宝是什么？

一、源于 1728 年的山西会馆

会馆作为名称，一般认为最早出现于明朝。明清时期，"山西会馆"狭义上是

---

* 作者简介：黄永胜（1969—　），太原师范学院副教授，研究方向：旅游产业与区域经济。

指山西人在全国各地建立的以"山西会馆"为名称的会馆。广义上则是指山西人在全国各地建立的各种类型、不同名称的会馆。会馆的主要作用体现在联络乡谊、商业谈判等，山西会馆把敬业精神、进取精神、团队精神作为立业、处事所遵循的道德准则，进而谱写了晋商人望益高、生意兴隆的辉煌篇章。山西早期的会馆就是由晋南和晋东南籍山西人建立的，比如明朝万历年间贾仁元在北京建立的三晋会馆和潞安会馆。山西会馆中商业会馆比重大，山西会馆真正兴起的主要原因是晋商的崛起。会馆不仅是祭祀关羽等神灵的地方，还是凝聚同乡感情、互相帮持扶助的组织。会馆对于旅居在外的山西同乡已经在精神和心灵上有了重大的意义。清朝康熙年以后，晋中和晋北的商人开始崛起，此时山西商人实力更加雄厚，为在各省修建更多的"山西会馆"打下了经济基础。目前，有学者考证最早以山西会馆命名的会馆是康熙年间建于江苏徐州的山西会馆。而根据山西会馆餐饮文化有限公司董事长高绍军先生收藏的石碑记载，以山西会馆命名的会馆建立于雍正六年，也就是1728年。明清时期，山西商人在全国建立的"山西会馆"约为182座。一座座矗立在全国各地的山西会馆都是活生生的山西名片，让山西这个名字熠熠生辉。

晋商虽已没落，但山西文化、晋商精神却在山西会馆餐饮文化有限公司的主题餐厅里焕发生机。山西会馆餐饮文化有限公司简称"山西会馆"，前身为创立于1991年的太原白云饭庄。2004年，在山西省全面实施"文化强省"战略的大背景下，企业的创办人高绍军受保定会馆餐饮公司的启发，决定在经营企业的同时进一步弘扬山西文化和晋商文化。2006年11月28日，高绍军先生将晋商会馆文化融入餐饮经营中，并将企业更名为山西会馆。山西会馆不仅传承了会馆"联络乡谊"的功能，还将山西历史文化、晋商文化、民间风俗、地方特色、餐饮文化融合起来，被誉为"能吃饭的博物馆，山西人的会客厅"。目前山西会馆有7家连锁店，共有1 500名员工，营业面积7 460平方米，拥有固定资产1 600余万元。

山西会馆自建店伊始，就以打造山西面食文化、民俗文化为中心，并以店内自身建设和店外积极展示两条主线为连接点，打造全新商业模式，传承山西品牌文化。2010年董事长高绍军先生带领公司高管赴五台山培训，立志树立"山西文化餐饮的一面旗帜"，打造出一座座"能吃饭的博物馆、山西人的会客厅"。山西会馆经过十多年的不懈努力，赢得了国家级绿色五叶餐厅、省级文化产业示范基地、山西省餐饮十佳品牌等荣誉称号。品山西文化、讲山西故事、吃山西面食，山西会馆已经成为山西的一张亮丽的地理名片。

二、能吃饭的博物馆

新时期的山西会馆，以晋商大院建筑特色作为山西会馆的建筑设计风格，主题营造与表现理念非常丰富，充分展现了山西的社会风俗、风土人情、文化传统。山西会馆的建筑围绕山西文化做文章，将精美绝伦的木雕、石雕、砖雕、古牌匾融为一体。雕梁画栋间蕴藏了丰富多彩的文化内涵，体现了中国传统的道德文化和审美情趣，承载了古老中国的传统习俗，囊括了中国传统文化的方方面面。门匾和楹联是富贵人家标榜风雅最下功夫的地方，将吉语刻在门端，彰显宅第主人的文化品位。三雕艺术美轮美奂，在晋商大院群落里，从门窗到牌坊的各种石雕、砖雕、木雕作品，反映出历代晋商的智慧、才能、艺术和文化品位。这些建筑中的雕刻艺术在院内外、屋上下、房表里等随处可见，将北方建筑的雄伟气势体现无遗。

山西会馆目前有七家连锁店：体育分号、胜利分号、大学分号、面博分号、双塔分号、北京清华分号、晋三宝分号。山西会馆体育分号主题是"三晋五千年"，将"人的文化""大院文化""家文化""佛教文化"提炼融合；山西会馆胜利分号主要突出山西匾额文化，展示从山西省119个县市收集整理的明清时期各类老牌匾，填补了山西省没有牌匾博物馆的空白；山西会馆大学分号以"学堂记忆"为主题，将山西学堂从古至今的演变浓缩再现；山西会馆面博分号是真正意义上的一个旗舰店，不仅将山西的面食纳入其中，还打造了一台以印象山西为主题的大型民俗演艺秀，有山西的鼓乐、民歌、戏曲、传统中式婚礼、大红灯笼，刀削面的传奇和面道天下的现场表演，这里成为外地客人一站式了解山西的窗口；山西会馆北京清华分号是在京山西人的相聚之地，充分发挥联络乡谊的作用；山西会馆晋三宝分号延续会馆传承山西文化的初衷，以"右玉羊肉论锅卖、黄河鲤鱼烙饼盖、刀削面比飞刀快"三宝作为店内主打产品。

山西会馆历时10多年，累计投资1.5亿元，会馆先后搜集抢救文物1万余件。其中，石刻2 000多件、石雕6 000多件，各种木牌匾1 000多件，大型门楼50多座，古戏台 12 座，古民居 73 套及其他文化遗存若干件。除在会馆内对这些珍贵文物进行部分展示外，山西会馆还把它们展示于山西省民俗博物馆，建设了山西会馆古民宅生活体验馆，作为古民居展示基地；复原搭建了五座不同时期不同风格的古名居大院，作为展示山西古建特色和古民居生活风貌，集吃住游于一体，中外来宾了解山西大院文化的一个重要窗口。2008 年山西会馆被山西省民俗博物馆授予山西民俗博物馆分馆的荣誉，成为真正意义上的"能吃饭的博物馆"。

三、山西人的会客厅

新时代，随着我国社会消除绝对贫困，人民生活步入小康行列，"吃饭"早已不再是"吃饱就好"，而是希冀"寻求一场文化餐宴"。山西会馆弘扬晋菜饮食文化、传承山西风土人情、秉承晋商信义精神，为山西人提供了一个宴请海内外来宾、展示本土文化的良好场所。品尝传统晋菜、享受三晋文化、传承晋商精神、观赏民居艺术，在山西会馆用山西人的传统礼仪接待五湖四海的客人成为一种时尚。

（一）传承创新晋菜菜品，精心烹制美味佳肴

晋商号称"海内最富"，其在饮食上也有很多讲究，很多特色。山西会馆在搜集整理民间传统菜肴基础上，结合晋菜经营的经验与现代人的饮食特点，创新出一系列的山西特色美味菜肴。研发出阎家酱烧黄河鲤鱼泡饼、陈家脆皮虾、阎府大烩菜、乔家牛肉小窝头、汾河二库鱼头汤等招牌菜肴，传承了糖醋丸子、香酥鸡、锦绣铜火锅、徐沟灌肠、西红柿浇莜面栲栳栳、山西过油肉等传统菜肴，打造出独树一帜的阎府家宴、乔家掌柜宴、常家庄园家宴等晋商家宴宴会菜肴。

新时代山西会馆在晋商高绍军领导下，秉承会馆功能，将山西五千年人文历史、民间风俗、地方特色、晋商文化融入企业餐饮经营之中，将"忠义信勇严"的关公精神作为企业经营的核心理念，坚持"出品就是人品、做菜就是做良心"的经营理念，打造了山西人自己的独特民俗文化特色餐饮品牌。山西会馆重金聘请全国十大CEO 导师张力夫指导出品服务，全力保证食品安全，不断提升出品品质。所有的食材从田间地头到顾客餐桌，坚持绿色出品，严格品控管理。生产中坚持使用纯净水、非转基因大豆油，真正做到匠心出品。在阳曲县青龙镇建立了家禽饲养基地和绿色

蔬菜生产基地，为企业提供的原料绿色又环保，保证了食材的营养健康。一道道风景，一个个故事，一段段传奇，皆令广大顾客进"山西会馆"而知晓山西的人文历史、民俗风情，展现了山西人的纯朴、善良与美丽。

（二）服务与演艺结合，展现山西传统文化

山西会馆将美食与面艺表演、茶艺表演、民歌表演等相结合，将传统山西文化做得有声有色。在山西会馆用餐可以欣赏到精美绝伦的面表演：高跷头顶削面、会馆面气球、拉面穿针眼等绝活。在山西会馆还可以欣赏到技法娴熟的手抻龙须面表演，出条动作舒展，用力均匀，敏捷迅速，绷条筋性劲大，久亮不泻，大方干净，制作出来的抻面粗细适中。特别是其中濒临失传的"反手搭扣"和"正手搭扣"手法得到了保护与传承。在山西会馆还可以看到民歌表演，听到地道的山西会馆民歌表演团队倾情表演原生态山西民歌。人多的时候还可以欣赏到二鬼摔跤、风火流星锤等传统民俗娱乐项目的表演，一些餐厅还设有茶艺、舞蹈等传统文化项目的演出。山西会馆极具吸引力的表演给观众带来一场独特的视觉盛宴，给消费者心里留下美好的印象。

四、晋商精神的传承者

晋商精神讲究行大道、重仁义，体现的是进取精神、敬业精神、群体精神。山西会馆"勤奋、敬业、谨慎、诚信"的店训正是晋商精神的写照。山西会馆深知"一枝独秀不是春，百花齐放才是春"的道理，深入挖掘晋商文化内涵，弘扬中华优秀传统文化，更好服务经济社会发展和人民高品质生活。山西会馆在做好自身企业经营的同时，还充分利用自己的品牌优势，为山西名优特产，特别是非遗饮食产品搭建销售平台。山西面食博物馆开辟专门空间，吸纳山西四十九家名优特产入驻，杏花村汾酒、白老大杏仁、浑源凉粉、柳林碗托儿、双合成名饼、平遥牛肉等分布于各个包间。每一个包间就是一个名优特产的展厅，客人就餐的同时，可以免费品尝到山西最正宗的产品。

山西会馆除了对同行仁义，也一直将社会责任摆在重要位置；行大道，积极参加社会公益活动。董事长高绍军先生甘做全国人大代表韩妈妈安置帮教事业的接班人，以安置刑释"两劳"人员作为己任，想常人不愿想，做常人不愿做的事情，克服一个又一个困难，教育、感化和安置刑释劳教人员100余人，大到71岁的老者，小到11岁的学生。在他辛勤的劳动和不懈的努力下，部分刑释劳教人员已经成为优秀的企业家和管理人员，为社会的安全稳定做出了积极的贡献。山西会馆为彰显企业的社会责任，弘扬正能量，还经常组织员工去康复医院、敬老院等地看望脑瘫儿童、孤寡老人，为他们送去礼物和美好祝愿。新冠肺炎疫情期间，为方便民众生活，山西会馆各个分店开展平价蔬菜销售、熟食外卖、线上销售、免费送餐等一系列服务。总经理高绍明先生先后10余次亲自带队为战斗在抗击新冠肺炎一线的白衣天使、公安交警、铁路公路等值守人员赠送快餐盒饭2 000余盒，总价值5万余元。山西会馆一系列的善举曾受到山西各大媒体和太原市民的广泛关注。

五、三晋文化的展示窗

大自然情有独钟的造化，使三晋大地成为世界上生长杂粮品种最全的地域，为山西成为面食之乡奠定了客观现实的基础，再加上民间智慧几千年的积淀和演变，使山西面食不仅名扬国内，而且香飘四海，以致有"世界面食在中国，中国面食在山西"之盛誉，且日益成为重要的地方特色资源。

（一）弘扬山西面食文化

山西百姓的饮食习俗在北方地区是非常独特的，特殊的经济、地理、人文环境等因素形成了山西独特的面食文化。山西面食，不仅是中华民族饮食文化中的重要组成部分，也是世界饮食文化中的一朵奇葩。山西面食历史悠久，源远流长，从可以考证的时间算起，至少有2 000年的历史。根据出土文物的研究，山西面食的萌芽可以追溯到新石器时代，春秋时期出现面食记载，到两汉、魏晋时期面食的种类大大丰富，经过唐宋两朝的繁荣，到元明清时期山西面食发展至鼎盛时期。山西会馆传承山西特色面点，挖掘晋北粗粮，发展晋中、晋南面食，创新上党地区的饼类，实现店内的山西面食大全。真正做到粗粮细做、细粮精做，品种多、花样全、出品精，引领太原面食新风向，体现了山西面食文化。山西会馆每一种食物，每一道菜，都有一个故事蕴含其中。山西面食在山西会馆升华到不但能吃，还能表演的境界。"因面结缘，传承面道。"山西会馆组建山西面食技艺表演团，向顾客展示山西面食制作技艺，传播面食文化。表演团队经过多年的训练和不断的改进与创新，将多种面食制作技艺转化为富有观赏性的面艺表演，受到国内外来宾的热烈欢迎。表演团队多次在央视"挑战群英会"等著名电视节目中表演，并多次远赴北京、大连、广州、无锡、香港、澳门等34个城市展示山西面食技艺，宣传三晋文化。

为近距离体验"三晋"饮食文化，山西会馆面食博物馆还承办了"山西老西儿春晚"，为全球晋裔凝心聚力，做好山西代言人，传播山西文化做出了贡献。山西会馆还与山西网红民星商学院合作，将山西百千万网红孵化器正式落地山西会馆山西面食博物馆；还与山西商务国旅等旅行社合作，推出"游山西 读历史 品美食"文旅主题游路线。山西会馆开展研学活动，每年接待外地游客2 000多万人，研学团队数百万人，特别是作为山西省中小学生社会实践基地，学生们走进"三晋文化"教育基地，探寻"三晋"饮食文化的渊源，感受家乡文化的魅力。通过这些活动，弘扬了三晋大地的传统饮食文化。

（二）传播中国传统文化

多年以来，山西会馆的创办者在经营企业的同时，积极对外宣传山西文化。2000年成立"山西民俗文化研究会"，吸引各方人才，专门从事山西文化的研究。经过20余年的研究学习，山西会馆在山西历史、人文、地理、民俗、艺术和古建文化上积累了丰厚的知识，尤其具备了独立进行古建筑设计、装饰的能力。同时，山西会馆将山西文化作为建立学习型组织的落脚点，不断在全体员工中开展山西文化普及培训，并将山西文化精髓融入企业文化建设中，使得每位员工都能"知传统文化，讲山西故事"，为山西会馆打造"山西文化与中国故事的窗口"奠定了基础。

山西会馆多次代表山西参加各种大型对外展会，向全世界展示中国面食文化的魅力。2010年将面食技艺表演搬上上海世博会的舞台，2012年在澳门"世界第三届餐饮博览会"上，凭借直径18米的面气球获得吉尼斯世界纪录。2014年把山西面食带入联合国总部，为193个国家大使制作山西面食。2015年把山西面食和山西文化带到"米兰世界博览会"上。2019年参加外交部山西全球推介会的冷餐会及面食表演活动，向世界人民推介山西面食和三晋文化。山西会馆走遍世界15个国家，积极向所到国宣传中国传统文化的博大精深，为我国树立了良好的形象。

　　山西会馆把山西文化融入餐饮经营过程的新举措，让省内外客人在吃饭当中了解了山西文化。山西会馆用这种方式传承了山西的传统文化，提高了企业的经营绩效，创造了山西三个"唯一"。山西会馆将导游讲解引入餐饮业，全面系统地宣传山西文化，创造了山西唯一；山西会馆将餐饮业与传统文化相结合，创造了一个全新的文化产业发展模式，创造了山西唯一；山西会馆将晋商文化精髓移植到会馆的企业文化建设中，建立起传播饮食文化的山西青少年素质教育基地，创造了山西唯一。2020年，高绍军先生带领管理团队到晋商的发源地——祁县、平遥考察晋商之路，探寻晋商精神，感受晋商文化，为山西会馆定下了下一个十年目标："打造中国文化餐饮的一面旗帜"。

参考文献

[1] 丁玉平 . 餐饮营销策略 [J]. 合作经济与科技，2015（22）：1.

[2] 菲利普·科特勒 . 营销管理 [M].10 版 . 北京：清华大学出版社，2001.

[3] 孟璇，曹海玥，熊继红 . 餐饮文化营销研究 [J]. 合作经济与科技，2019（20）：94-95.

[4] 姜楠楠 . 山西面食文化传承与品牌创新 [D]. 武汉：华中师范大学，2018.

[5] 赵莹 . 餐饮空间的创意设计：山西会馆"大院文化"主题设计 [J]. 工业设计，2018（1）：82-83 .

[6] 山西会馆餐饮文化有限公司官网 .

案例使用说明

一、案例概要

山西会馆作为文化体验餐厅，其商业模式可谓独辟蹊径，在文化景观中渗透特色餐饮，同时引入"文化体验"的概念，在中国餐饮业掀起了一股不小的文化体验餐饮风潮。山西会馆不仅传承了会馆"联络乡谊"的功能，还将山西历史文化、晋商文化、民间风俗、地方特色、餐饮文化融合起来，被誉为"能吃饭的博物馆，山西人的会客厅"。山西会馆以"文化渗透餐饮、餐饮展示文化"的文化体验餐饮模式作为主打经营战略，成为时下餐饮业的全新产物。山西会馆以打造山西面食文化民俗文化为中心，以店内自身建设和店外积极展示两条主线为连接点，坚持把品质、创新、用心摆在企业文化的首要地位，打造全新商业模式，传承山西饮食文化。山西会馆作为行业内一家品质型、创新型的餐饮企业，经过十多年的努力，不仅成为山西的一张地理名片，在市场经济的大潮中站稳了脚跟，而且发展成国家级绿色五叶餐厅、省级文化产业示范基地、山西省十强企业。山西会馆对品质与文化的坚守是否有助于会馆的可持续发展，还需要在后续的经营过程中为我们解答。

二、教学目标

①通过分析山西会馆文化餐饮案例，了解主题餐饮的商业模式。

②通过分析山西会馆的发展现状，探讨主题餐饮企业的市场营销策略。

③通过分析山西会馆实施文化体验餐饮模式的动因与管理体系，探讨未来餐饮企业可行的创新发展模式。

三、适用课程

旅游市场营销、餐饮经营管理、服务企业战略管理

四、教学对象

本案例适用于 MTA、MBA、旅游管理本科生教学培训课程等。

五、教学计划

教学计划	时间分配
通过案例的讲授与分享,让学员了解基本的组织及其商业模式的相关理论知识,了解企业市场营销策略与管理团队文化建设的要点及动因	10 分钟
安排学员分组讨论,由各组学员代表对案例讨论的结果进行分享,对建议问题提供解答,同时也可针对案例中涉及的其他方面进行讨论	70 分钟
每个小组介绍完毕后进行问答互动环节,由教师在整个讨论过程中整理记录分享要点,并做适度引导	30 分钟
教师对学员的汇报成果及讨论意见进行整理归纳,补充讨论中未涉及的部分。同时邀请学员分享其他在创新商业模式中的经验和挑战,及企业的营销策略	15 分钟
总结该企业在案例介绍时间点之后的实际运作及发展情况,以此验证案例讨论中的思路是否与管理实践相符合	10 分钟

六、预读思考题

问题 1：分析山西会馆主题餐厅的商业模式。

问题 2：探讨山西会馆文化体验主题餐厅形成的动因与优势,并分析其市场营销策略。

问题 3：过去,"山西会馆"品牌为企业创造了丰厚的利润;未来,山西会馆能打造出中国文化餐饮的一面旗帜吗？请为其规划切实可行的转型升级战略。

七、课堂讨论与分析

讨论问题 1：山西会馆主题餐厅的产品的 5 个层次。

整体产品与核心产品概念的基本理论：产品整体概念是现代市场营销学的一个

重要理论，它具有宽广的外延和深刻而丰富的内涵。Philip Kotler 等学者将整体产品分为 5 个层次：核心产品、形式产品、期望产品、延伸产品、潜在产品。

①核心产品是指向顾客提供的产品的基本效用和利益。从根本上讲，每个产品实质上都是为解决问题而提供的服务。例如，消费者购买口红不是为了得到某种颜色某种形状的实体，而是为了通过使用口红提升自身的形象和气质。

②形式产品是指核心产品借以实现的形式或目标市场对需求的特定满足形式。形式产品一般由 5 个特征构成，即品质、式样、特征、商标及包装。核心产品必须通过形式产品才能实现。

③期望产品是指购买者在购买产品时期望得到的与产品密切相关的一整套属性和条件。旅馆的客人期望得到清洁的床位、洗浴香波、浴巾、电视等服务。

④延伸产品是指顾客购买形式产品和期望产品时，附带获得的各种利益的总和，包括说明书、保证、安装服务、维修服务、送货服务、技术培训等。

⑤潜在产品是指现有产品包括所有附加产品在内的，可能发展成为未来最终产品的潜在状态的产品。潜在产品指出了现有产品可能的演变趋势和前景。如彩色电视机可发展为录放映机、电脑终端机等。

山西会馆主题餐厅的产品的 5 个层次需要从以上 5 个方面进行分析。

讨论问题 2：探讨山西会馆文化体验主题餐厅的市场营销策略。

Philip Kotler 认为：市场营销是个人和集体通过创造产品和价值，并同别人自由交换产品和价值，来获得其所需所欲之物的一种社会和管理过程。旅游服务业适用于 7P 营销组合。

①产品策略主要研究新产品开发、产品生命周期、品牌策略等，是价格策略、促销策略和分销策略的基础。

②价格策略又称定价策略，主要目标有 4 点：维持生存、利润最大化、市场占有率最大化、产品质量最优化。

③促销策略主要目的是：传递信息，强化认知，突出特点，诱导需求，指导消费者，扩大销售，滋生偏爱，稳定销售。

④渠道策略，是指为了产品分销而起用的销售管道。

⑤人员，所有的人都直接或间接地被卷入某种服务的消费过程中，这是 7P 营

销组合很重要的一个观点。知识工作者、白领雇员、管理人员以及部分消费者将额外的价值增加到了既有的社会总产品或服务的供给中，这部分价值往往非常显著。

⑥流程，服务通过一定的程序、机制以及活动得以实现的过程（亦即消费者管理流程），是市场营销战略的一个关键要素。

⑦环境，包括服务供给得以顺利传送的服务环境，有形商品承载和表达服务的能力，当前消费者的无形消费体验，以及向潜在顾客传递消费满足感的能力。

山西会馆的市场营销组合需要从以上7个方面进行分析。

讨论问题3：探讨"山西会馆"的转型升级战略。

波特钻石模型（Michael Porter Diamond Model）是由美国哈佛商学院著名的战略管理学家迈克尔·波特于1990年提出的。迈克尔·波特认为影响一个国家某一个行业国际竞争优势的因素有以下6点。

①生产要素。生产要素包括人力资源、天然资源、知识资源、资本资源、基础设施等。

②需求状况。需求状况主要是指本国的市场需求。

③相关及支持产业。相关及支持产业指这些产业和相关的上游企业是否具有国际竞争力。

④企业战略、结构和同业竞争。企业战略、结构和同业竞争指的是国际市场需求的拉力与国内竞争对手的推力。

⑤政府。政府政策的影响是不可漠视的。

⑥机会。机会是可遇而不可求的，机会可以影响四大要素发生变化。这6个因素画在图上像一块钻石，所以称为钻石模型。

山西会馆的转型升级战略需要按钻石模型的6个因素进行分析。

传统村落旅游内生式发展实践及理论探讨

——以皇城村为例

案例正文

摘要： 从皇城村开发旅游的历程及成功经验分析其与外源性开发相比在投资、决策、管理、调控、创新、环保、惠民等方面表现出的优势，并从它面临的发展困境和挑战，探讨内生式发展的理论拓展及其可持续发展之路的方向。案例讨论涉及内生式、外源性和政府主导等传统村落旅游发展的不同开发主体模式，内生式与新内生式发展、旅游地利益相关者、行动者网络理论、乡村多中心治理、旅游地生命周期等理论知识。

关键词： 传统村落旅游；内生式；皇城村

一、引言

我国广袤的土地上保留有众多的传统村落。这些传统村落以其资源优势在乡村旅游开发中备受青睐。开发旅游的传统村落中，有的成为备受关注的热点景区，另一些不温不火，还有一些则中途受阻、无功而止。开发成效出现差异，虽因各种缘由不可定论，但开发和管理模式也可说明一二。那么，传统村落的开发适宜采用何种开发模式？如何促进传统村落旅游的可持续发展？如何解决内涵式发展不足、外延式发展无力等问题呢？

二、背景介绍

皇城村位于美丽的太行山南麓樊西河畔，隶属于山西省晋城市阳城县北留镇，是清康熙朝文渊阁大学士、《康熙字典》总阅官、一代名相陈廷敬的故乡，距离晋

---

* 作者简介：郝从容，（1968— ），太原师范学院副教授，研究方向：跨文化旅游与遗产旅游管理。

阳高速北留收费站 1 千米。全村 351 户、917 人。村集体经济组织皇城相府集团有煤炭、旅游、制药、制酒四大产业，总资产 80 亿元，6 000 余名员工。村民人均收入达 6 万余元。先后荣获全国先进基层党组织、全国文明村、中国历史文化名村、中国十佳小康村等 20 多项国家级荣誉称号。

历史文化厚重：明清两代，陈氏家族科甲鼎盛，人才辈出，冠盖如林，在 260 余年间培育出 41 位贡生、19 位举人、9 位进士、6 位翰林、33 位诗人。陈氏家族故居"皇城相府"，是一座罕见的明清两代双城古堡建筑群，被赞誉为"中国清代北方文化第一官宅"和"东方第一双城古堡"。

产业多元发展：通过 3 次转型，形成"以煤炭为基础、以旅游创品牌、高新产业求跨越"的发展格局。煤炭产业有 4 个煤矿和 1 个洗煤厂，年产能 330 万吨。旅游产业为全市唯一的国家 AAAAA 级文化生态景区，有皇城相府、郭峪古城、海会书院、九女仙湖、蟒河景区、农业生态园 6 个核心景点；近年来联合周边四村资源共享、差异发展，形成"五村一体化"的大皇城、大旅游格局。相府药业位于晋城市经济开发区，2016 年在"新三板"上市。相府酒业拥有蜂蜜酿造国家发明专利，3 000 吨产能的新厂正在建设。另外还有建筑、房地产、园林绿化等企业。

乡风文明和谐：倡导"集健为雄、厚德载物"文化精神，统一村旗、企旗、村歌，全面加强村企文化建设；建有新时代文明实践站、村民思想道德教育馆、太岳干部学院，大力弘扬社会主义核心价值观；严格村规民约，积极培育和美家风、醇美村风。

村民富裕幸福：始终坚持共同富裕，全村劳力全部安排就业，家家住上花园别墅和现代小区，实现集中供暖、供气、供水、联网、排污、垃圾处理等，村民每人每年定额享受粮、油、肉、蛋、菜等生活补贴 8 000 余元。建有双语小学和省级标准化卫生所，有休闲广场、运动场、图书室等文化活动场所，设有派出所、银行、邮局等服务机构，建有"皇城新区"和"皇城新村"，构建了一个和谐稳定、文明富裕、生活幸福的村域特色小城镇。

三、案例介绍

皇城村原本是晋城市阳城县的一个小山村。早期因文化积淀深厚，人文特色显著而被评为国家级历史文化名村和中国传统村落。基于此,目前皇城村已经发展成为一个包括周边众多景点在内的成熟和热门旅游地,并集 AAAAA 级景区、全国小康村、全国魅力乡村、山西省十佳旅游目的地等多种荣誉称号于一身,成为晋城市乃至山西省旅游业的一面旗帜。那么皇城村经历了怎样的发展之路呢?

(一)依靠煤炭,发展资源型经济,实现脱贫

皇城村有着丰富的煤炭资源,而且品质优良。但是,在漫长的历史长河中,资源并没有给这里的人们带来多少实惠。从 1984 年起,皇城村在村委会主任张家胜的带领下,决定利用当地丰富的煤炭资源,兴建一个年产 30 万吨原煤的矿井。经过审批和努力准备,新建煤矿的主副井于 1988 年 10 月破土动工。后又经过艰苦的奋争、顽强的拼搏,1991 年春天,煤矿建成投产。

资源型产业有着它先天性的无可比拟的优势。煤炭产业作为皇城发展的基础,必须不断加强,让这个"蛋糕"越做越大,为全村经济的发展提供坚强的依托。村委会积极把握和运用市场经济的规律,通过资本重组和低成本扩张,先后兼并了县、镇的两个大煤矿。到 2004 年,皇城村共有 3 个煤炭企业,生产原煤 110 多万吨,产值达 3 亿多元,转移农村剩余劳力 3 000 人。在全国大批民工涌向大中城市的时候,皇城村不但没有一人外出打工,而且还吸引了一批又一批的外地农民工来这里建设、就业。

(二)成功转型旅游业,旅游发展、遗产保护和传统文化传承同步发展

煤炭是乌金,的确十分宝贵,靠资源发展,受益匪浅,可资源是有限的、难以再生的,一旦资源挖完,出路何在?

除了煤炭,皇城村的另一宝贵财富是一代名相陈廷敬的故居——皇城相府。煤炭开采 10 年后,皇城村村委会萌生了调整产业结构、开发皇城相府、发展旅游事业的美丽设想。巍峨高大的河山楼、错落有致的宰相府、层层叠叠的藏兵洞是开发旅游得天独厚的资源。

在这个偏僻、闭塞的山沟沟里搞旅游,不光是身边浑身沾满泥土的老百姓觉得不可思议,就连许多见过世面的人也认为是异想天开。村委会却知难而上,不断征求古迹、历史、旅游研究学者的意见,力图找出一条旅游开发的正确道路。

1997 年 12 月，全国著名的专家学者云集皇城，"清代名相陈廷敬学术研讨会"在这个太行深处的小山坳里举行。有关专家学者对这座古建筑群及其主人给予了高度的评价，认为这是清代北方第一文化巨族，具有深厚的历史文化底蕴，极具开发价值。

从 20 世纪末开始，旅游这一新兴产业在这块古老的土地上生根、开花。皇城村分期分批地组织干部群众前往北京、苏杭等地参观学习，同时不惜代价多方筹资 1 200 多万元，建起了 120 多套现代化的居民住宅，解决相府开发的群众搬迁居住问题。之后，村委会积极与有关部门、有关专家联系，成立了"皇城古文化研究中心"，接着，"皇城相府管理处""皇城相府旅游公司"等一一应运而生。不久，古城墙、御书楼、文昌阁等 20 多处景点先后修复，正式对外开放。

2002 年开始，皇城相府迎来了市场的回报，火爆景象持续不断。当年，该景区接待游客 25 万人次，仅门票收入就达 700 多万元，实现综合收入 2 000 多万元。之后更是成为旅游市场的一大亮点，游人如织，成为晋城乃至山西的旅游龙头，并获得多种荣誉称号（表 1）。

表 1　皇城相府景区荣誉称号

年份	荣誉称号
2002 年	国家 AAAA 级景区
2003 年	山西省重点旅游景区
2004 年	中国历史文化名村
2005 年	山西著名商标
2006 年	国家 AAA 级质量信誉企业
2007 年	继北京故宫之后全国旅游界第二个中国驰名商标
2011 年	中国旅游百强景区
2011 年	山西最美十大文物景观
2011 年	全国文明单位
2011 年	全国 AAAAA 级景区
2012 年	美好印象山西十大景区
2014 年	"五一"小长假居全省之首
2015 年	国内智慧旅游景区百强
2016 年	中国十大国际名村
2019 年	全国 AAAAA 级景区百强
2020 年	全国历史遗址型景区品牌百强

四、案例分析

皇城村旅游发展初期主要依托传统村落内部的力量，在合理使用当地资源的同时由当地社区起主导作用，以培养村落的可持续发展能力，并将旅游开发所带来的主要收益保留在村落内部，解决了传统村落旅游发展过程中存在的问题，后期有望通过政府的调控实现可持续的发展。

（一）自下而上树立内生发展标杆

1. 内源融资优点多

旅游景区主要资金筹措渠道包括国家财政资金、银行信贷资金、非银行金融机构融资、企业资金、发行债券等。国家财政资金即充分利用旅游国债项目、扶贫基金支持、生态保护项目等国际项目、国家及省市鼓励政策进行政策支持性的信贷融资。这种支持的定向性特别强，往往需要很长的申请和审批时间，且受到国际形势和地区产业政策的影响。项目银行信贷要求开发商自有资本投入 25% 以上，并使用土地使用权、相关建筑物的所有权、开发经营权、未来门票或其他收费权作为抵押或质押，向银行贷 75%。但由于银行尚无完善的对旅游资源开发进行贷款的金融工具，目前企业仅通过质押开发经营权、未来收费权的办法取得银行贷款。同时，开发商承担的经营风险相当大。非银行金融机构筹资的数量有限，只能作为辅助性筹资渠道，且因为非银行金融机构是以单纯营利为目的，贷款利息和各种费用相对较高。用于景区建设项目投资的企业资金可分为自有资金和外部资金。自有资金首先是折旧基金和企业利润等，其次，如果是股份制企业，还可依据《公司法》通过发行股票筹集企业资本金。股票的发行方式可分为发起设立发行、募集设立发行和新股发行。企业外部资金除租赁等渠道外，发行企业债券也是一个重要的外部资金筹集渠道。

作为典型的内源性开发案例，皇城相府采用了内源融资方式，即利用公司／村委的自有资金。皇城村 1991 年便建成年产 30 万吨的煤矿，煤炭产业为该村带来了丰厚的收益。皇城村用煤炭产业积累下的亿元资金，开发和不断完善皇城相府景区。

在资金短缺制约旅游业发展的状况下，内生资本充足无疑是无与伦比的优势。况且，内源性融资优点多，例如，公司在使用自有资金时具有很大的自主性，只要公司管理层批准即可，基本不受外界的制约和影响。此外，融资成本较低。公司外部融资，无论采用股票、债券还是其他方式都需要支付大量的费用，比如券商费用、会计师费用、律师费用等。而利用未分配利润则无须支付这些费用。因此，在融资费用相对较高的今天，利用未分配利润融资对公司非常有利。

内源融资节约下来的费用用于景区开发本身，有力地推进了开发的进程。皇城村利用充足的资金短期内实现了居民搬迁，为皇城相府的整体修缮开发创造了有利条件。

需要指出的是，内生式发展并不是一味地排斥外来资本，只是强调在发展过程中不能过度依赖外来资本而最终被它所控，应该清醒地认识到在利用外来资本的同时应不断地进行自我资本积累，以免外资突然撤出所带来的不可收拾的局面的出现。

2. 运作管理机制活

旅游景区管理体制不顺的弊端直接制约着旅游业的发展。皇城村党支部、村委会相互配合、支持，显示出机制上的独特优势。同时，在用人机制方面更显现出较强的灵活性和主动性。不拘一格选人才，为皇城相府的快速发展奠定了基础。

皇城村广揽人才，于2016年1月5日成立山西皇城相府文化旅游有限公司，实行公司化运作和管理。公司聚集文化旅游、宾馆酒店、景区管理、蔬菜花卉果树种植、生态农业开发等多元化项目于一身，主要职能是对旅游区的景区和酒店进行统一管理、统一运营、统一营销"三个统一"，实现资源共享、品牌共享、人才共享、成果共享"四个共享"，打造"景点＋宾馆酒店＋文化演艺"，吃、住、行、游、购、娱"一条龙"的产业链条，实行旅游企业一体化发展，实现"量"和"质"的双提升，形成"1+4+N"的"大皇城、大旅游"全域旅游发展新格局。

科学的管理和灵活的用人机制转化为一系列高效的行动措施。以营销为例，皇城相府景区积极策划、努力实施各种宣传营销策划方案。

①从网络营销方面，皇城相府生态文化旅游区设有自己的网站，内容丰富多彩，包括对下辖景区、酒店、旅游纪念品等的详细介绍，给游客提供了非常好的了解该

景区的窗口。还设有门票预订、餐饮预订、产品预订、导游预订、酒店预订和虚拟景区等入口，方便游客预订购买各种产品和服务。

②从体验营销方面，为深入挖掘景区和地方文化内涵和特色，皇城相府景区先后推出开城仪式迎圣驾、国家非遗盛世八音、编钟乐舞《我从汉代来》实景体验、陈廷敬纪念馆、中华字典博物馆、蜡像馆、阳城生铁铸造技艺非遗文化展示、家风家训教育等常规文化旅游体验项目，不仅内容精彩、项目新颖、文化深厚，而且极具参与性、娱乐性、互动性和体验性。此外，在大型节日或重大场合，频繁推出各种活动，中秋有"中秋祭月"表演，重阳节有"登高望远"活动，端午节"品粽怀古"系列文化体验活动，春节则有"迎祥纳福·行走相府中国年"系列民俗文化活动。春季有"樱花节"，夏季有"欢乐嘉年华"和"草帽节"，秋季有"农业嘉年华"和"金秋旅游购物节"。总之，各种体验活动精彩纷呈、目不暇接。

③从事件营销方面，抓住电视剧《康熙皇帝》《白鹿原》，风光片《人说山西好风光》，微电影《皇城假日》，故事片《诡戾》等影视作品在皇城相府拍摄的机会，借势宣传。另外，承办山西旅游志愿者培训班、山西省导游大赛等各种赛事，吸引媒体。利用名人参观皇城相府的机会，进行宣传，制造名人效应。例如，"2016年7月11位全国著名作家在相府考察文化旅游"等消息的发布。虽然地处偏僻，但积极的宣传营销获得了良好的效果，由于声誉远播，再加上管理到位，皇城相府景区取得了2016年"十一"黄金周游客接待量全省排名第一的骄人成绩，并且在近年来的历次统计中的接待量都屈指可数。此外，除之前获得的各种荣誉之外，皇城相府生态文化旅游区荣获"2016同程旅游十佳达人体验旅游景区"。

3. 景区社区耦合协调好

皇城村为国家历史文化名村和传统村落，作为遗产类景区，皇城相府景区与皇城村社区叠合，两者之间的互动、共生关系良好。景区旅游对社区的发展产生了积极影响。旅游使皇城村传统文化得以挖掘、传承和弘扬，给村落社区经济发展注入新的活力，带动了村落文化创意、特色餐饮、民俗、交通、土特产品加工等相关产业发展。旅游景区的建设也使得皇城村的道路、卫生、绿化等基础设施不断完善，促进社区居民共享景区建设成果。其次，社区对景区旅游起到了推动作用。社区成为景区旅游要素配置的空间载体。社区居民居住的别墅式住宅楼同时也是游客的住宿选择之一，参加住宿接待的居民在社区委员会进行登记挂牌，管委会轮流分配游客至住户处住宿。因为旅游参与度高，皇城村社区居民的旅游感知态度良好。如今的皇城村，游客和居民共享广场、篮球场、卫生所、澡堂、休闲林荫道、健身设施等，彼此相容，一派和谐繁荣景象。

4. 社区群众参与旅游程度高

皇城相府集团事业有限公司吸纳大多数村民进入管理和服务岗位，村民讲解员、清洁工、安保人员等各司其职，景区秩序井然，村民们在家门口挣工资，年收入达10多万。自主创业的村民办起了家庭旅社、农家乐或销售旅游纪念品等，收入更为可观。此外，为提高村落自主发展力，皇城村开设了"农民学校"，建立了"远程教育接收点"，每年分3个层次对村民员工进行各方面的技能和综合素质培训，近5年来，已分50余期共培训了6 000余人次。

旅游和其他村办企业带来的利益惠及广大村民，使得皇城成为全市农民生活质量最高的村。2006年，农民人均收入达到20 550元，在全省名列前茅。全村235户，全都住在别墅式的住宅，80%的农家有汽车和电脑，孩子上学从幼儿到大学甚至到研究生毕业，学费全由村里负担，60岁以上的老人全有养老金，村民病了住院费由村里支付。村里还发放米、油等生活物品。

5. 生态环境保护好

避免外源性开发主体追求利益最大化而带来的环境破坏。皇城村自开发旅游以来，意识到环境对于景区吸引游客的重要性，没有搞大拆大建，秉持修旧如旧的原则，在保护文物和风貌建筑的同时，做到了周边自然生态环境不被破坏。

6. 人文环境建设优

皇城村民风朴实，加上家家生活富足，很少出现村民坑蒙拐骗游客的现象。村委对村民进行传统道德教育，公司对员工进行服务质量管理，整个景区人文环境优良，洋溢着祥和温馨的氛围。景区的"拾金不昧，游客至上"的事迹层出不穷。正因如此，皇城相府赢得了"中国驰名商标""国家AAAAA级景区""全国文明单位""全国旅游系统先进集体""全国敬老文明号""全国青年文明号"等金光闪闪的荣誉。

（二）上下结合开创发展广阔前景

1. 村集体内部实施生命周期延展调控

从 20 世纪末到现在，皇城相府景区走过了 20 多年的发展历程。虽然皇城相府旅游的热度不减，但旅游地生命周期的客观存在使得公司管理层不断探索调控措施以推迟旅游地衰退期的到来。一方面通过深化内涵、改善环境战略延续现有主导旅游产品，另一方面通过产品组合战略来更新换代主导旅游产品。就前者而言，他们组织各种演出弘扬传统文化的活动，举行陈廷敬文化研讨会，推出陈廷敬主题实景演出，改善水体环境，增加音乐喷泉，扩建美化停车场；就后者而言，他们开发了"我从汉代来"互动演出项目和"相府庄园"农业生态园，并联合九女仙湖、蟒河、郭峪古城等景点进行捆绑销售。一系列措施对扩展旅游地生命周期产生了积极影响。然而，雪球越滚越大，进一步联合成为发展趋势。此外，皇城相府根据市场需求，不断实施创新重塑景区吸引力。皇城相府先后实施过的创新措施及项目包括古装演出、剧场演出、乡村庄园、参与体验性演出、古装导游、玻璃栈道、嘉年华、实景剧、传统技艺演出、高级民宿等。不断推陈出新，增加景区的形象吸引力。2016 年，景区申报省级休闲旅游度假区，旨在通过积极发展，延伸产业链并深度融合，突破单一的门票经济，营造休闲度假的氛围。尽管如此，狭小空间的局限、地理区位上的劣势等仍然限制景区的进一步发展。

2. 政府小手拨动内生资本谋求对外联合发展

政府之手的介入成为需要。面对景点单一，绝大多数游客因此便当日往返的状况，为延长游客在景区的逗留时间，多渠道增加景区收入，在市、县两级政府的大力推动下，相府最后做出巨资兼并亲和流域四村落的决定，将周边的郭峪、史山、大桥、沟底 4 个村落纳入麾下，加上九女仙湖和蟒河景区，将会形成一个以皇城相府为核心，包括诸多景点在内的精品多日游线路。

3. 政府大手绘制全域旅游发展蓝图

政府的监督调控作用不断加大，表现在两大决策性推动。

一是联合申遗的决策。晋城市做出太行古堡申请世界文化遗产的决定。太行古堡是三大古堡之一，具有世界级景观价值和历史文化价值。通过申遗工作，可以以点带线、以线代面，走出一条切合实际的太行古堡保护利用新模式，使太行古堡成为中国有影响力的文化地标。这一决策将皇城相府乃至其"五村一体化"发展纳入到更加广阔的发展格局之中，皇城相府的破局发展前景光明。

二是整体性规划决策。目前，根据省政府批准设立"皇城相府风景名胜旅游区"和市政府批复的"皇城相府旅游经济区特色城镇化总体规划"，正在对周边的郭峪古堡、海会寺、上庄天官王府等宝贵文化旅游资源进行整合，投资 12 亿元开工上马涉及阳城、沁水 2 县 3 镇 11 村，可安置搬迁居民约万人的"特色城镇化皇城新区"工程，集中建设一个 30 平方千米的皇城相府文化生态旅游区和特色城镇化乡村都市，打造一个在山西乃至全国具有标杆引领作用的，以皇城相府为龙头、以旅游产业为核心的"皇城相府风景名胜旅游区"、城乡一体化示范区和文化产业示范基地。

（三）多元参与实现可持续发展新景

如今的皇城相府，面临着旅游业发展的普遍困境：疫情的打击、周边景区的竞争、内涵式发展的挑战等。若要可持续发展，必须打破旅游发展的瓶颈，而瓶颈的突破，不仅需要借政府之手实现延展性发展，同样重要的是外部信息、技术、人才等要素的介入和参与。如果说村委解决的是内部资源的整合，政府解决的是跨区域间的联合，那么外部资源解决的是外延式发展问题，而外部企业和人员的引入则将对旅游吸引物内涵的提升起到重要的推动作用，解决了上下的问题，就要解决内外的问题。

在这一方面，皇城相府也做出了尝试和努力。例如，先后与山西文旅集团、河南理工大学工商管理学院、腾讯公司等企业单位建立全面合作，然而，合作的深度有待考证。旅游要做大，需要建立一个发展内外社会力量的互动机制。机制的建设和创新起着关键的作用。在这一机制下，应强化基层党的领导，构建多方参与的融合平台；实施内生培育体系，活用内外部资源助力发展；深化集体资本运作，寻求外部资本的合理配置；建立内生发展导向，加强传统村落内外的耦合联动；以人文生态为导向，为物质空间活力奠定基础。唯愿无数个皇城村在不久的将来会在更加完善的创新机制下走到更加可持续的发展路径上来。

参考文献

[1] Gary Bosworth，Ivan Annibal，Terry Carroll，etal.Empowering Local Action through Neo - Endogenous Development：The Case of LEADER in England[J]. Sociologia Ruralis，2016，56（3）.

[2] 申雨璇 . 内生式视角下乡村旅游发展的策略 [J]. 农业经济，2016（1）：76-77.

[3] 张昃 . 基于行动者网络理论的台湾"内生式"乡村建设研究：以新竹县南埔社区为例 [D]. 重庆：重庆大学，2019.

[4] 李宇军，张继焦 . 历史文化遗产与特色小镇的内源性发展 [J]. 中南民族大学学报（人文社会科学版），2019（11）.

[5] "皇城相府品牌"启示录 [J]. 旅游时代，2003（8）.

[6] 邵秀英，邬超，刘亚玲，等 . 古村落旅游与社区发展的耦合协调研究 [J]. 干旱区资源与环境，2019（5）.

[7] 詹国辉，张新文 . 乡村振兴下传统村落的共生性发展研究：基于江苏 S 县的分析 [J]. 求实，2017（11）：71-84.

[8] 牟婷婷 . 旅游地生命周期理论的评述及浅析 [J]. 技术与市场，2021（4）.

[9] 张永强 . 工程伦理学 [M]：北京：高等教育出版社，2014.

[10] 郑仕华，张跃西，胡雁飞 . 论利益相关者理论对旅游地管理的启示 [J]. 消费导刊，2008（5）.

[11] 杨晓 . 乡村旅游目的地多中心治理结构优化研究 [D]. 济南：山东大学，2012.

案例使用说明

一、教学目的与用途

（一）教学目的

本案例以皇城村为例分析传统村落内生式开发与外源性开发相比在投资、决策、管理、调控、创新、环保、惠民等方面表现出的优势，并从它面临的发展困境和挑战，探讨内生式发展的理论拓展及其传统村落的可持续发展方向，目的是让学生了解传统村落旅游开发的主体和模式选择，以及内生式与新内生式发展、旅游地利益相关者、行动者网络理论、乡村多中心治理、旅游地生命周期等理论知识。

（二）适用课程

本案例主要适用于旅游产业经济学、旅游景区管理、旅游目的地管理、旅游企业管理等 MTA 旅游管理类课程。

二、启发思考题

①从开发主体来讲，传统村落旅游开发分为哪几类型？

②查阅有关皇城相府旅游的信息，根据已有认知，你认为它属于以上哪一开发类型？

③传统村落旅游开发的内生式模式有何特点？皇城相府的成功经验有哪些？

④查阅皇城相府生态文化旅游区官网，了解其从初始开发到现在取得了哪些成就。

⑤什么是旅游地生命周期理论？怎样通过调整延长旅游地生命周期？

⑥作为中国传统村落，皇城村是否面临传统村落旅游发展与村落社区协调的困境？

⑦你认为皇城相府近几年采取的一系列规划和行动是否属于内生式开发拓展理论的实践案例？

三、教学思路

我国的社会发展和旅游发展阶段决定了传统村落的旅游开发大多是自下而上的，即由村委组织村民自己开发或将资源租赁给外来投资者开发。前者称为内生式开发，后者为外源性开发。两种模式各有利弊，外源性开发可以有效解决开发的资金问题，但也带来较为严重的社会和环境问题，尤其是社区居民和外来投资者之间由于利益分配不均经常产生矛盾。内生式开发注重"自我导向"，通过内生式发展可以确保大部分或全部利益归当地社区所有，有益于农村社会的稳定，但发展到一定程度可能会出现发展规模受限或方向迷失的问题，而且其自身也难以彻底走出生命周期的衰退期和低谷期。只有政府伸出援助之手，进行战略协调，促进周边资源整合协调发展，同时结合村落景区内部产品、观念和策略创新，才能实现可持续发展。皇城村作为内生式开发的典型案例，较好地展示了旅游带给当地社区和村民的益处，同时也较好地诠释了旅游发展的一般规律。

授课教师可以灵活应用本案例进行相关课程内容的讲授，以下为教学思路：

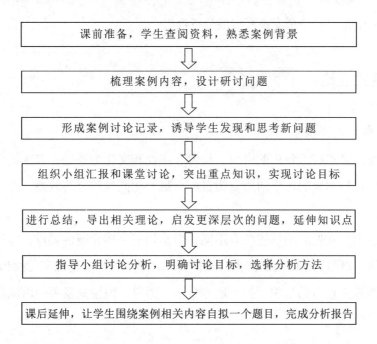

四、建议课堂计划

本案例可以作为专门的案例讨论课，时间控制在 100 分钟内。

（一）课前计划

要求学生从网上查找案例地的相关信息，并阅读相关资料。重点查阅皇城相府生态文化旅游区官网，了解其从初始开发到现在取得了哪些成就。提出启发性思考题，请学生在课前信息查找和资料阅读中进行思考。

（二）课中计划

①就案例的背景信息做进一步阐述，然后对案例的主要问题进行总结，明确主题，进行简要的课堂讲解，阐明观点（10 分钟）。

②分组讨论，每组 3~5 人，告知讨论内容，明确小组发言要求（30~40 分钟）。

③小组发言，每组 5~8 分钟（总时间控制在 30~40 分钟。）

④引导全班进一步讨论，并进行归纳总结，提炼问题的共性（10~20 分钟）。

（三）课后计划

请每位同学选取一个角度撰写案例分析报告。

五、相关理论

（一）内生式发展

内生式发展是指以区域内的资源、技术、产业和文化为基础，以区域内企业创新为动力，以提高本地居民生活质量为目标，最大化区域的经济效益，促进区域经济发展的模式。

虽然对于内生式发展的描述各有不同，但是仍有一些相通的要点，包括以当地人为开发主体、培养当地的发展能力、保护生态环境、保护文化的多元性和独立性、建立能体现当地人意志的组织、扩大地方自治权力等。内生式发展的内涵应当包括3 个方面。

①地区开发的最终目的是培养地方基于内部的生长能力，同时保持和维护本地的生态环境及文化传统。基于内部的生长能力强调的是摆脱地方发展对于外界资本的依赖，使本地人重新回归到主导自身发展的地位，激发源自地方内部的生长能力，这种能力包括积极应对外界挑战的能力、学习创新的能力、组织动员的能力等。

②为培养本地发展的能力，最好的途径是以当地人作为地区开发主体，使当地人成为地区开发的主要参与者和受益者。内生式的发展策略不允许外部力量剥削当地的利益，当地人应该成为地区开发的主要受益者。考虑到当地人对于本地的熟悉程度以及对本地利益的维护程度，应该吸收当地人参与到整个地区开发的过程当中。

③必需的措施是建立一个能够体现当地人意志，并且有权干涉地区发展决策制定的有效基层组织。内生式发展不仅是指导理念的变化，还涉及地方组织的变化，传统的由上而下的中央集权式的组织往往因过高的管理成本和低下的效率，已经不能满足地方日益高涨的发展需求。"内生"（Endogeneity）几乎是"自下而上"（Bottom Up）、"基层"（Grassroots）、"参与"（Participation）这些词汇的同义词。由于内生式发展是一种自下而上的，依靠基层力量推动的发展模式，而不是自上而下依靠行政命令推行的发展模式，显然建立一个有力的基层组织是进行开发的重要前提。在国内，目前这种组织的力量相对较弱，最广泛的基层组织代表为村委会，另外在一些家族观念浓厚的地区还存在着宗族力量。

"内生式"乡村建设应用行动者网络理论的全新视角正获得国内外的日益关注，并逐渐形成将该理论视为研究"内生式"乡村建设的理论基础共识。基于①"内生式"乡村建设是一个目标多元、利益关系错杂、物质与非物质环境交织的过程，其综合目标的实现有赖于创造数个多元协商的动态决策网络，而行动者网络理论根据转译过程处理网络关系的探究范式，适用于具有多主体关系且信息不断反馈的持续性规划，这与"内生式"乡建中的多方合作格局的动态演化过程具有较好的契合性；②行动者网络理论的线路跟踪研究范式以意愿目标达成一致为基础，与"内生式"乡建中重视公众参与和地方村民主导开发的目标也是一致的；③行动者网络理论平等对待人类与非人类行动者的思路，与"内生式"乡建关注政策、制度、规划、资本运作等因素的内生、外生属性对乡村建设产生的影响具有相关性。

（二）新内生式发展

新内生式发展是对内生式发展理论的完善，仍然主张依赖于"从下至上"的活动为主，但同时注重结合外部影响从而提升地方发展潜力。这种聚焦地方的发展模式号召以地方知识、地方资源和地方民众参与作为发展中心。由于依赖于地方的自由发展会导致多样化的差异性结果，因此，有必要探索一个新的评估方法以提高对地方发展过程的监控。通过"自上而下"和"自下而上"、内部和外部影响之间的协调，地方行动者不仅可以通过自我认知实现自我赋能，从而开辟出适合于当地发展的灵活途径，而且这种地方赋能可以借鉴"自上而下"的参数趋向更加有效。

（三）利益相关者理论

利益相关者理论是 20 世纪 60 年代前后在西方国家逐步发展起来的，进入 20 世纪 80 年代以后其影响迅速扩大，并开始影响美英等国的公司治理模式的选择，促进了企业管理方式的转变。利益相关者理论认为，随着时代的发展，物质资本所有者在公司中地位呈逐渐弱化的趋势。与此同时，企业的股东、债权人、雇员、消费者、供应商等交易伙伴，也包括政府部门、本地居民、本地社区、媒体、环保主义等的压力集团，甚至包括自然环境、人类后代等受到企业经营活动直接或间接影响的客体等利益相关者，与企业的生存和发展密切相关。他们有的分担了企业的经营风险，有的为企业的经营活动付出了代价，有的对企业进行监督和制约。企业的经营决策必须要考虑他们的利益或接受他们的约束。利益相关者管理与传统的管理方式最基本的不同在于，从企业的社会责任出发和企业的长远利益出发，系统地考虑企业行为所涉及的各个方面的利益，并对传统的管理方法和技术强化其道德内涵。

当前，我国众多的旅游目的地已经步入成熟阶段，影响旅游发展的利益相关群体已渐渐浮出水面。此外，国际国内旅游竞争日益加剧，区域间旅游协作合作问题突显，这两方面的问题说明利益相关者问题成为旅游目的地可持续规划和管理中的一个新兴问题。

（四）行动者网络理论

行动者网络理论（Actor-Network Theory，ANT）又称为转译社会学，最早由以卡龙（M. Callon）、约翰·劳（J. Law）及拉图尔（B. Latour）为代表的巴黎学派于 20 世纪 80 年代中后期提出，是指一项社会活动由不同角色的"行动者"共同参与来完成，各类行动者为实现参与该活动所赋予的利益而发挥不同的作用或功能，从而形成一个相互关联、密不可分的网络，理论属于科学知识社会学领域。

行动者网络理论最初是作为分析"科学技术与社会如何相互构建"的方法论而被提出来的，科学技术是社会性的构建产物，在建构的过程中，所有的社会资源都会被调动起来，不仅涵盖了人类因素，还包括同样起着积极作用的非人类因素。可以认为，行动者网络理论发展了一种建构主义路径，它认为对一个社会系统或网络而言，人类和非人类的行动能力或参与能力在本质上没有区别，"行动者"之间的关系是不确定的，没有主体与客体之间的对立，每一个行动者就是一个节点，这种承认彼此间平等地位的网络具有去中心化和多中心化的特点。它的这种思维对科学社会学研究起到积极的影响，并引发了哲学、人文地理学、管理学等学科对其进行深入的研究与广泛的应用。

（五）乡村多中心治理

多中心治理理论是以奥斯特罗姆夫妇（Vincent Ostrom and Elinor Ostrom）为核心的一批研究者在对发展中国家农村社区公共池塘资源进行实证研究的基础上最早提出的。多中心治理的基本点是改变政府对于乡村社会的行政性管理和控制，让乡村内部的自主性力量在公共事务领域充分发挥基础性作用。这样一来，既可以降低政府直接控制乡村的成本，减少政府管不胜管所带来的失效问题，也使得乡村社会内部充满了活力。这种新的治理范式，基本目标是让乡村问题尽可能地内部化和社会化。构建合理优化的乡村旅游目的地多中心治理结构，实现乡村建设与旅游开发的双赢，成为贡献于城乡统筹以及和谐发展的重大命题。

（六）旅游地生命周期

旅游经济的发展带动了地区经济的发展，但旅游地本身的发展又受客观生命周期的局限。一般地，旅游地生命周期包括探查阶段、参与阶段、发展阶段、巩固阶段、停滞阶段、衰落复苏阶段。在旅游地发展的不同生命周期阶段表现出不同的特点和规律。旅游地的生命周期的本质就是旅游地的旅游产品的生命周期，旅游地的发展要打破生命周期的"宿命"，必须延续现有主导旅游产品，及更新换代主导旅游产品。

文旅融合背景下平遥古城旅游产业创新路径

案例正文

摘要： 在新时代文旅融合背景下，旅游业不断突破固有服务模式，关注市场新需求，依靠新技术和新模式进行文化资源的创新开发，旅游业与会展、运动、康养、娱乐等新兴业态融合发展，形成了多产业融合的旅游产业链。平遥古城加入世界文化遗产名录后旅游产业规模逐渐扩大，产业链迅速延伸和壮大，取得了良好的经济和社会效益，但同时作为传统景区也面临着产品和服务陈旧、产业创新不足的问题。在国家文旅融合战略和创新战略的背景下，与国内同类先进景区相比，平遥古城旅游产业需要加快创新步伐。本案例把 PEST 分析和 SWOT 分析相结合分析了平遥古城旅游产业发展的宏观、微观环境以及所具有的优势和劣势、机遇与挑战，并基于创新相关理论和旅游创新的特征，立足旅游供给侧，对旅游产业宏观环境、旅游产业创新路径及旅游产品促销策略等内容进行分析讨论，引导学生以头脑风暴、团队共创的方式探讨平遥古城旅游产业创新路径。

关键词： 平遥古城；旅游产业创新；PEST 分析；SWOT 分析；旅游产品促销策略

一、引言

在构建国内国际双循环新格局背景下，中国进入新发展阶段，人们的生活方式在快速变化，文化和旅游融合发展是文化价值融入人们生活、实现文化再创造的重要途径。党的十九届五中全会进一步作出"推动文化和旅游融合发展"的战略部署，把文化和旅游融合提升到国家战略的高度，推动文化和旅游融合发展，是"十四五"乃至更长时期内的重大战略任务，是新时代、新理念、新格局下增进民族认同、增

---

* 作者简介：1. 冯卫红（1972—　），太原师范学院教授，研究方向：区域旅游开发与旅游产业发展；2. 庞东梅（1973—　），太原师范学院副教授，研究方向：旅游规划与开发。

强民族自信的需要，关系着社会主义文化强国建设目标的实现。文化资源的独特内涵是文旅融合的核心与灵魂，深入挖掘具有明显地域特色的文化资源，是历史文化与旅游产业深度融合的重要基础，是地方文化资源传承和旅游产业持续发展的重要路径。在新时代文旅融合背景下，旅游业与会展、运动、康养、娱乐等新兴业态融合发展，形成了多产业融合的旅游产业链，旅游业应不断突破固有服务模式，关注市场新需求，依靠新技术和新模式进行文化资源的创新开发，打造现代文化时尚的发展趋势，有效适应旅游市场的发展需求，提高文化旅游服务质量，并及时捕捉旅游市场整体流量，提高游客整体满意度。

平遥古城是世界文化遗产，也是山西省开发较早的具有代表性的文化旅游产品，旅游业一直保持着持续发展的态势。但是，近些年来，与国内其他省区的同类型古城相比，平遥古城在旅游产业发展、产品开发、市场开拓等方面都步伐缓慢，导致进入"十三五"后旅游业发展速度开始放缓，再加上受到2019年底开始的新型冠状病毒疫情的影响，平遥古城旅游业也更是雪上加霜，2020年，游客人数和旅游总收入都下降了七成以上。后疫情时代，文旅融合发展战略为平遥古城带来新一轮恢复和提升的机遇，未来平遥古城既要保持历史文化风貌，营造出符合古城原有的主题氛围和休闲消费取向的旅游空间，延长古城的生命周期，更要立足当下的新业态、新技术、新模式背景，继续深入挖掘文化内涵和文化资源潜力，实施创新战略，创新旅游产业创新机制和旅游产品体系，改变过去单一的以文化观光产品为主的开发模式，打造文化观光、文化体验、文化度假、文化研学、文化考察等种类齐全、结构完整的旅游产品供应体系，满足不同层次旅游者多元化的需求，增强市场竞争力，实现平遥古城旅游产业发展的新一轮飞跃。

二、平遥古城概况及旅游业发展

平遥古城位于山西省晋中市平遥县境内，始建于西周宣王时期，至今已有2 800多年的历史，城区面积2.25平方千米，整座古城由古城墙、古街道、古店铺、古寺庙、古衙门、古民居等组成一个庞大的建筑群，现保存古城墙6 162.68米，街巷199条，明清传统民居3 798处，是中国明清时期汉民族地区县城的活标本。

平遥古城还是晋商文化的重要源地，具有晋商文化历史遗存的独特性和代表性，古城内现有 7 处国家重点文物保护单位。1986 年，平遥古城被国务院列为第二批国家历史文化名城，1997 年平遥古城与双林寺、镇国寺一起被列入《世界文化遗产名录》，是中国仅有的以整座古城申报世界文化遗产获得成功的两座古城市之一。联合国教科文组织世界遗产委员会这样评价平遥古城："平遥古城是中国汉民族城市在明清时期的杰出范例，平遥古城保存了其所有特征，而且在中国历史的发展中，为人们展示了一幅非同寻常的文化、社会、经济及宗教发展的完整画卷"。平遥古城被列入《世界文化遗产名录》之后，国家、省、市各级政府对古城保护和旅游产业的发展给予了高度重视，平遥县的旅游业开启了飞速发展的历程。平遥旅游业的主要统计指标持续保持了高位运行态势，领跑省、市旅游产业第一方阵。2015 年，平遥古城成为国家 5A 级旅游景点。平遥古城先后获得中国优秀旅游目的地、中国最值得外国人去的 50 个地方之一、全国 5A 级景区品牌百强、首批国家全域旅游示范区等殊荣。目前，平遥古城有 6 条特色产业街区、400 家特色商铺、1 200 家宾馆客栈，8 万余从业人员，游客年均增长人次超 200 万，旅游综合收入年均增加近 30 亿元，国际游客占比近 20%。"十三五"时期，累计接待游客 6 162.6 万人次，旅游总收入 704.6 亿元，分别比"十二五"时期增长 118.7%，147.2%。从表 1 中也可看出，2016—2019 年平遥古城的游客数量和旅游收入总量虽然增长，但增长速度却在逐年下降。2020 年年初，平遥县作为山西省新冠肺炎疫情重灾区，旅游业受到了重创。在全国疫情得到有效控制后，平遥在全省率先复苏旅游市场，围绕国内外疫情防控和当前经济形势的阶段性变化，稳步拓展全域旅游发展格局，旅游市场规范有序，保持平稳运行。2021 年平遥古城接待游客 166.077 4 万人，景点接待 72.514 1 万人，门票收入 4 365.921 95 万元。又见平遥演出 497 场，观演人数 32.90 万人次，演出收入 6 487 万元。

表 1　"十三五"时期平遥古城旅游业发展状况

年份	游客数量		旅游收入情况	
	人次 / 万	增长 /%	综合收入 / 亿	增长 /%
2016	1 063.6	26.1	121.6	26.2
2017	1 297.3	21.97	150.46	23.7
2018	1 548.67	19.38	180.78	20.15
2019	1 765.04	13.97	209.72	16.01

年份	游客数量		旅游收入情况	
	人次 / 万	增长 /%	综合收入 / 亿	增长 /%
2020	488	−72.35	42	−79.98
共计	6 162.61		704.56	

资料来源：平遥县人民政府官网。

三、平遥古城旅游产业发展存在的问题

与国内先进景区比较，平遥古城旅游产业发展存在以下几个亟待创新和改善的问题。

一是发展理念落后，产业创新乏力。缺乏大市场、大服务的发展理念，资源依赖的惯性大，对文化旅游产业发展的规律认识不足，创新乏力；将资源优势等同于市场优势，统筹规划不足、特色欠缺；文化挖掘不够，现代技术手段运用少；片面追求门票经济，对旅游服务特性和体验经济的认识不够，缺乏创新和协作意识，将卖产品和卖服务割裂开来，忽略配套设施和服务水平的提升；从业人员素质不高，国际化服务滞后。

二是文旅融合深度不够，特色化、智能化、体验性等适应市场需求的新产品开发力度较低。一些文化和旅游资源未能充分挖掘，尚未形成完整的产业链条和成熟的产业体系；旅游产品同质化、单一化现象突出；"古城热、两寺冷"的局面尚未得到实质性改观，古城与两寺、乡村、山水等旅游资源的协同发展框架尚未完全形成；在文化旅游"吃、住、行、游、购、娱"六要素中，购、娱要素属于显著薄弱环节；纪念品除平遥漆器外缺乏特色，非物质文化遗产的艺术和制作工艺未能很好渗入；适应游客多样化、特色化需求的娱乐场所少、娱乐项目单一；满足人们休闲度假需求的参与性、体验性旅游项目不足，游客驻留时间短，日均消费低；游览要素的信息化程度不高，信息系统、免费 WiFi、智能监控等软硬件配套不足，旅游企业的信息化利用和服务的意识不强，信息化建设呈现保守被动、协同不足、分布不均衡和时效性差的特点。

三是旅游策划及宣传渠道、方式和手段相对落后，资源优势难以充分转化。跟一些旅游业先进古城相比，平遥古城对整体形象、景区的宣传力度小、宣传方式单

一，运用大数据研发、管理、营销不足，移动端旅游营销水平不高，市场反应迟钝。新媒体如抖音网红、动漫宣传、互动式宣传等创新方式不足依然是资源优势难以转化的重要因素，如建造于五代时期的山西平遥镇国寺，完全榫卯结构，工艺精湛，属世界文化遗产，但知名度并不高；此外，由于企业过分依赖资源、缺乏竞争意识和创新意识，粗放式发展模式使得各类企业规模小、产业集中度偏低，服务标准良莠不齐、规模经济不足、产业竞争力较差。

四是经营管理体制创新不足。平遥古城经营管理部门和机构复杂，各部门和机构的管理权限和关注点不同，责、权、限交叉，导致文物保护与旅游开发经营和管理体制存在矛盾僵化，而且一直得不到有效协调。一些影响平遥文化旅游长远发展的根本性问题，比如旅游电瓶车公交化运行管理、停车场的一体化管理、景区点的动态管理等问题尚未得到彻底解决；影响旅游环境的突出问题仍需认真面对、着力整治；安全工作基础不牢，安全责任工作体系不完善。2014 年，又相继出现了扰乱市场秩序的组织，包括黑导游、黑车、黑景点等，2018 年 9 月，出现了假醋事件，对平遥古城的旅游发展造成了严重的负面影响。

2020 年，平遥古城游客量和旅游收入急剧下滑，文旅行业作为平遥县的龙头和支柱产业蒙受了巨大损失。如何立足当下的文旅融合和创新战略背景，凝聚文旅发展新合力，加快平遥古城旅游整体创新，推动旅游产业转型升级、提质增效，是摆在平遥县政府领导面前的难题。各级管理部门对平遥旅游业的发展给予了高度重视，旅游产业的创新与改革逐步推进，平遥的旅游产业创新取得较大的突破。

四、平遥古城旅游产业创新的策略

（一）产品与业态创新，扩大旅游新供给

业态创新是引领文旅融合发展的第一动力。市场需求推力、合作竞争压力、技术创新拉力以及政府引导力，有效推动了旅游新业态的创新发展。在"十三五"期间，从国家层面上，更加强调旅游业的带动性，发展模式向产业融合、共建共享的全域旅游模式转变，"旅游 +"的融合发展模式成为旅游业新发展格局的重要特征，其广度与深度得到进一步的拓展，培育壮大了旅游市场主体。为进一步丰富旅游业态，

加快"门票经济"向"产业经济"升级，平遥古城整合当地资源，扩大旅游产业供应链，努力实现旅游产业横向与纵向的延伸。

1.拓展文化旅游产业链条

深化文旅融合，要深度挖掘文化内涵，赋能旅游发展，为旅游产业带来新动能，多元化提升游客的旅游感知，满足游客关于学习、叙事以及身份认同的需要。平遥有着丰厚的文化资源，继续加深文化资源与旅游产业融合发展，探索文化旅游产业运营模式，以古城独特的文化内涵推动新的文化业态发展，提升文旅融合层级。2019年，平遥古城被评为全省首批文旅融合示范区。

（1）创新非遗文化+旅游产品

平遥非遗文化资源丰富，已有164个项目分别列入国家、省、市、县非物质文化遗产名录，2019年制订了《平遥县非物质文化遗产保护传承利用实施方案》，立足文旅融合的背景，加强对非遗文化的保护与传承，2021年，平遥顺利通过了文化和旅游部评估验收，成为国家级晋中文化生态保护区。近年来，依托平遥推光漆器髹饰技艺、平遥牛肉传统加工技艺、宝剑制作技艺这3项非遗传统技艺，平遥古城建设了3个集展示、销售、研学于一体的大型非遗专题博物馆；以"非遗保护与传承"为主题，开展各类宣传活动；组织非遗传承人在淘宝、天猫、京东、拼多多等平台申请线上店铺23个，在遗产日举办"非遗购物节"；组织非遗产品参加"文博市集"；推光漆器借助列入"山西三宝"的优势申报了三个国家级项目；依托薛氏漆艺研究院举办漆艺作品展；举办推光漆器髹饰技艺创意作品大赛，激发传承人创造活力；承办"晋中非遗文化进察院展演活动"；与荣程集团的时代记忆非遗地图合作，建立"互联网+地图+非遗+新零售"的新模式，实现线上地图精准定位，集中展示销售非遗产品；举办工艺美术方面的培训，注重产学研的结合，由高校讲师、工艺美术师等从非物质文化遗产、工艺美术、国潮、文化创意等方面，为从业人员、学生以及手工艺爱好者传授工艺美术知识，发掘中国传统工艺的精髓和价值，让传统手工技艺发扬光大。以党的百年历史和成就为主题，组织"平遥手艺界献礼建党100周年精品展"活动，对濒危项目弦子书与纱阁戏人，进行了抢救性记录；与县政协联合启动编撰出版《平遥传统手工技艺》；山西历史遗产数字化平台建设项目基地、阮仪三文化遗产保护与传承研究中心（平遥）两大智库合作基地在平遥古城日升昌票号博物馆揭牌，这一举措，增强了对保护文化遗产的探索和对人才的培养。

（2）开发文创产品

近几年文创产业在我国发展迅猛，但是打造出品牌效应、市场竞争力强、能够让大家所熟知的并不多。在这种形势下，故宫文创一枝独秀，改变了以往老气横秋的形象，既注重承担传承文化和传播文化的双重责任，又以公众需求为导向，积极探索现代表达方式，以求故宫文化创意的多元呈现，成为时尚的文创行业的领头羊。2017年，平遥古城和北京故宫开始联手打造"平遥礼物"文创品牌。2018年3月，山西省政府与故宫博物院签署合作协议，双方在深化古建保护、文物修复、藏品展陈、数字化展示、文博宣传、文化创意产品研发等方面展开交流合作，共同推进山西历史文化资源的继承与发展。故宫文创研发交流中心落户平遥古城，汇聚全国知名文创团队，研发文创产品，开发"平遥礼物"，打造满足游客需求的文化创意产品产业链。古城内开设"平遥礼物"专卖店，游客在游览之余，可以买到独具平遥特色的数十种文创产品，让平遥文化可以带得走、留得住，加深旅游完结后的体验感。同时，"平遥礼物"文创店落户故宫，平遥县成为全国首个在故宫销售地方性文创产品的县市。

（3）开发"又见平遥"文化产业园

2013年，"又见平遥"大型室内情境体验剧带动平遥旅游产业快速转型升级。2017年"又见平遥"情境体验剧被评为晋中"新地标"。平遥九成文化旅游公司通过"又见平遥"演艺，配套开发了二期高端主题酒店群和印象新街，构筑起集住宿、餐饮、文化创意、传统老字号、商业等于一街的文化旅游综合体，进一步拉伸了又见文化产业链条，成为平遥古城旅游的新地标。印象新街于2018年向公众开放，2021年10月，"又见平遥"文化产业园被文旅部列入国家级第一批夜间文化和旅游消费集聚区名单。"又见平遥"文化产业园是以旅游为先导、以文化为核心，以房地产为平台和消费载体的产业发展体系，满足了现代人旅游需求增长、休闲生活方式转变的需求，是国家大力推进旅游业转型升级、创新发展的结果。

（4）创作动漫文化IP形象

文化IP可以整合地域多元的旅游资源，深入挖掘文物的特色内涵，让文物活起来，为文化的创新提供新途径。动漫IP经济是以动漫为突破口带动游戏、文学、影视等"动漫+"产业跨界融合。2019年，平遥县政府携手联通沃动漫，以平遥古城文化为主题，创作城市动漫IP形象，制作52集原创动画片《古城小镖师》。动画片以"万物有灵"作为故事的基础设定，以兽衔环、石狮子、石敢当等古城特色物件为代表，通过拟人化的手段展现平遥古城的历史文化魅力，推进"平遥古城青春修炼计划"，展现年轻化、活力化的古城风貌，以新业态、新产品等推动文旅融合。

（5）建设传统文化创新体验基地

借助平遥籍画家寒石的知名度，修建寒石美术馆，定位目标是打造古城民间传统文化及艺术创新为一体的，集特色旅游、教育孵化、研发体验复合型基地，利用社会各界资源及名人效应，实施"文化传承"模式，开展书画艺术展览展示、文房四宝博物馆藏和非物质文化遗产传承，厚植书画、文房四宝、非遗基因和文化，建设深具传统文化内涵的创意园区，预计2022年建成投入使用。

（6）现代科技展示传统文化

平遥古城积极探索利用科技手段，赋能文化与艺术融合的新业态之路，与北京当红齐天国际文化发展集团有限公司联袂打造"SOREAL焕真平遥古城3D灯光秀"项目位于古城迎薰门，灯光秀借助光影科技，展现平遥古城的沉淀底蕴和几千年的历史文化，产生强烈视觉冲击力，焕发了这座古城新的激情和活力。自2019年10月开放以来，场场爆满，游客体验感好，促进平遥古城"夜游经济"快速发展。目前，平遥在继续筹划"焕真·平遥科技秀"项目，以高科技手段打造全新沉浸式娱乐新体验。日升昌票号博物馆与蔚泰厚博物馆强强联合运行，2018年运用VR、MR、AR等多种技术展现形式，推出"数字日昇昌"虚拟体验项目。

（7）打造古城金融文化产品

2019年，平遥县联合中国人民银行发行了世界遗产（平遥古城）贵金属纪念币，是第一个被中国人民银行列入贵金属纪念币发行计划的古城，世界遗产（平遥古城）纪念币也成为首个双面都是景点的贵金属纪念币，其中30克纪念银币入围了2021年度第38届世界硬币大奖的最佳银币提名，是对平遥历史文化的宣扬和肯定；为弘扬晋商文化、传承晋商精神，满足客户收藏、馈赠、传承等多方位的需求，2021年，中国工商银行山西省分行打造了"乾坤在握"银元宝、"一桶金"金元宝、"招财晋福"金算盘三款、"日昇昌"晋财晋福系列贵金属产品，深度融合平遥浓厚的金融文化底蕴，寄托了财源广进、诚信生财的美好祝福。

2. 塑造旅游节庆品牌

旅游节庆活动的文化性、多样性、参与性都构成了旅游吸引要素，是休闲体验、社交体验与文化体验的综合体。节庆活动为旅游商品的营销和展示提供了平台，其文化融合和经济拉动效应越来越突出，已成为国家或地区旅游竞争的重要指标。平遥有丰富的文化资源，通过旅游节庆策划，转化为具有竞争力的文化品牌。平遥注重强化节庆活动的 IP 形象，在举办平遥国际摄影大展、平遥中国年节事活动的基础上，又精心策划了国际电影展、国际雕塑节两个文化旅游节庆品牌，扩大外宣效应，提升了知名度和影响力。

2000 年，平遥创办了国际摄影展，已成为平遥及山西旅游节事活动的标签，2018 年，荣获"改革开放 40 年中国十佳品牌节庆"。摄影展紧贴时代脉搏，创新展会主题和展出形式。2020 年，为应对疫情的影响，搭建线上云展厅，推出"线上为主、线下为辅"的办展方式，为人们提供多样化的参与和体验平台。2021 年，以"精彩世界·美丽中国"为主题，在专题展基础上，推出"还看今朝——庆祝中国共产党成立 100 周年摄影"主题展，近万幅国内外作品为观众呈现摄影艺术魅力。

2017 年，由导演贾樟柯发起创立平遥国际电影展，成为平遥推动文化产业创新的新品牌。电影展注重传承与创新，在展映世界各国优秀影片的基础上，积极推广青年导演的优秀作品，繁荣电影的创作。2021 年，山西省政府从机制上将平遥国际电影展升级为省级项目，由平遥电影展有限公司与山西传媒学院山西电影学院联合主办，深化了"产学研创展"一体化发展，培育影视全产业链，提升山西的文化软实力。

平遥民间雕塑艺术丰富多彩，2018 年创办了平遥国际雕塑节，搭建了一个平遥和世界雕塑艺术交融对话的平台，展出的作品既有国际知名艺术家作品，还有非物质文化遗产作品。雕塑节让双林寺、镇国寺活力大增，2018 年的游客分别同比增加 60%、32.4%，有力改善"一城热、两寺冷"的局面。受疫情影响，2020 年，主展单元以线上展示与线下体验相结合的形式呈现，邀请雕塑艺术家、业内人士参与线上互动，让民众了解雕塑的魅力。平遥国际雕塑节与京东云达成战略合作，通过线上平台与云技术的支持，力求将国际雕塑节的品牌 IP 植入进民众生活。目前，平遥国际雕塑节线上商城已正式运行。

平遥电影文化园位于古城西大街，原为柴油机厂，至今仍保留着工业遗存。从2001年起作为平遥国际摄影展的主展区之一，2017年平遥国际电影展也落户于此。电影宫常设电影院，辅以书店、咖啡店等休闲文化设施，令老厂房带着新文化回归城市公共生活。平遥电影宫荣获"2020联合国教科文组织亚太地区文化遗产保护奖"优秀奖。评委对其评价"电影宫促成了平遥古城收入来源多样化，扩大了旅游客群的多样性，为许多严重依赖单一旅游产业的古镇所面临的挑战提供了创新性选择"。

3. 带动乡村旅游产品开发

《中共中央国务院关于实施乡村振兴战略的意见》明确提出"实施休闲农业和乡村旅游精品工程"，乡村旅游已经成为推动实施乡村振兴战略的重要领域。平遥县传统村落数量较多，农业发展基础好，依托平遥古城的旅游影响力，开发平遥古城文化旅游＋平遥传统村落、乡村休闲度假旅游地，构建以产业融合为主导的、多业态、多形态的文化＋乡村旅游产品体系，推进旅游产品的创新与优化，提高旅游产品的吸引力和竞争力。目前，打造了5条精品线路——养生体验游、田园休闲游、乡村文化游、红色记忆游、森林康养游。根据节令开展节事活动，如春节赏灯会、梨花旅游节、酥梨采摘节、消夏月活动、果桑采摘节等，取得良好的社会效应。目前，已有5个村入列全国旅游扶贫重点村，乡村旅游项目建设保持良好态势。

4. 打造研学旅游产品

研学旅游是当下备受关注的社会热点，研学旅游对教育事业及旅游行业都有重要的价值。研学基地作为研学旅游开展的平台，其开发、规划能够更好地完善研学旅游体系框架。为适应我国研学旅游发展需求，国家及地方各级文旅部门多方位开展研学旅游目的地和研学旅游示范基地建设，为研学旅游提供高水平的场所。2017年，平遥古城被教育部命名为首批"全国中小学生研学实践教育基地"，2020年7月，平遥古城景区管理有限公司与全国中小学研学实践教育营地·晋中营地举行了"研学平遥"项目战略合作签约仪式，开启了打造精品"项目式"研学旅游产品的新篇章。

5. 打造健康养生旅游

大众旅游时代的到来，生活质量的提高，旅游消费观念的升级等，促使人们更加关注外出旅游的质量和品位，尤其是健康养生旅游成为业界新宠。平遥中医药文化历史积淀丰厚，大力发掘和保护中医药资源，2017 年建设开放了平遥古城中医药健康养生旅游街，打造涵盖中医药文化展示与交易、健康养生服务、功能农产品销售等多种功能于一体的"中医药 +"养生旅游功能。2018 年招商引进了同仁堂、广誉远等知名药企入驻养生旅游街，推动中医药健康服务与旅游产业有机融合。

6. 加快培育低空旅游

低空旅游是体育产业与旅游产业深度融合发展中最新颖、最亮眼的航空运动形式。低空旅游丰富了旅游产品体系、拓展了旅游消费空间、促进了旅游业转型升级，推动了体育产业的提质增效。2017 年，平遥县与海航集团等合作，推出低空飞行项目，开启了晋中市、山西省低空旅游的新时代。游客乘坐直升机，在与众不同的视野中俯瞰平遥古城完整的格局，增强体验感。

7. 启动旅游火车观光项目

与中车集团合作打造的平遥旅游火车观光度假体验项目于 2019 年启动建设，是山西省第一条跨座式单轨观光示范线，也是全国第一条运游结合、"旅游 + 交通"融合示范线。该项目通过全景观光列车，串联高铁站、双林寺、老醯水镇和平遥古城，实现"一城两寺"的联动开发和游客的有效疏导。

8. 建设旅游消费新引擎

2020 年，平遥县与岛内免税商品集团、融合文旅集团正式签约，岛内免税商品集团官方商城即将入驻平遥古城，主要用于服务 54 万平遥人民和每年 1 700 万游客日常生活消费用品的跨境消费，这将成为古城旅游消费的全新"引爆点"，有效拉动优质旅游产品升级和服务供给。依托海南自贸区，把世界优秀品牌和商品引进平遥，把平遥打造为北方跨境消费的"贸易港"。

（二）技术创新，打造发展新引擎

中国经济在走向新常态的过程中，以互联网、物联网、云计算等为代表的信息技术成为地区竞争力的主要标志，信息技术推动下的智慧旅游成为促进旅游产业转型升级、实现旅游大国向旅游强国转变的重要举措。2017 年，平遥县与华为技术有限公司等签署"智慧城市及大数据"合作框架协议，大力推进平遥古城的"智慧旅游"景区建设，通过信息化手段实现旅游服务水平的提升，为旅游部门管理、保障游客服务及应急处置、做好疫情防控工作、实现精准营销提供了强有力的数据保障。"景区关闭后，我们打造了'文旅局带你线上看平遥'每日一展，以及直播、'5G+VR云游平遥古城'等线上活动，还向文旅从业者发起了文化战疫动员。"平遥县文化和旅游局工作人员杨丽说，平遥古城雷履泰故居景点讲解员郭金风等景区工作人员在居家隔离期间，自编曲艺节目，通过微信、抖音等平台广泛传播，用歌声、说书、快板、绘画、书法等形式鼓舞斗志、凝聚力量。2020年平遥古城大力推进"智慧旅游"景区建设，开发并使用了涵盖旅游全过程的"智慧旅游"平台——"平遥古城景区官方服务平台"，游客可以在平台享受在线购票、讲解员预约、在线投诉求助、路线推荐、警务导航、景区便民设施导航等综合服务，政府和相关监管部门能够实时了解景区内各种情况。"智慧旅游"平台还将陆续推出停车管理、游览车管理、餐宿管理等新功能，逐步将平台打造成集服务游客、服务一线、服务管理、数据分析、文化宣传为一体的旅游"全链条"服务平台，满足新时代人们高品质、强体验、重服务的消费需求趋势。

（三）理念创新，构建旅游发展新模式

1. 围绕旅游产业发展规划城市空间格局

为强化平遥古城世界文化遗产辐射带动作用，激发区域发展的内生动力，2020年，平遥县对乡镇行政区划进行调整，扩大平遥古城及县政府所在的古陶镇的面积和人口，制定旅游产业发展新规划。围绕建设"大美古城，小康平遥，国际旅游城市"战略思路，高标准修编完成《平遥县城市总体规划》，按照古城核心片区、西部文化产业区、南部旅游集散区、东部会展功能区、北部功能缓冲区的"一核四区"总布局，逐步疏解县城建成区以及古城周边非旅游功能。

2. 创新古城保护法规夯实旅游产业发展基础

1998年颁布实施的《山西省平遥古城保护条例》已不能适应新时代的需要，2018年12月，新修订的《山西省平遥古城保护条例》正式实施，对古城的保护、管理和利用工作提供了与时俱进的法律支撑，具有里程碑意义。

3. 创新旅游业监管机制

推进旅游"1+3"管理体制改革，2017年在全省率先成立旅游发展委员会、旅游警察大队和旅游市场监管分局，整顿旅游市场秩序；成立了旅游集散中心和导游协会，指导旅行社及景区导游讲解员工作；开展"五整治、五提质"专项行动和"双随机"、重点监督检查相结合的执法方式；在公众号上开通了旅游黑白名单，开辟了实时采访板块、拆违治乱提质等专栏；通过"平遥旅游投处联动大厅"手机网络平台及时上传巡查信息和图片，集中快速解决平遥古城旅游存在的难点、热点问题。通过一系列创新举措，制约平遥旅游发展的问题正在得到解决。2017年平遥古城百万游客投诉率为0.033，国家旅游局12301平台接到平遥旅游投诉8起，比2016年减少7起，在全国5A级景区投诉率和及时办结率综合排名中位列前10位。

（四）主体多样，提高发展新效能

积极推进旅游经营体制改革，引进战略合作伙伴，推进景区管理权与经营权"两权分离"，平遥古城景区实施公司化、市场化运营。2017年与华侨城集团签署《平遥古城景区管理服务合同书》，管理团队进驻平遥，在提升景区管理、加强品牌建设、旅游项目投资开发等方面展开了深度合作。2018年，与北京游行天下科技有限公司合作，把古城导游服务纳入"游伴儿"专业私人导游预约平台。2019年推进了6处国有景点经营项目改革创新，由古城景区公司进行经营管理。平遥县全面推进与山西文旅集团的合作，通过股权置换，参股项目、委托管理等多种渠道，展开文旅项目的合作与开发。

（五）促销策略创新，提升知名度和影响力

互联网技术的日臻成熟，衍生出多样化的媒体宣传平台，丰富了人们获取信息的渠道和方式。尤其基于数字技术、网络技术、移动端的发展而产生的新媒体，以其高覆盖、快融入、强渗透等传播特点，成为主流传播形式。新媒体丰富了传播的资源、扩大了传播的受众、拓宽了传播的路径、创新了传播的方式，为旅游业促销宣传带来了新的契机，成为旅游整合宣传的重要途径。平遥古城立足时代特点，开拓线上、线下立体化的旅游宣传渠道，知名度与影响力持续提升。

1.线上宣传促销

2018年，与专业机构合作，创作两首平遥原创歌曲，歌曲《平遥行》的MV在古城景区拍摄，开创宣传平遥的新途径。通过官方微信公众号、微博、今日头条、抖音、直播、知乎、小红书等平台进行在线宣传，在常态化宣传的基础上，通过收集游客的兴趣点，采集素材，开展灵活多样的网络营销活动。2019年，各类主流媒体客户端发布旅游软文 62 篇，文旅局官方平台发布 4 000 余条，被第三方机构迈点研究院根据大数据统计在全国 5A 景区排名持续前三的好成绩；由人民日报、微博、新浪网联合主办的"2019 政务影响力峰会"上，平遥古城旅游官方微博位列山西十大文旅局微博第一。2020 年，通过网络平台发布各类咨询 4 000 余条。

2020 年以"抗疫"为主题创作的《英雄的平遥城》《平遥守护之城》等视频被学习强国、人民网等主流媒体转载；与喜马拉雅深度合作，建立平遥古城官方电台频道，打造平遥古城声音博物馆；以"晋商故里·世界平遥"为主题，策划"云游平遥"直播活动，邀请博物馆馆长、非遗传承人、金牌导游、现场游客及商店老板等参与直播间，与游客及粉丝互动，多角度宣传平遥古城，直播同时可在线购买平遥特产，实现广告效益与经济效益双丰收；与央视新闻合作的直播，带全国观众打卡平遥古城，直播效果得到极大提升；与澎湃新闻平台合作，迈出平遥古城品牌推广的新步伐；策划"游山西·读历史"平遥古城宣传系列活动，实现线上、线下共联动，在线参与人数达 20 余万。

2. 线下宣传促销

充分利用各类外宣平台，组织旅游企业参加国内重大旅游会展活动，进行全方位宣传推介；利用每年一度的平遥国际摄影展、平遥中国年、国际电影展、国际雕塑节等旅游节庆品牌，提升知名度和影响力；2018 年，平遥古城承办"人说山西好风光"全省旅游发展大会晋中主场竞演活动，接受 300 余名全省旅发大会的领导嘉宾实地考察，展现了良好形象。2019 年，联合中国人民银行在全球发行平遥古城金银纪念币，宣传金融文化，30 克纪念银币入围了 2021 年度第 38 届世界硬币大奖的最佳银币提名。

2020 年，全国新冠肺炎疫情得到有效控制后，为了尽快复苏旅游市场，平遥古城通过多种媒体平台进行系列宣传。以"感恩抗疫相助"为主题，结合景点及特产，制作了平遥感恩各个县市 10 款纪念门票、30 张海报，一经发布就刷屏网络；平遥旅游宣传海报投放太原武宿机场广告栏及省内高铁列车电视；对接央视《美丽中华行》栏目、山西晚报、全国主流媒体踩线团、全国著名作家采风团等组织和媒体来平遥古城进行调研采风、拍摄和采访，通过多种媒体全方位宣传；组织"星光大道三晋歌手爱心行"活动，借助星光大道招牌，号召民众在做好个人疫情防护的同时走进景区，促进文化旅游业复苏振兴；对接山西都市 110 和晋中媒体进行专题报道，大力宣传乡村旅游。

面向国际市场开展精准营销，2017 年借助美国大学生行进乐队来平访问、中蒙俄万里茶道市长峰会、平遥国际摄影展普罗万展区、观览中国外国人写作大赛等外事旅游宣传活动，均取得良好成效；2019 年，平遥与法国普罗万以"遗产保护、文化交流"为主题，签署了《合作备忘录》，标志着平遥向国际市场迈出坚实步伐；多次接待台湾地区旅行社和媒体考察踩线工作，让台胞感受平遥古城的传统文化。

五、结语

本文介绍了在国家推进文旅融合发展战略及创新驱动战略的背景下，平遥古城为了满足不断升级的市场消费需求、提升旅游产业竞争力，立足自身旅游业发展的现状，更新发展理念，多层面进行旅游产业的创新，构建旅游发展新模式、扩大旅游产业供应链、打造发展新引擎、提高发展新效能的案例。发展无止境，创新无止境，现阶段旅游业进入了"十四五"发展时期，新时期新目标，平遥古城旅游产业的创新工作仍在旅途中。

参考文献

[1] 傅才武 . 论文化和旅游融合的内在逻辑 [J]. 武汉大学学报，2020（2）：89-100.

[2] 范周 . 文旅融合的理论与实践 [J]. 人民论坛·学术前沿，2019（11）：43-49.

[3] 李凤亮，杨辉 . 文化科技融合背景下新型旅游业态的新发展 [J]. 同济大学学报（社会科学版），2021，32（01）：16-23.

[4] 曹景帅，李翠 . 山西平遥古城旅游景区发展现状及策略 [J]. 当代旅游，2020，18（30）：94-96.

[5] 雷成锋 . "互联网 +"时代背景下平遥古城旅游业发展的机遇与挑战 [J]. 山西高等学校社会科学学报，2020，32（07）：16-20.

[6] 刘晓英 . 产业融合视角下我国旅游新业态发展对策研究 [J]. 中州学刊，2019（04）：20-25.

[7] 孟于群 . 我国旅游业新发展格局的政策基础与路径创新 [C]. 2021 中国旅游科学年会论文集，2021：1154-1164.

[8] 山西省人民政府官网 .

[9] 陈曾 . 从故宫文创谈我国文创产业的创新之路 [J]. 设计，2017（19）：68-69.

[10] 中华人民共和国文化和旅游部官网 .

[11] 张晓萍，张超旋 . "告庄西双景" 文化旅游综合体开发的民族志研究 [J]. 青海民族研究，2018，29（02）：87-93.

[12] 方亭，郭萌 . 动漫 IP 消费时代的粉丝型御宅族研究 [J]. 当代青年研究，2018（2）：23-28.

[13] 马凌，保继刚 . 感知价值视角下的传统节庆旅游体验——以西双版纳傣族泼水节为例 [J]. 地理研究，2012（2）：269-278.

[14] 秦美玉 . 旅游节庆及其文化性因素论析 [J]. 四川师范大学学报（社会科学版），2004（5）：111-115.

[15] 银元，李晓琴 . 乡村振兴战略背景下乡村旅游的发展逻辑与路径选择 [J]. 国家行政学院学报，2018（5）：182-186，193.

[16] 马静，张河清，王蕾蕾 . 研学旅游的价值与意义及研学基地建设实践研究 [J]. 产业与科技论坛，2019（14）：101-103.

[17] 刘庆余，晖宁 . 全域旅游视野下健康养生旅游发展对策 [J]. 旅游学刊，2016，31（11）：4-6.

[18] 高尔东，熊剑锋 . 低空开放：推动了通用航空，激活了航空运动旅游 [J]. 旅游研究，2017（4）：13-17.

[19] 黄松，李燕林，戴平娟 . 智慧旅游城市旅游竞争力评价 [J]. 地理学报，2017（2）：242-255.

[20] 黄世虎，莫佳思 . 新媒体条件下我国主流意识形态的传播策略 [J]. 长白学刊，2017（1）：20-25.

[21] 平遥县人民政府官网 .

案例使用说明

一、教学目的与用途

（一）适用课程

本案例适用于旅游目的地管理、区域旅游开发、旅游产业经济等课程的教学。

（二）适用对象

本案例适用于旅游管理专业硕士以及高年级本科生的课程教学。

（三）教学目的

学会结合旅游产业的宏观环境和发展背景，运用 SWOT 分析法，分析平遥古城旅游产业发展的内部优势与劣势、外部机会与威胁，提出发挥优势、改进劣势、利用机会、消除威胁的途径，以此为基础，明确平遥古城旅游产业创新的方向，并对平遥古城旅游产业创新路径进行分析，掌握旅游产业创新的相关理论。

（四）主要知识点

①文旅融合战略；

②旅游创新概念；

③ PEST 宏观环境分析；

④旅游产业创新内涵及内容；

⑤旅游产品促销策略。

二、启发思考题

①理解创新的内涵和旅游产业创新的特点。

②理解文旅融合的含义，分析平遥古城产业创新发展的战略背景。

③分析"十三五"期间，平遥古城旅游产业发展的宏观环境与微观环境。

④如何利用 SWOT 分析法客观评价平遥古城旅游产业发展内部环境的优劣势、外部环境的市场机会与威胁？

⑤结合案例，分析平遥古城旅游产业创新路径，思考如何对创新绩效进行评价。

⑥结合案例，分析新媒体背景下平遥古城的旅游促销策略有哪些创新之处。

三、分析思路

本案例描述了在国家实施文旅融合战略和创新驱动战略背景下，旅游产业的宏观环境发生变化，平遥古城立足自身优势，当地政府及旅游企业都积极地推进旅游产业创新发展，以提升其市场竞争力，并借助多元化的媒体渠道传播旅游地形象，扩大市场知名度和美誉度。希望通过对案例的学习和研讨，引导学生理解宏观环境的变化催生旅游产业的创新，运用产业创新理论阐释平遥古城旅游产业的创新路径。具体分析思路如下。

①从创新的基本含义，理解创新是促进经济增长、引领社会发展的第一动力；依据旅游产业的强关联性与无边界性，理解旅游创新的实质与特点。

②理解旅游产业的创新是基于旅游产业发展的宏观环境及旅游消费需求快速变化、市场竞争日益激烈的经营环境，为了培育旅游产业作为国民经济支柱产业的地位，以及旅游产品能够适销对路、具有竞争力，就必须打破旧产业发展格局，通过创新驱动，形成新业态、新产品、新理念、新机制。

③结合我国旅游业发展的宏观环境及平遥古城旅游业发展的微观环境，分析平遥古城旅游产业创新发展的背景。首先明确宏观环境与微观环境各包含哪些要素，对产业的发展各起到怎样的作用；运用 PEST 分析法，分析"十三五"期间旅游产业的宏观环境；结合平遥古城的自身情况，分析平遥古城旅游产业发展的微观环境，发现平遥古城旅游产业发展中存在的问题和需要创新的内容。

④利用 SWOT 分析法客观评价平遥古城旅游产业发展内部环境的优势与劣势、外部环境所面临的市场机会与威胁；以此为基础，讨论平遥古城旅游产业的发展策略，为进一步探讨旅游产业创新做铺垫。

⑤探讨平遥古城如何进行旅游产业创新并引发思考，如何对旅游产业创新绩效进行评价，为进一步实施教学实践活动做安排。

⑥从线上、线下两个方面了解旅游产品促销组合的方式，尤其在"互联网＋"的背景下，网络促销宣传优势凸显，对客源市场的影响力大，熟悉近年来网络促销宣传的常用方法；结合案例内容，分析平遥古城如何进行旅游产品促销策略的创新。

四、理论依据及分析

（一）创新理论及旅游创新

经济学家熊彼特在《经济学发展原理》中提到，公司可以采用三种类型的创新活动，即发明、创新和模仿。创新的根本含义是创造新的产品或新的服务，并实现市场价值，具体可以分为开发新产品（服务）、采用新生产方法、开辟新市场、寻找新原料来源和建立新产业组织。创新对于经济和社会发展的重要性众所周知，市场要适应人类无止境变化的需求，只有创新才能促进经济增长。创新的过程是多主体、多层面、多向度的复杂变化过程，既包括理论认知创新，也包括实践举措创新；既包括宏观战略创新，也包括微观策略创新；既包括政府政策的创新，也包括市场行为创新。

我国经济发展进入新常态，传统发展动力不断减弱，粗放型增长方式难以为继，必须依靠创新驱动打造发展新引擎，培育新的经济增长点，2016年，国务院印发了《国家创新驱动发展战略纲要》，把创新驱动发展作为国家的优先战略，对今后一个时期实施好创新驱动战略进行了系统谋划和全面部署。创新是引领发展的第一动力，科技创新与制度创新、管理创新、商业模式创新、业态创新和文化创新相结合，促进经济向形态更高级、分工更精细、结构更合理的阶段演进，以持续提升我国经济发展的质量和效益。

旅游产业是国民经济的战略性支柱产业，其关联带动性强，根据消费者的需求变化和市场竞争的发展情况动态组合各类资源，改变经营内容和经营方式，以提高生产效率和获利能力，产业规模呈现不断扩张延伸的趋势。旅游产业是无边界产业，在发展过程中，与其他相关产业进行融合，构成产业系统的各要素在变革过程中引起不同产业要素之间相互竞争、协作与共同演进，不断衍生出新业态。旅游创新是产业创新的一种，是旅游生产要素的重新组合和结构优化，通过引入到旅游经济体系中，实现生产函数的改变。

旅游创新不同于传统的制造业创新和其他的服务创新，有其自身的特点。第一，旅游创新类型广泛，不仅包括技术创新，还包括产品创新、市场创新、组织经营创新、管理制度创新等非技术性的创新；第二，消费者是重要的旅游创新参与主体，市场消费需求在创新过程中起着重要的推动作用；第三，旅游从业人员在旅游经济发展中扮演着重要角色，人力资本是旅游创新的内容；第四，信息技术在旅游创新中发挥着重要作用，信息科技支撑着旅游产业的创新发展；第五，新颖范围更为宽泛，不仅包含根本性的变化革新，也包括渐进性的优化提升；第六，易与其他行业、企业等要素相结合，从而产生旅游产业合成性创新；第七，旅游创新常常是跨区域进行的。

（二）文旅融合战略

2018 年 3 月文化和旅游部组建，各级政府文化旅游扶持政策陆续出台，文旅融合步伐不断加快，融合领域不断拓展。推动文化和旅游融合发展是党中央做出的重要决策，文化是旅游的灵魂，旅游是文化的重要载体，文化使旅游的品质得到提升，旅游使文化得以广泛传播，文旅融合让文化更有活力、旅游更有魅力。在稳增长、调结构、促改革、惠民生的新时代背景下，文化和旅游业肩负高质量发展的历史使命。

通过文化和旅游的融合发展，推出更多文化和旅游精品，以高质量的旅游供给满足人民群众不断提升的文化和旅游需求；把更多的优质文化资源转为优质旅游资源，以优质文化旅游资源为主线，精心打造特色旅游产品，使群众能够享文化、乐旅途。通过文化和旅游的融合发展，创造更加舒适、便利的旅游环境。我国已经进入大众旅游时代，旅游已经成为人们幸福生活的必需品。旅游既是大产业，又是大民生，要大力发展全域旅游和乡村旅游、研学旅游、休闲旅游、康养旅游等业态，改善旅游场所的基础设施，提高旅游场所的接待和服务水平。通过文化和旅游的融合发展，实现安全旅游、文明旅游。不断完善包括监督检查、预警提示、应急处置在内的安全保障体系，打击违规操作的市场行为，倡导文明旅游，营造文明旅游的环境。通过文化和旅游的融合发展，推动中外人文交流，让游客成为旅游地形象的体现者、文化的传播者和代言人。

（三）PEST 宏观环境分析

宏观环境包括人口、经济、社会文化、技术、政治法律、自然等因素。宏观环境是产业发展的大背景，决定着产业发展的方向和市场机会，以宏观环境对旅游产业发展的影响作为出发点来考虑旅游产业创新问题是非常重要的。PEST 分析法是从政治、经济、社会文化、技术这四个方面，分析外部宏观环境的一种方法，从多个方面把握产业宏观环境的现状及发展变化趋势。

P：政治和法律背景

政策环境是旅游产业发展的基础支撑体系。"十三五"时期是我国经济转型改革的深化年，更是旅游业突破创新的年份。在《"十三五"旅游业发展规划》中，首次将旅游发展战略上升到国家层面，成为国家重点专项规划，要全面落实旅游业创新驱动、协调推进、绿色发展、开放合作、共建共享等方面任务。

E：经济背景

经济环境是影响产业发展的重要因素，直接关系到市场状况及其变动趋势。旅游业是能够拉动其他产业、扩大投资、促进消费的经济型产业。在"十三五"期间，以抓点为特征的景点旅游发展模式向区域资源整合、产业融合、共建共享的全域旅游发展模式加速转变，旅游业与农业、林业、水利、工业、科技、文化、体育、健康医疗等产业深度融合。

S：社会和文化因素

旅游业是传播传统文化、弘扬社会主义核心价值观的重要渠道。在当前服务经济、体验经济的背景下，旅游是体现生活质量的重要标志，旅游业的发展要适应人民群众的消费升级。我国旅游需求市场呈现出消费大众化和需求品质化的发展趋势，这就要求业界在供给端进行变革，实施旅游产品价值提升战略，满足人民群众快速增长的休闲度假需求。

T：技术因素

科学技术是现代生产力中最活跃的因素，它直接影响旅游产业的管理、供应模式及旅游者的消费模式。旅游发展的市场化程度较高，但旅游产业技术创新不足，科技应用比较薄弱。在"十三五"新业态下，要做好科技对旅游业的支撑，强化旅游科技创新的投入力度，激发旅游业科技驱动、创新驱动的贡献值和附加值。

新冠肺炎疫情是世界范围内一次重大突发的公共卫生事件，对各国的经济发展产生了极大的冲击，使蓬勃发展的旅游业遭受了重创。随着疫情逐步得到控制，各行各业都在加快复工复产的进度。在抗疫过程中，各旅游地都在积极采取对策，恢复旅游产业的生产秩序、实现旅游经济复苏。

（四）微观环境分析

微观环境包括企业自身、顾客群体、竞争者、社会公众、供应商和营销中介等因素，直接影响平遥古城旅游产业的发展。平遥古城要立足宏观环境，明确旅游产业发展的方向，以满足顾客群体的需求变化和打造竞争市场的优势为出发点，创新旅游产品的供给状况。

1.市场需求的变化是旅游产业创新的动力

游客是市场的主体，任何旅游产品和服务，只有得到游客的认可，才能赢得这个市场，新时期游客的旅游需求是旅游产业创新的动力条件。"十三五"期间，旅游需求市场呈现出以下发展趋势：一是消费大众化、个性化，旅游已成为人民群众日常生活的重要组成部分，旅游供给方的产品和服务要满足多样化的消费需求；二是需求品质化，对设施设备、公共服务、生态环境、体验化产品和服务的要求越来越高，要求业界在供给端进行变革，实施旅游产品价值提升战略。

平遥古城旅游产业的供给状况还无法满足人民群众快速增长的旅游消费需求。在供需层面上，旅游产品结构矛盾突出，产品形式较同质、单一，高品质的度假休闲产品严重不足；在消费层面上，交通、景区门票、餐饮等刚性消费支出比重较高，但旅游娱乐消费、体验消费、文化消费支出不高；在增长方式层面上，在质量导向和服务导向方面有所欠缺，需要引导旅游运营管理模式从重建设转向重管理、重服务等方面创新。

2.市场竞争的加剧是旅游产业创新的推力

旅游企业要想成功，必须能够比竞争者更好地满足目标市场上旅游者的需要。从消费需求的角度划分，竞争者包括四种类型：愿望竞争者、平行竞争者、产品形式竞争者、品牌竞争者。愿望竞争者之间的竞争相对间接一些，是指提供不同产品、满足不同需求的竞争者；平行竞争者之间的竞争属于间接竞争，是指提供不同类别的产品去满足有同一种需求的旅游竞争企业；产品形式竞争者之间的竞争是指满足同一需求的旅游产品间各种形式的竞争；品牌竞争者之间的竞争是指满足同一需求的同种形式产品不同品牌之间的竞争。对于旅游企业而言，可将产品形式竞争者与品牌竞争者都视为企业竞争对手。

平遥古城的文化旅游资源具有垄断性，在旅游市场竞争中具有绝对优势，居于旅游市场领导者的地位，其他市场角色难以与之抗衡。游客来平遥的旅游需求主要是体验明清完整的古城文化与曾经辉煌的晋商文化。与平遥古城一起被列入《世界文化遗产名录》的丽江古城，能够为游客提供多民族融合而居的古城文化，是平遥古城的品牌竞争者。平遥古城与丽江古城旅游业发展差距大，2019 年，丽江旅游收入是 1 078 亿元，接待游客是 5 402 万人次，而平遥接待游客是 1 765 万人次，旅游收入 209.7 亿元。特别是新冠肺炎疫情后，丽江积极采取对策，以应对疫情冲击为契机，逆势上扬，稳步推进智慧旅游、全域旅游，走在了产业创新的前列。丽江古城全域旅游品牌效应鲜明，辐射范围广，尤其对于外地中程和远程的客源市场，吸引力强，对平遥古城能够形成替代性竞争的威胁。

平遥古城地处山西晋中市，晋中一带众多的大院文化如祁县渠家大院、太谷曹家大院、灵石王家大院、榆次常家庄园等各具特色，能够为游客展现传统民居文化和晋商文化，周边这类文化旅游景区，是平遥古城的产品形式竞争者，对游客在平遥古城的旅游滞留时间造成较大影响。

旅游产业创新就是对旅游地优势资源的重新组合、深度拓展及与其他产业的融合，使其更能够满足变化着的旅游消费需求，提升市场竞争力。

3. 当地政府及企业的创新意识是产业创新的内生动力

政府在主导产业发展中发挥着巨大的作用，当地政府把握国家政策，结合当地旅游市场总体发展状况、旅游需求市场的特征和变化以及新技术和手段在旅游业中的运用，对旅游产业发展进行宏观调控，通过制定战略目标和发展规划、优化旅游资源配置、推进产业融合发展、协调多方合作共赢、借鉴外部成功经验、健全产业监管机制、完善资本管理机制、增强人力资源支撑等手段，培育当地旅游产业创新的沃土，搭建旅游产品和服务创新的平台；企业则充分把握当地政府对旅游产业发展的相关政策，通过学习模仿和自主创新的模式，根据目标市场的需求特征对产品和服务进行创新。平遥当地政府及企业创新意识强，是推动产业创新的内生动力。

（五）SWOT 分析法

SWOT 分析法最初是由美国管理学家史提勒（Steiner）提出的，用于客观分析和研究一个企业或一种产品发展中面临的现实情况的一种方法。SWOT 分析法现已被广泛地应用于旅游产品开发的战略分析上，其主要任务是对旅游产业内、外部环境各要素进行分析研究，根据自身情况进行内部环境的优势、劣势分析，识别出外部环境中对旅游产业发展有利的机会和不利的威胁，以此为依据制定出相应的对策，即发挥优势因素、克服劣势因素、利用机会因素谋求发展、化解威胁因素，以避免不利。

结合平遥古城自身的资源状况分析旅游产业发展的优势、劣势，以旅游产业宏观、微观环境的变化为发展契机，分析旅游产业在发展过程中的市场机会与威胁，以此，明确提升旅游产业竞争力的途径，为旅游产业创新提供依据。

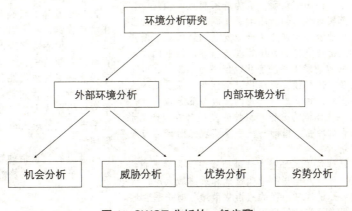

图 1　SWOT 分析的一般步骤

表2　平遥古城旅游产业发展 SWOT 分析

	优势	劣势
内部环境	1. 资源的历史文化价值高。 （1）高品位历史文物荟萃之地。平遥是文物大县，被列入国家重点文物保护单位20处（古城内有7处），文物数量之多、品位之高，在全国县级城市中名列前茅。 （2）中国现存最完整古城、最大汉民族古民居建筑群。整座古城由古城墙、古街道、古店铺、古寺庙、古衙门、古民居组成一个庞大的建筑群，是中国明清时期汉民族地区县城的活标本。 （3）明清商业金融中心。晋商文化的发源地，展现了晋商的起源、票号经营制度及灿烂的晋商文化。 2. 非物质文化遗产丰富。截至2020年，国家级4项、省级19项、市级31项、县级110项。 3. 文化旅游品牌鲜明。依托古城、晋商文化、非遗资源、节事活动、又见平遥旅游演艺等打造文化旅游品牌，市场竞争力强，社会知名度和美誉度高。 4. 社会文化环境。平遥历来商业氛围浓郁，当地居民商业意识强，利于旅游业的发展与创新	1. 旅游产业发展后劲不足。旅游产业纵向发展较快，但横向比较，还存在产业层级不高、重大战略性文旅项目支撑不够等问题。 2. 旅游产品创新力度欠缺。游客参与性、体验性、文化性项目供给不足，游客驻留时间短，日均消费低，没有形成一定规模的"过夜经济"。 3. 文化旅游资源未能充分挖掘。平遥尚未形成完整产业链条和成熟产业体系，旅游市场主体散、小、弱的现状还没有有效破解，同质化、单一化现象突出，旅游产品和服务需要进一步提升。 4. 旅游管理机制复杂僵化。一些影响平遥文化旅游长远发展的根本性管理机制问题，尚未得到彻底解决。 5. 高素质旅游人才短缺。专业人才严重短缺，呈现青黄不接的局面。 6. 旅游软硬环境仍存在诸多问题
	机会	威胁
外部环境	1. 文旅融合趋势和战略。文化与旅游融合发展对历史文化资源丰富的区域是重要机遇，尤其是世界文化遗产地的平遥古城进一步发挥文化优势，创新文化旅游产业的利好背景。 2. 旅游业政策为发展提供了新契机。旅游发展战略上升到国家层面，成为国家重点专项规划，全面落实旅游业创新驱动、协调推进等方面任务，通过产业融合构建旅游产业发展的新模式、增强科技对旅游业支撑的力度等理念指导旅游业的发展。 3. 旅游消费需求的变化。经济迅猛发展，使旅游消费快速释放，大众化、个性化、品质化的旅游消费需求，推动旅游产业的发展与变革。 4. 科技环境的改变。科技的发展对旅游产业形成巨大的冲击，借助科技手段实现旅游产品与服务的创新。 5. 地理位置。平遥古城地处晋中，是交通枢纽地区，可入性强；地理位置邻近省城太原，太原作为外地游客来山西的旅游集散地，对平遥古城客源市场有一定的促进作用	1. 周边地区旅游资源丰富。平遥古城周边的晋中地区人文旅游资源丰富，旅游业发展速度快，对平遥古城形成一定的竞争力，影响游客在平遥的旅游滞留时间。 2. 缺乏整体的营销规划。平遥古城在旅游营销策略方面，远落后于一起被列入《世界文化遗产名录》的丽江古城，对外地中、远距离的旅游客源市场有一定的替代性影响。 3. 旅游季节性明显。旅游产业受到季节性的影响大，淡旺季差异显著，且平遥古城旅游人群呈现周末峰值的周期性。 4. 新冠肺炎疫情的影响。受疫情的影响，平遥古城的旅游业遭受重创

发展策略	1. 构建旅游产业发展的新模式，加快平遥古城由景点旅游发展模式向全域旅游发展模式转变，发挥旅游产业的联动性，打造旅游地的整体竞争力，解决游客滞留时间短、以刚性消费为主等问题。 2. 加大旅游产品的创新力度，优化旅游产品结构，拓展产品组合的广度与深度，尤其扩大文化旅游产品的新供给，强化文化旅游品牌，多方位诠释平遥古城旅游新形象。 3. 深化业态创新策略，拓展旅游产业发展的新领域，实施"旅游+"融合发展战略，创新旅游产品体系，适应大众化旅游发展的需要。 4. 实现科技创新，打造发展新引擎，实施"互联网+旅游"创新行动计划，让高新科技赋能旅游产业的发展。 5. 实施旅游主体创新，激发旅游企业的活力，提高旅游业发展的新效能。 6. 加强旅游营销策划，借助各类宣传平台，多渠道宣传平遥古城，形成良好的社会公众效应，尤其注重新媒体对游客的影响力，创新宣传方式。 7. 培养和吸引高素质的旅游人才，提升旅游创新和服务的软环境

（六）旅游产业创新路径

1. 旅游产业创新内容

创新是促进旅游经济可持续发展的动力，转变旅游经济发展方式的推手。"十四五"时期，我国将全面进入大众旅游时代，实施创新驱动发展战略为旅游业赋予新动能，也对旅游业提出了创新发展的新要求。坚持创新在现代化建设全局中的核心地位，推动新一轮科技革命和产业变革深入发展，将深刻影响旅游信息获取、供应商选择、消费场景营造、便利支付以及社交分享等旅游全链条。同时，要充分运用数字化、网络化、智能化科技创新成果，升级传统旅游业态，创新产品和服务方式，推动旅游业从资源驱动向创新驱动转变。我国《"十四五"旅游业发展规划》中明确"以文塑旅、以旅彰文，系统观念、筑牢防线，旅游为民、旅游带动，创新驱动、优质发展，生态优先、科学利用"的原则，提出七项重点任务中第一个任务就是"坚持创新驱动发展，深化'互联网+旅游'，推进智慧旅游发展。"具体内容包括：强化自主创新，集合优势资源，结合疫情防控工作需要，加快推进以数字化、网络化、智能化为特征的智慧旅游，深化"互联网+旅游"，扩大新技术场景应用。

理念创新：创新发展理念，转变发展思路，构建发展新模式，加快由景点旅游发展模式向全域旅游发展模式转变，促进旅游发展阶段演进，实现旅游业发展战略提升；

产品创新：适应大众化旅游发展，优化旅游产品结构，创新旅游产品体系，扩大旅游新供给；

业态创新：实施"旅游+"战略，推动旅游与城镇化、新型工业化、农业现代化和现代服务业的融合发展，拓展旅游发展新领域；

技术创新：大力推动旅游科技创新，打造旅游发展科技引擎，推进旅游互联网基础设施建设，建设旅游产业大数据平台，推动"互联网+旅游"融合；

主体创新：促进旅游企业规模化、品牌化、网络化经营；大力发展旅游电子商务；支持中小微旅游企业特色化、专业化发展；培育具有世界影响力的旅游院校和科研机构，构建产学研一体化平台；提高发展新效能。

2.平遥古城旅游产业创新路径

（1）产品与业态创新

世界文化遗产面对的客源市场主要是文化观光和考察的游客，而世界文化遗产的吸引力核心是其文化的保持、旅游产品文化内涵的挖掘以及与文化遗产相匹配的产品开发和服务水平。在旅游产品开发和产业融合方面，深化旅游产业的带动性，培育"旅游+"链条的延伸，切实打造"旅游+文化、旅游+农业、旅游+节事活动"等一系列衍生品牌，创新"文旅+虚拟现实体验""文旅+文创消费"和"文旅+智能平台"等多种服务模式。

平遥古城在产品创新方面，首先做强文化旅游产业链条，以古城丰富的文化内涵推动产品创新。依托丰富的非物质文化遗产资源，制订保护、传承与利用实施方案，通过多个维度展示非遗文化，注重非遗的活态传承；开创文创产品，扩宽景区的盈利模式；为了拉动"过夜经济"，开发了《又见平遥》文化产业园，纵向拓展了旅游演艺项目的影响力；推进"平遥古城青春修炼计划"，创作动漫文化IP形象，展现拟人化的古城新形象，拓展影视传播新渠道；依托本地籍画家寒石的名人效应，建设传统文化与艺术创新于一体的体验基地；探索科技手段赋能文化与旅游的融合，打造"焕真·平遥"项目及数字虚拟体验项目，利用高科技展现平遥历史文化；打造古城金融文化产品，弘扬晋商文化，传承晋商精神。

同时，平遥充分注重节庆活动的外宣效应，塑造旅游节庆品牌，在原有的平遥国际摄影展、平遥中国年的基础上，创新开发了国际电影展和国际雕塑节，以四大节庆品牌的联动效应，扩大市场知名度和影响力。

其次，依托平遥古城的影响力及平遥县汾河廊带和乡村资源优势，开发休闲度假和乡村旅游产品，并把乡村旅游摆在与古城旅游同等重要的地位，满足游客和当地居民休闲度假的需求；依托历史积淀丰厚的中医药文化，打造健康养生旅游，推动中医药健康服务与旅游产业有机融合；培育低空旅游项目，对接山西省低空旅游新时代；为实现"一城两寺"的联动，建设旅游火车观光特色项目；为了拓展旅游消费新模式，引入岛内免税商品商城，建设古城旅游的全新"引爆点"；打造中小学研学实践教育基地，打造精品"项目式"研学旅游产品。

（2）技术创新

平遥与华为技术有限公司合作，建设"智慧旅游"景区，借助信息化手段提升管理和服务水平，为旅游部门管理、保障游客服务及应急处置、做好疫情防控工作、实现精准营销提供了强有力的数据保障。

（3）理念创新

为扩大古城的辐射力，调整了平遥古城所在区域的行政区划范围，制定了古城旅游产业发展规划；在旅游管理制度方面，重新修订了《山西省平遥古城保护条例》；在旅游市场整顿方面，创新了旅游管理与监管机制。

（4）主体创新

为了激发旅游企业市场经营的活力，平遥引进战略合作伙伴，推进旅游经营体制改革，实施景区管理权与经营权"两权分离"，古城景区实施公司化、市场化运营。

（5）旅游产品促销策略创新

旅游促销是旅游企业将有关企业及其产品的信息，通过各种宣传、吸引和说服的方式，传递给旅游产品潜在的购买者，促使其了解、信赖并购买自己的旅游产品，以达到扩大销售的目的，促销的核心和实质是信息沟通。具体的促销方式有广告、营业推广、公共关系、人员推销、网络营销等，多样化的促销方式综合运用，发挥各自的优势，以达到旅游促销的目标。

表 3　旅游产品促销组合的不同方式

线下促销方式				网络促销方式
广告促销	营业推广促销	公共关系促销	人员推销	
印刷品	竞赛、游戏	报刊稿件	推销展示	官方网站
视听广告	兑奖、赠品	新闻媒体报道	销售会议	自媒体平台：微信公众号、微博、知乎、今日头条、小红书、抖音、快手、喜马拉雅等
标记、标识	展销会	事件	奖励节目	
广告牌	折让交易	研讨会	展销会	
包装广告	示范表演	年度报告		
张贴画、传单	商品组合	演讲		网络社群
销售点陈列		出版物		网络中间商
		赞助活动		游戏
		公益活动		App 营销

平遥古城在宣传促销方面，充分利用新媒体多样化的传播平台，创新宣传方式，打造线上、线下立体式促销宣传渠道。尤其在线上宣传方面，结合当下媒体热点传播渠道，建设官方服务平台，发布旅游软文与各类旅游讯息，利用自媒体视频平台，策划直播项目，加大旅游供应方与游客、粉丝的互动，实现线上、线下共联动，提升网络营销的影响力。在线下宣传方面，平遥充分利用各类外宣平台，尤其借助节事活动的强大影响力和主流媒体力量的招牌效应等进行公共关系促销；同时，注重开拓对国际市场的宣传，助力平遥实现成为国际旅游城市的目标。

3. 旅游产业创新绩效的评价

对旅游产业创新绩效的评价，主要有两个方面的指标：其一，对旅游经济效益的评价，包括旅游经济增长率、旅游企业数量增长率等；其二，对创新机制的评价，包括旅游者对创新效果的评价、企业对政府及自身创新的评价。

关于平遥古城旅游创新绩效，一方面能从平遥古城旅游业各项指标的快速增长率看出，"十三五"时期，累计接待游客 6 162.6 万人次，旅游总收入 704.6 亿元，分别比"十二五"时期增长 118.7%，147.2%；另一方面通过调研旅游者及旅游企业的评价获得，可以对游客发放调研问卷、访谈旅游专业学者、与平遥古城涉旅从业人员交流、网络第三方平台收集资料等多种调研方式，收集整理有关对平遥古城旅游产业创新效果的评价信息。

五、关键要点

（一）案例关键点

①平遥古城旅游产业创新的背景分析，需要学员明确几点内容：首先，对平遥古城旅游产业发展现状进行分析，明确其取得的成绩及存在的问题；其次，了解国家实施文旅融合战略和创新驱动战略的政策背景；最后，明确《"十三五"旅游业发展规划》的内容，熟悉旅游产业创新内涵和内容。

②平遥古城旅游产业创新路径，学员主要围绕旅游产品与业态创新方面，深入分析平遥古城围绕文旅融合，如何做强文化旅游产业链条，在产业融合、丰富旅游业态方面的具体创新策略；其次，理解理念创新、技术创新、与主体创新对推进旅游产业创新的作用；最后，分析新媒体背景下平遥如何紧跟时代步伐，创新旅游产品促销策略。

（二）知识关键点

①创新的含义及旅游创新的内涵。

② PEST 宏观环境分析法。

③ SWOT 分析法。

④旅游产业创新内容和路径。

⑤旅游产品促销策略。

六、建议课堂计划

（一）课前计划

进行学员分组，提前 1 周发放案例，提出启发思考题，请学员在课前以小组为单位完成阅读和初步思考。

（二）课中计划

整个案例教学课时间控制在 100 分钟内。

①简单课堂前言陈述。（5 分钟）

②介绍案例背景，为分析旅游产业创新做铺垫。（10 分钟）

③结合思考题，分小组讨论。（控制在 25 分钟内）

④小组发言汇报，教师引导小组互评、交流。（控制在 40 分钟内）

⑤教师整体点评小组讨论结果，进行归纳总结。（20 分钟）

（三）课后计划

以小组为单位，课后完成下列拓展任务。

①通过网络和实地调研，对平遥古城旅游产业创新绩效进行评价。

②以上述讨论及调研结果为基础，结合《"十四五"文化和旅游发展规划》，为平遥古城旅游产业创新提出新的建议。

七、教学辅助材料

①《"十三五"旅游业发展规划》。

②《"十四五"文化和旅游发展规划》。

③平遥县人民政府官网。

标准化和 CEM 系统：助力大槐树景区升级发展

案例正文

摘要： 旅游景区作为生命体，其发展一般都经历探索、起步、发展、稳固、停滞和衰落或复苏 6 个阶段。目前，大多数旅游景区正逐步由政府引导型、资源导向型向质量管理型、市场主导型实现升级发展，新冠肺炎疫情加快了这一趋势。旅游景区的升级发展是系统性多维度的，需要根据宏观环境与自身所处阶段的发展态势有针对性地调整发展战略、优化管理模式，完成景区的系统化升维。本案例以山西省洪洞县大槐树景区的发展脉络为研究对象，探讨标准化建设和 CEM 系统在大槐树景区升级发展中的作用和保障，以期为旅游管理 MTA 教学和研究，以及景区的升级发展提供借鉴。

关键词： 标准化建设；CEM 系统；景区升级发展；大槐树景区

一、引言

中国旅游业发展至今，同质化景区越来越多，近年来出现的门票降价潮和 A 级景区摘牌事件等让业界普遍感到越来越难做，新冠肺炎疫情更加剧了这种态势，旅游业面临着严峻考验。景区作为旅游业的重要支撑，能否在这样的环境中持续成长，不仅影响着自身发展，而且影响着整个行业和所在区域旅游业的发展。旅游景区如何寻求突破？这是旅游景区的行政主管部门、投资者、经营者、规划者、管理者、研究者们需要深度思考和解决的问题。景区发展初期，是以资源为导向的阶段，资源品质是其核心竞争力，而以产品质量、市场或游客为导向的阶段，则转变为综合实力的竞争，管理运营水平和满足游客需求的能力成为关键。因此，各景区需要静下心来，重新审视自己和发展环境，多练内功，寻求突破。

* 作者简介：1. 李晋宏（1970— ），太原师范学院副教授，研究方向：旅游标准化管理；2. 许萍（1972— ），太原市旅游职业学院副教授；3. 范忠义（1956— ）、何东海（1980— ），山西洪洞大槐树寻根祭祖园景区负责人。

二、相关理论基础

发展旅游景区所依托的理论基础很多，这里主要列出与本案例关联度较高的相关理论，它们相辅相成，融为一体。（详细内容参阅案例使用说明第四部分）

①旅游地生命周期理论与可持续发展理论；

②标准化理论与质量管理理论；

③客户管理理论与旅游信息系统。

其中，标准化和信息化是助力景区升级发展的必备工具，是面向未来持续发展的根本保障。

三、背景介绍

（一）大槐树景区的起源

"问我祖先在何处？山西洪洞大槐树。祖先故居叫什么？大槐树下老鹳窝。"这首歌谣的传唱是洪洞县移民外迁最有力的证明。600年前，中国历史上规模空前的大移民就发生在洪洞大槐树。从明洪武二年至明永乐十五年，在近50年时间里发动集体移民18次，移民数多达300万，分别迁至黑、吉、辽、京、津、冀、鲁、豫、皖、鄂、湘、桂、宁、陕、甘等18个省市，500多个县。明朝大槐树移民是中国移民史上规模最大、范围最广、跨时最长、涉及人数最多的一次官方移民。

伴随着时代变迁，由移民衍生出的根祖文化承载着对祖先、故土的敬仰与思念之情，浓厚的家国情怀在一代代的移民后裔中传承，大槐树景区已成为中国社会民间祭祀的重要场所。

（二）景区概况

1. 交通便利，空间连接性好

大槐树景区所在的洪洞县城，自古是南北交通枢纽，西临汾河，四周有大西高铁、南同蒲铁路、大运高速公路、霍侯一级公路、大运二级公路等大交通相连。距洪洞火车站2千米，距大运高速路口3千米，距大西高铁8千米，距临汾机场22千米，从县城内乘 1 路、3 路、5 路等公交车均可到达。

2. 资源丰富，空间组合度高

大槐树景区历史悠久，文化独特，是以"大槐树移民见证地与寻根祭祖圣地"为内涵的人文景区，自然生态为辅，旅游资源中 6 个主类、15 个亚类、45 个基本类型、61 个资源单体集中在约 3.5 平方千米的空间，资源体量巨大，组合度高。

3. 文化深厚，凸显根源性

大槐树景区完整地记录和再现了移民的故事与生活状态，反映出明代政府主导下的社会变革、文化交流、民族融合的伟大创举，其历史价值不可估量，为文化学、历史学、考古学、民俗学、社会演化等学科的研究提供了丰富的文献资料。其涵盖的民间习俗、语言及行为、民歌民谣、故事传说、姓氏村名以及大量的家谱、族谱、碑记等，构成了丰富多彩、独具特色的根源性文化，经过数百年的演化和创作，诞生了大量反映移民生活和情感的文艺作品，不仅传承着家国情怀和传统文化，而且增强了文化认同感和精神归属感。比如："移民文化"是官方移民和自然移民的结合，因持续时间长、地域范围广、移民规模大、迁徙人数多而成为中国移民史之最；"姓氏文化"是人类社会性文明最早的体现，标志着家族系统和社会关系，景区的祭祖堂里呈现了已考证的 1 230 个移民姓氏，这是中国姓氏文化研究的宝贵资料；"语言文化"中一些独特的词汇，丰富了黄河文明和地方方言的语言系统，如"连手"，是移民过程中，移民的手都系在绳子上，手连着手、长途跋涉、同甘共苦，到了目的地便成了患难见真情的朋友，洪洞当地就把好朋友称为"连手"。再如"解手"，据说是在移民路上，官府把所有移民双手绑住，串在一根绳子上，移民要上厕所就说"报告，请解开手，要上厕所"，时间一长，就简化成"解手"了，这一说法沿用至今，现在景区的卫生间也标为"解手场"。

（三）景区发展历程

1. 初创期

清朝末期，移民后裔源源不断回来寻根。民国三年，为了给前来寻根祭祖的移民后裔提供方便，地方乡绅在大槐树遗址上建立了"古大槐树处"，这是大槐树景区的雏形，也是景区基因。1984 年，洪洞县城建局成立"洪洞县大槐树公园管理所"进行保护性建设和管理，大槐树景区基本形成。

2. 维持期

1998 年，大槐树景区更名为"大槐树寻根祭祖园管理所"，是自收自支事业单位，隶属洪洞县文物旅游管理服务中心。当时，景区面积只有 30 多亩，客源范围小，经济效益差，员工缺少积极性，仅靠财政拨款和门票收入勉强维持。景区发展处在"瓶颈"，停滞不前，活力和影响力弱。

3. 变革期

随着改革开放和旅游业的兴起，改制成为促进中国经济发展的战略举措。2004 年山西省旅游产业发展大会明确提出：鼓励体制创新，建立现代企业管理制度。同年 9 月，临汾市旅游产业发展领导组制定了《临汾市旅游产业发展三年振兴计划目标考核内容及考核办法》，明确提出景区体制创新要求，并召开了临汾市振兴旅游产业工作会议。洪洞县委县政府看到大槐树博大的"根祖文化"内涵和潜力，对促进洪洞县旅游产业的快速发展意义重大，决定对大槐树景区进行体制改革，成为股份制企业，并实施全方位扩建开发，全力打造"根祖文化"旅游品牌。2005 年 9 月，洪洞县人民政府批复了《大槐树寻根祭祖园管理所转制改组的实施方案》。2005 年 10 月，洪洞大槐树寻根祭祖园有限公司正式挂牌，成为景区运营主体。

4. 发展期

自 2005 年大槐树景区重新规划，投资 5.5 亿元进行扩建，主要建设内容基本完成。大槐树景区发展成为以"大槐树移民见证地与寻根祭祖圣地"为主、以自然生态与建筑景观为辅的大型综合性科普人文旅游景区，总占地面积 3.5 平方千米，景区的硬件和软件都有了大幅度的提升。比如，硬件方面：改造提升了配套设施、检票系统改造为电子自动化、丰富了文创类商品、实现无线 WiFi 全覆盖、旅游厕所优化美化、增加了红色文化空间和研学项目等；软件方面：成立大槐树文化研究中心、开展大槐树文化专题研究、深度挖掘移民文化和姓氏文化、编辑出版文化书籍 100 余种、开发文创纪念品 400 余种、举办相关文化主题活动、编排演艺节目 15 种（如威风锣鼓表演、祭祀舞蹈、移民情景剧、魁星点斗、戏剧表演等）、策划了夜间演绎活动等，其中的《大槐树移民情境再现》被列入山西省十大旅游曲艺节目之一，活化了根祖文化。

大槐树景区的客源范围由原来的临近几个省、市辐射到全国 20 多个省市及东南亚、美国、日本等国家和地区，景区经济效益、社会效益获得双丰收，现已发展成为中国民间祭祀的代表、临汾市旅游产业的主力军、山西省旅游产业的不可替代产品。2018 年 10 月成为山西省第八个国家 5A 级旅游景区。

（四）有效的组织协调运行机制

自改制以来的 10 余年，大槐树景区始终贯彻"坚持游客为本、坚持品牌带动、坚持改革创新、坚持和谐发展"的原则，在发展中探索创新，走出了一条塑造特色品牌、兴企强县富民的发展之路，成功打造了"根祖圣地、华人老家"的旅游品牌。大槐树景区已发展成为游览区、民俗饭店、旅行社三大业务板块的综合性旅游服务实体，注册资金 3 000 万，员工 500 余人，设有健全的党、政、工、青、妇组织机构。2006 年开始标准化管理探索，统筹兼顾，精心组织，突出重点，有效推进标准化建设。目前，正积极开辟文化传媒业务。

（五）标准化建设

1. 把"标准化"作为自我突破的主要抓手

前期的标准化摸索为后续的标准化建设提供了工作经验和团队基础。从变革期到发展期，大槐树景区把"标准化"作为实现自我突破、提高景区管理和可持续发展的战略方向，循序推进标准化建设，不断改进，以标准化保驾护航景区的发展质量与速度。2006 年首次尝试施行景区标准化管理；2008 年自主编制了《山西洪洞大槐树寻根祭祖园景区旅游服务规范》，标志着景区正式进入标准化进程，这是临汾市第一份旅游业地方标准；之后探索系统化制定企业标准。2011 年开始国家级旅游服务业标准化试点建设，2014 年成功通过试点验收；2018 年 1 月被国家标准化管理委员会评为"2018—2019 年度国家级服务业标准化示范项目"，成为山西省第一家获得国家级服务业标准化示范项目单位，已通过终期评估。支撑景区标准化运营的标准共计 764 项，已覆盖公司的各个方面，实现了"事事有标准，人人有考核"的管理机制，标准化建设成效显著。

2. 构建标准体系

服务业组织的标准体系包括：服务通用基础标准体系、服务保障标准体系、服务提供标准体系三个子体系。通用基础标准体系是其他两个子体系的基础，服务保障标准体系和服务提供标准体系是标准体系的核心。服务保障标准体系为服务提供标准体系保驾护航，服务提供标准体系检验服务保障标准体系。大槐树景区把三个子体系与员工岗位手册相结合，相辅相成，相互督促，更加有效实施标准化工作。2010年7月1日，大槐树景区标准体系开始建立并试行（图1）。

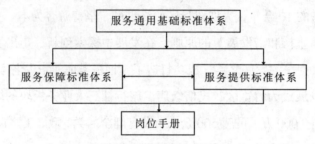

图1 大槐树景区标准体系

通过积极践行标准化，持续改进景区管理体系。2011年底，大槐树景区获批"国家级服务业标准化试点项目单位"；在试点项目创建期间，2012年又增加了大槐树旅行社标准体系和大槐树民俗饭店标准体系（图2、表1—表3）。之后，大槐树景区在实践中对标准体系不断修订和改进，更加符合景区实际和发展需求。系统性标准化对大槐树景区的文旅融合发展、质量管理和综合效益的提升作用显著。

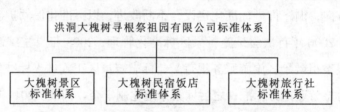

图2 洪洞大槐树寻根祭祖园有限公司标准体系

表1 大槐树景区标准汇总

项目	数量	标准类别			
		国家标准	行业标准	地方标准	企业标准
法律法规	74				
服务基础通用标准	61	54	4	1	2
服务保障标准	105	17	5	83	
服务提供标准	45	11	1		33
岗位标准	98				98
合计	383				

表2　大槐树民宿饭店标准汇总

项目	数量	标准类别			
		国家标准	行业标准	地方标准	企业标准
法律法规	36				
服务基础通用标准	54	48	3	1	2
服务保障标准	73	21	6	1	45
服务提供标准	21				21
岗位标准	48				48
合 计	232				

表3　大槐树旅行社标准汇总

项目	数量	标准类别			
		国家标准	行业标准	地方标准	企业标准
法律法规	30				
服务基础通用标准	40	36	2		2
服务保障标准	52	5	1	1	45
服务提供标准	21	4	4	1	13
岗位标准	6				6
合 计	149				

3. 标准化让大槐树景区脱颖而出

2018 年大槐树景区成功获批"国家级服务业标准化示范项目"，实现由"试点"到"示范"的成功跨越，这是山西省在多年服务业标准化试点建设经验基础上，首个获批的示范项目，填补了山西省国家级服务业标准化示范项目的空白。

大槐树景区全面推行标准化管理，开展标准化人才教育和培养，目前标准化专业人才 29 名，2 人列入山西省标准化专家库并担任山西省标准化技术委员会委员，4 人列入市级标准化专家库，多次参与标准化经验交流与分享培训，使员工的标准化意识进一步增强，不断提高景区标准执行力。大槐树景区不仅自己体会到了标准化的效果，而且积极采取多视角、多功能、全方位、创新性宣传普及国家标准化方针政策和景区旅游标准化实施成效，在新华网、中国旅游新闻网、新浪网、山西卫视、山西经济日报等各级各类媒体宣传服务业标准化成效近 10 次，各类报道数十篇。

（六）大槐树景区导入 CEM 系统

信息化是标准化与个性化的有效支撑。2018 年大槐树景区全面导入 CEM 系统，并纳入了日常管理工作中。挖掘大槐树景区博大的"家国情怀"，通过 CEM 系统在客户端提供多维度、多层次、个性化的旅游体验。

1. 应用 CEM 的主要实施步骤

大槐树景区导入 CEM 系统主要按以下步骤进行：

（1）深度分析游客的体验需求

依托 CEM 系统构建系统性自下而上的反馈渠道，在景区与游客之间形成管理闭环，强化了全程与全方位体验，提高游客参与度和体验感，尤其是发挥忠诚度较高的游客价值，并完成定性与定量分析。

（2）不断优化游客体验主题项目

依托 CEM 转换游客身份，让游客不仅仅是作为观众观看实景演出，还可以参与表演、前期策划与创作。大槐树景区文化演艺活动开始于 2007 年，现有剧目四大类型、15 个精品节目，每天演出约 19 场，全年累计演出超过 5 500 场次，如《大槐树移民》《铁锅记》《开门迎亲》《家国情槐》《根祖情》等，均为免费观看。

（3）设计线上品牌体验产品

线上品牌体验产品来源于线下已形成的实景文化艺术活动，由于线下空间有限，在项目优化与更新过程中，一些被淘汰的经典内容可以转化为线上品牌，形成线上个性化产品，留住游客体验的痕迹。

（4）不断创新游客体验接触点、接触时间和接触方法

根据游客需求，在项目体验面中增加线，在体验线中增加点，不断细分，不断创新，不仅在主次上进行调整，而且在内容上重组，甚至在空间和时间上错位或重叠，丰富游客体验，来一次便有一次新体验。为了实现这种效果，需要吸引高素质游客，留住高素质员工，应用先进技术，实施标准化管理。

2. 通过 NPS 得分值分析 CEM 的实施效果

导入 CEM 系统可以比较精准地掌握游客满意度，在某种程度上促进了标准化建设，将景区标准和管理下沉到与客户、游客有关的所有接触点、细节和关键时刻，工作更有效。

NPS（Net Promoter Score）净推荐值，是计量一个客户会向其他人推荐某个企业或服务的可能性指数，是客户忠诚度的分析指标，通过 NPS 得分值可以了解客户后的口碑效应和推荐程度。

净推荐值（NPS）=（推荐者数 / 总样本数）×100%–（批评者数 / 总样本数）×100%

根据愿意推荐的程度让客户在 0~10 来打分，然后根据得分情况来建立客户忠诚度的 3 个标准：得分在 9~10（即推荐者），是具有高忠诚度的，会继续购买并引荐给其他人；得分在 7~8（即被动者），基本满意但并不一定继续购买，将会考虑其他竞争对手的产品；得分在 0~6（即批评者或贬损者），不满意且没有忠诚度，不会第二次购买。NPS 得分值在 50% 以上被认为是不错的，在 70%~80% 则证明拥有一批高忠诚度的好客户。其中，推荐者会继续购买并且推荐给其他人来加速企业成长，而批评者则会败坏企业名声，而负面口碑会阻碍企业成长。

大槐树景区根据 NPS 得分值可以了解游客的忠诚度，在一定程度上可以评估景区当前和未来一段时间的发展趋势和持续盈利能力，在景区服务预测、价值评估内部考核方面都可以作为依据，这样可以更好地改进产品和服务，优化标准体系。从大槐树景区 CEM 简报中 NPS 得分值的变化，2018 年（图 3）的 NPS 得分为 64.96，其中推荐者占 70.8%，2019 年（图 4）的 NPS 得分为 78.51，其中推荐者占 84.72%。可以看出大槐树景区拥有一批高忠诚度的好游客，而且在标准化建设期间（2018—2019 年）这样的好游客数量有上升趋势。

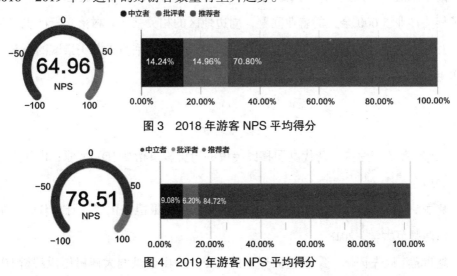

图 3　2018 年游客 NPS 平均得分

图 4　2019 年游客 NPS 平均得分

通过 NPS 数据可以看出，导入 CEM 系统可以比较精准地掌握忠诚度高的游客，进而在标准化建设和实践的过程中深入分析和挖掘，充分发挥这些优质游客的价值，增加他们与景区的黏度，优化客户管理机制，维护好推荐者，争取中立者，引导批评者，真正驱动景区的持续成长和良性发展。

四、结束语

大槐树景区在持续发展中，以标准化建设和信息系统寻求自我突破与升级发展，以优化质量管理和强化游客管理助力健康成长。通过标准化的实施，景区实现安全经营零事故，各项服务的透明度及游客的满意度逐渐增强，景区的知名度和美誉度得到有效提高。导入 CEM 系统促进了标准化的有效实施，尤其在游客管理和游客体验方面迈出了关键性一步。

近年来，大槐树景区文旅产业链逐步成型，餐饮、住宿、购物等相关产业达数十种，年游客接待量、年综合收入和入境游客逐年增长。2017 年，年接待游客201.29 万人，综合收入 6 819.23 万元，入境游客 6.5 万人；2018 年，年接待游客203.87 万人，综合收入 6 896.62 万元，入境游客 6.587 万人；2019 年，年接待游客205.54 万人，综合收入 6 973.59 万元，入境游客 6.603 万人。在带动社会就业方面，景区由原来的 150 人到现在的 500 余人，其中籍贯为本地的员工占总人数 98%，带动了相关产业 5 000 余人的就业问题，周边地区的相关社区、村落、景区也得到进一步开发与盘活，充分发挥了大槐树景区作为洪洞县、临汾市龙头景区的引领与带动作用。

参考文献

[1] 王婧.真实与建构：清代洪洞移民传说的历史叙事衍变 [D].太原：山西大学，2019.

[2] 葛丽.民俗认同的现代性反思：山西洪洞大槐树根祖文化变迁研究 [D].太原：山西师范大学，2018.

[3] 赵世瑜.祖先记忆、家园象征与族群历史——山西洪洞大槐树传说解析 [J].历

史研究，2006（1）：49-64，190-191.

[4] 董建英，范忠义，何东海.洪洞大槐树景区旅游服务标准化创新发展研究 [J].
中国标准化，2019（23）：140-144.

[5] 李晋宏，许萍，范忠义，等.CEM 系统在大槐树景区标准化建设中的应用 [J].
大众标准化，2019（10）：16-20.

[6] 祁洪玲，刘继生，梅林.国内外旅游地生命周期理论研究进展 [J].地理科学，
2018，38（2）：264-271.

[7] 邵婧怡，高家骥.可持续发展理论视域卜旅游产业优化策略研究 [J].国土与自
然资源研究，2020（2）：81-82.

[8] 张凌云，朱莉蓉.旅游标准化导论 [M].北京：旅游教育出版社，2019.

[9] 白宝光，孙振.质量成本决策理论 [M].北京：社会科学文献出版社，2012.

[10] 郭红丽.客户体验管理的理论与方法研究 [D].上海：同济大学，2006.

[11] 宫小全，裴劲松，武贯兰，等.旅游管理信息系统 [M].北京：清华大学出版社，
2014.

案例使用说明

一、教学目的与用途

（一）教学目的

本案例描述了大槐树景区的发展实践，其教学目的在于使学生对景区作为生命体，在不同生命周期需要与时俱进，有针对性地调整发展战略和应用不同的管理工具或技术，如标准化和 CEM 系统等，才能保障景区的可持续发展。

（二）教学用途

本案例主要适用于旅游景区管理、旅游目的地管理、旅游企业管理、游客管理与精准营销等 MTA 旅游管理类课程。

二、启发思考题

①如何理解旅游景区的发展周期与可持续发展？

②请阐述旅游景区标准化的科学性与合理性。如何理解并做好旅游标准化与个性化的结合？

③阐述 CEM 系统在旅游景区发展中的积极作用。

④标准化和 CEM 系统的应用对公司、员工和客户的"铁三角"关系有什么影响？

三、分析思路

大槐树景区自 2005 年改制，由行政事业单位转变为企业化运营，逐步开始走向新征程，走向自主探索的发展之路，目前正处于发展期。

十几年的发展脉络和成长轨迹比较清晰，其规模在不断扩大，其质量在不断提升，已形成了一定的品牌效应。大槐树景区的良性发展，把优质资源逐步转变为优质产品和知名景区，这是从资源到产品到品牌的飞跃，这是自我突破中的升级发展，更好地带动了周边的发展，不仅带来了可观的经济效益，促进了企业和地方经济的发展，而且带来了深远的社会效益，直接和间接地解决了 5 000 多人的就业问题，客源市场辐射到 20 多个省市、港澳台及东南亚、美国、日本等国家和地区。如今已发展成为中国民间祭祀活动的代表、山西省文旅产业的不可替代产品、临汾市文旅产业的主力军、洪洞县文旅产业的龙头。

在 10 多年的发展进程中，有效的决策和运营机制及高素质的团队协作是根本，而有效的管理工具和技术是保障，标准化管理和 CEM 系统的应用给大槐树景区的现在和未来提供了持续发展的保障，逐步提升和强化了"铁三角"关系，优化了产品和服务。这样的自我突破和内功修炼过程是每个景区在发展中必须面对和具备的，没有捷径，不可跨越。

总之，案例是静态的，教学是动态的。授课教师可以灵活分析和应用本案例，以下分析思路（图 5）仅供参考。

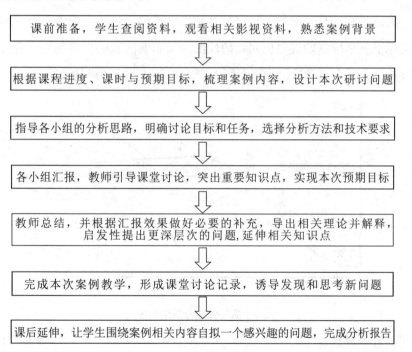

图 5 案例分析思路

四、理论依据与分析

分析思考该案例所需要的相关理论及依据主要有：

（一）旅游地生命周期理论与可持续发展理论

1. 旅游地生命周期理论

1980年加拿大学者 R.W.Butler 发表了《旅游地生命周期概述》一文，提出旅游地的发展过程一般要经过探索、参与、发展、巩固、停滞、衰落或复苏6个阶段（图6）。旅游地生命周期是一种客观存在的现象，在旅游地发展的不同生命周期阶段表现出不同的特点和规律。旅游地生命周期理论为研究旅游地演化过程、预测旅游地的发展和指导旅游地的资源整合、开发规划、战略调控、管理升级、精准营销等提供了理论框架。实际上，旅游地生命周期曲线图因地而异，因为旅游地自身的发展条件、速度、政策、管理和竞争环境等因素的差异而各不同。在不同发展阶段是否能够因时制宜、因地制宜、与时俱进，直接关系到发展走向。对旅游地生命周期的认知和调控，实际上就是根据发展目标对该阶段的相关影响因素的权重和方向进行控制和引导，以期最大限度地发挥这些因素所能产生的积极影响和最佳效能。

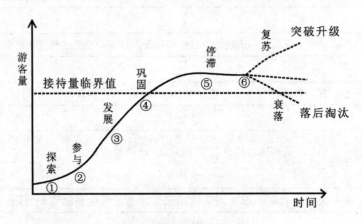

图6　旅游地生命周期曲线

2. 可持续发展理论

1980年世界自然保护联盟（IUCN）发布的《世界自然保护大纲》首次出现"可持续发展"一词。1987年世界环境与发展委员会（WCED）在《我们共同的未来》中明确提出可持续发展的概念，即"既满足当代人的需求，又不对后代人满足其需求能力构成危害的发展"。1991 年世界自然保护联合会、联合国环境规划署、世界野生生物基金会共同发表《保护地球：可持续生存战略》，从社会学角度阐述可持续发展，即"在生存于不超出维持生态系统承载力的情况下，改进人类生活质量"。之后，相关国际组织和各国进一步探索可持续发展的内涵，并推广至社会经济系统，从经济学、生态学等视角阐述可持续发展，使其逐步成为涉及经济、社会、文化、技术和自然环境的综合性理论体系。

中国科学院在《1999 中国可持续发展战略报告》中，对西方流行的相关理论体系进行了结构性的修改与补充，提出了中国可持续发展理论框架。实施区域文化的可持续发展，必须打破行政局限性，既综合又协调地找出文化脉络和演进规律，要突出 3 个原则：①公平性原则，即代际公平、人际公平、区际公平；②持续性原则，即人口、资源、环境、发展的动态平衡；③共同性原则，即全球尺度的整体性、统一性、共享性。

（二）标准化理论与质量管理理论

1. 标准化理论

标准化是组织或产业发展到一定阶段，在规模、质量、效率、制度等方面的全面升级和基础保障，实现标准化意味着具备了生产技术、产品质量和管理的基本水准。标准化的基本原理有统一原理、简化原理、协调原理和最优化原理。标准化常常有完整的体系，分层、分级、分模块，与发展中的管理模式相匹配，包括国际标准、国家标准、行业标准、地方标准、企业标准和团体标准，有强制性标准和推荐性标准。标准化是为了实现系统的最优运行秩序，对现实问题或潜在问题制定共同使用和重复使用的条款的活动。标准化的意义主要是适应规模化、规范秩序、提高效率、保证质量、增加效益。标准化具有时效性和系统性的特点，任何标准都不是孤立存在的，也不是最终的成果，需要与现行的法规、制度、规则和文件等相辅相成，需要随着发展周期的不同阶段及时修订，具有在深度上无止境、广度上无极限的动态特征，体现在个性与共性的动态融合与相互转化之中。标准化不仅不排斥个性化，而且是高品质个性化的根本保证，没有标准化的个性化一般都存在质量风险，不利于可持续发展。

标准化是工业化的产物。随着休闲时代和服务型社会的来临，服务业不再是制造业的附属，世界各国都不同程度开展了服务业标准化工作，提高了服务业标准化的科学性、系统性和有效性，标准化成为跨国际、跨地域、跨部门、跨行业、跨产业进行合作的基本准则。

旅游标准化属于服务业标准化的范畴。随着旅游业的快速发展，旅游标准化逐渐成为国际旅游与国内旅游在规范旅游秩序、加强行业管理、提高企业管理水平和提升服务质量的重要手段。旅游标准化可以减少市场信息的供求不对称，让市场竞争从最初的价格竞争转向更高层次的非价格竞争，让旅游企业不得不通过优质服务和管理创新来赢得市场，有利于统筹资源要素、增强团队协作、形成核心竞争力、塑造知名品牌，促进旅游服务业向国际化、产业化、品质化、品牌化、特色化方向发展。但是，由于旅游产品的特殊性，以及旅游业是涉及范围最广、影响深远的服务业，旅游标准化比其他产业的标准化难度更大，也更为系统化、时效化和动态化。

标准化的实施，不仅可以产生巨大的经济效益，而且可以获得良好的社会效益和生态效益，能够促进对资源要素的优化整合，降低运营成本，保持产品和服务质量，实现升级发展。

2. 质量管理理论

质量管理的发展与工业生产技术和管理科学的发展密切相关。在人类生产和经济活动中，质量问题始终是研究热点。20世纪50年代以来，质量管理在世界各国迅速发展。关于质量的认知，通过社会性、经济性和系统性来体现，也就是说，质量的好坏不仅由直接的客户体验，而且从整个社会和环境的角度来评价，尤其关系到生命安全、资源污染、生态平衡等问题时更是如此。因此，质量管理涉及各行各业各人。质量管理大致经历了质量检验（依赖制度和检验者）、统计质量控制（依赖标准和流程）和全面质量管理（依赖管理）3个阶段。随着对质量的理解不断演变，由纯技术的符合性（20世纪40年代）到满足客户需求的适用性（20世纪60年代）再到追求客户体验的满意性（20世纪80年代TQM），直至目前追求各相关方（公司、客户、员工、供应商与合作伙伴、社会等）都满意的卓越性质量管理。ISO质量标准的八大原则最具代表性：①以顾客为关注焦点；②领导作用；③全员参与；④过程方法；⑤管理的系统方法；⑥持续改进；⑦基于事实的决策方法；⑧与供方的互利关系。

因为中国在20世纪80年代随着改革开放引进并推行了全面质量管理和成本、

品牌等理论，所以，中国的质量管理是直接跨入全面质量管理的。由于基础比较差，中国企业中能够真正有效开展质量管理的并不多，旅游企业更是如此，质量管理工作大多数是有名无实。

有人说，20 世纪重在产量和效率，是粗放型的；21 世纪重在质量和效益，是集约型的。面向未来的产业融合和城乡发展、无边界管理、国际化竞争和合作是建立在高质量要求之上的，其中也包括"人"的高质量。

（三）客户管理理论与旅游信息系统

1. 客户管理理论

客户管理是以客户为中心的思想和营销模式发展的必然结果。客户管理与营销模式的不断创新可以有效提升核心竞争力。随着科技的发展，利用相应的电子信息技术和互联网技术协调企业与客户之间在营销和服务上的交互，从而提升其管理运营水平，向客户提供高标准化和高个性化的高质量的客户交互和服务，这是各相关利益主体保持发展驱动力和实现可持续发展的重中之重，其终极目标是吸引新客户、保留老客户，以及将已有客户转为忠实客户，增加市场占有率。同时，把员工作为"第一客户"进行管理的理念越来越受到企业和企业家的认可，要想服务好客户并实现高质量的客户交互，需要高素质和高忠诚度的员工，因为客户的黏性是通过员工的黏性实现的。因此，客户管理理论不仅仅是针对客户的，也是针对员工的。

营销理论是客户管理理论的核心内容和直接体现。营销理论从 20 世纪中期不断创新发展，大体经历了：以满足市场需求为目标的 4P 理论，以追求客户满意为目标的 4C 理论，以建立客户关系为目标的 4R 理论，以维持客户忠诚为目标的 CRM 理论，以创造客户美好体验为目标的 CEM 理论。4P、4C、4R、CRM 这些营销都侧重理性消费，把客户作为理性人为前提，忽略了客户的感性和情感因素，CEM 则强调客户体验，带来了更人性化、更精准的营销和管理，使得公司、员工和客户的"铁三角"关系（图 7）在利益共同体中走向和谐，在这样突出客户"体验"的关系中，客户已不仅仅是单一的、单向的消费者身份了，客户成为了"第二员工"，优质客户可以参与到公司管理和决策之中，进一步强化了客户管理和价值认同，弱化了功利性营销。CEM 系统就是从更深层次与客户发生高黏性连接的信息化营销模式和客户管理模式。

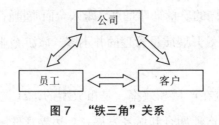

图 7　"铁三角"关系

2. 旅游信息系统

信息系统就是大数据系统，是由计算机硬件、网络和通信设备、计算机软件、信息资源、信息用户和规章制度组成的以处理信息流为目的的人机一体化系统。信息系统经历了简单的数据统计信息系统、孤立的业务管理信息系统、集成的智能信息系统三个发展阶段，主要有五个基本功能：对信息的输入、存储、处理、输出和控制。不同发展阶段只是信息采集的广度、颗粒度和速度的加快，从简单数据、小数据的缓慢交互演变为大数据信息流的快速交互与整合利用。其主要任务是最大限度地利用现代计算机及网络通信技术加强企业的信息管理，通过对企业拥有的人力、物力、财力、设备、技术、客户等资源的调查了解与汇总，建立正确的数据库，加工处理并编制成各种信息资料，及时提供给管理者和决策者进行正确的决策，不断提高企业的管理水平和经济效益。企业的信息系统已成为标准化管理和客户管理的重要手段。从信息系统的发展和特点来看，大致可分为数据处理系统（DPS）、管理信息系统（MIS）、决策支持系统（DSS）、专家系统（人工智能的一个子集）和办公自动化（OA）五种类型。

旅游信息系统是把信息系统的相关技术应用在旅游业和旅游企业的发展中，是可持续发展的基础和未来发展的根本保障，尤其在全域旅游背景下，需要构建一体化大数据平台和客户或游客信息系统，并实现市场共享最大化。随着5G、区块链等新技术的出现和广泛应用，必将带来各行各业信息系统的全面升级，带来的将是生产模式、管理模式、消费模式、生活模式、旅游模式和合作模式等的巨大变革。谁拥有信息系统，谁才能掌握未来。

总之，旅游景区的持续发展需要多元化跨学科理论做支撑，针对本案例，以上3组相关理论相辅相成，融为一体，在案例分析中可以借鉴。

五、CEM 系统及其在景区管理中的应用

（一）CEM 简介

CEM（Customer Experience Management）自 2004 年 Bernd H.Schmitt 提出后被广泛应用，并与 4G 结合成为体验式消费和体验式经济的技术支撑，5G 时代的来临还会进一步改变消费模式和引导人的行为，满足游客感性需求和情趣的旅游体验会越来越成为消费决策的关键因素。

CEM 强调客户体验管理，是战略性管理客户对产品或公司全面体检的过程，以提高客户整体体验为目的，注重与客户的每次接触，通过整合协调售前、售中、售后的各阶段与客户接触点或渠道，精准而无缝隙地为客户传递有效信息，塑造品牌正面形象和感觉，以良性互动创造差异化客户体验，强化感知价值，赢得客户的忠诚，增加企业收入与资产价值。通过对客户体验的有效管理和控制，可以提高客户的满意度与忠诚度，不断提升公司和品牌价值。

CEM 在游客的每个接触点上，如销售人员、电话预订、代理商、广告媒体、活动项目、门票、结账、接待、旅游手册、网站等一系列点上感受视觉、语气、味道、气氛、温暖、关怀、尊重等综合体验，可以与游客关系最优化、游客价值最大化，策划出不同类型的高附加值的产品与服务，在细分游客之间保持利益平衡，并尽可能让最有价值的游客身份逆转，参与到项目策划中，不仅仅是项目体验者，而是直接参与项目策划和标准的评定。

（二）CEM 在景区管理中的作用

CEM 是专门针对客户体验的信息系统，是景区升维竞争和升级发展的必然选择。其必要性主要体现在：通过 CEM 系统可以精准掌握不同游客的体验反馈，进而完成精细化的游客分类，一方面可以及时优化和更新，推出适销对路的旅游产品和服务，让旅游行为成为个性化的随心选择；另一方面可以把专业素质高和忠诚度高的游客遴选出来参与到景区发展中。

景区导入 CEM 的作用主要表现在 4 个方面：

①维护好忠诚度高的游客，充分挖掘游客价值。CEM 系统可以识别、跟踪、记录和反馈游客在游前、游中、游后的问题，能够快速、有效地识别游客不满意的地方，使得景区可以马上做出回应和改变，立即采取措施加以控制，把游客的负面情绪降到最低，避免不满情绪的发酵和游客流失给景区造成更大损失。这样从 CEM 平台获取的游客信息真实、完整、准确率高、反应率高，可以防微杜渐，也可以预防失控，极大地提高景区管理水平，培育优质游客并参与景区发展。

②有效驱动景区的品牌建设与品牌体验。游客体验设计和品牌建设有共同的要素，在 CEM 系统中可以把这些要素进行有效整合，通过收集和分析游客对具体项目的评价数据，更好地理解游客需求，更有效地开发和优化现有产品和服务，游客的各种态度和行为的反馈可以激发景区做出品牌策略调整，景区可以进一步形成更有个性化的服务，实现精心策划、精细服务、量身定制、精准营销的品牌识别和品牌体验。

③有效提升景区绩效管理。CEM 是系统工程，需要调动景区所有员工的主观能动性，尤其一线员工，在游客体验中发挥着重要作用，员工的工作能力和胜任程度直接关系到游客体验效果。不同素质和职位的员工为游客传递和创造的体验完全不同，通过 CEM 系统可以有效收集游客对相关岗位的服务评价和工作反馈，成为考核员工和绩效管理的依据，知道员工是否胜任，在如何激励员工方面出台有效措施，让景区的绩效管理更有针对性。

④有利于真正形成以游客为中心的管理闭环。CEM 是景区管理走向市场化与标准化融合的桥梁与纽带，可以有效促进标准的市场化，优化景区管理模式。景区标准化本身就与民生有关，与游客有关，景区标准的制定不仅要满足景区内部管理的需求，也要充分考虑到当地居民和游客需求的发展和变化。利用 CEM 系统，一方面可以有效提升游客体验和景区管理，另一方面可以促进景区标准市场化路径。

六、关键要点

（一）关键知识点

案例分析中的关键知识点主要有：旅游景区的特质与成长模式、旅游标准化与个性化、旅游景区质量管理、旅游景区客户管理与精准营销、旅游景区大数据建设、旅游可持续发展、区域旅游一体化战略等。

（二）关键能力点

案例教学中的教师需要熟悉并掌握旅游景区管理模式及相关理论，最好具备一定的景区管理实践经验。同时，需要具备根据所带课程完成案例再设计的能力，组织好学生讨论，把握方向与节奏，做好有效的引导和控制。

案例教学中的学生需要掌握旅游管理专业的基础课程，了解旅游景区的形成要素、所处地理区位、核心竞争力和管理模式。

七、建议课堂计划

（一）案例教学实施计划

本案例可以作为专题讨论课，按课前、课中、课后实施教学计划（图8），课中时间控制在90分钟内。

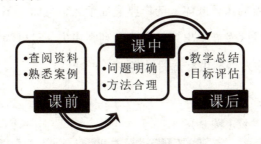

图8　案例教学实施计划

（二）控制好各阶段的目标与节奏

完成课堂计划的关键有二：一是学生课前对案例的熟悉程度；二是课中教师的破题、引导和控制。

（三）课中时间安排

①课堂前言，主题说明。（5分钟）

②分组讨论，明确汇报要点。（30分钟）

③各小组汇报，每组5分钟。（30分钟）

④教师总结，布置课后。（20分钟）

八、案例的后续进展及其他教学支持材料

（一）案例的后续进展

大槐树景区正处在发展期，标准化建设在不断改进中，基于 CEM 系统的大数据建设和游客管理也还在升级完善中，这是一个循序渐进的动态调整过程。

从近 3 年的发展态势来看，包括新冠肺炎疫情下的自主创新，大槐树景区的未来发展趋势是良好的，但前进的道路也不是一帆风顺的。遵循景区的发展规律，一方面要知道处于生命周期的哪个发展阶段，有可能面临的风险是什么；另一方面也要把握时代脉搏，知道发展机遇在哪里。面对疫情的考验，公司积极面向未来练内功，按部就班正常部署，筹备建设二期工程，优化公司结构和运营流程，增设文化传媒业务板块，调整管理层，发行《大槐树》杂志创刊号……

景区是旅游业发展的重要载体。选择典型性景区，全面而多角度地持续关注景区的发展，深入研究景区发展中出现的问题和利害得失，可以为旅游管理专业的研究生参与旅游业的未来发展提供有益的借鉴。

（二）其他支撑材料

1. 影视剧《大槐树》（图 9）

图 9

2007 年，由王文杰导演，陆毅、陈好、刘潇潇、鲍国安等主演的 42 集电视剧《大槐树》热播。

2. 大槐树景区 Logo（图 10）

这个"根"字有什么特点？这是隶体字，不仅笔力雄健，而且隐含象形。比如：这个"木"字旁，有人说像一个人高昂着头，撒开两只胳膊走路的样子；还有这个"根"字的最后一笔，像一个人正在迈步行走。

这个"根"字是由原中央工艺美术学院院长、著名书画家张仃老先生题写的，饱含了槐乡父老浓浓的桑梓之情，凝聚了海内外移民后裔悠悠的思乡之意。

图 10　大槐树景区 Logo

3. 景区期刊（图 11）

2020 年 2 月，大槐树景区推出"大槐树"杂志创刊号。"卷首语"道出了大槐树景区蕴含的家国情怀："……这是世界上最大的一棵槐树，树荫笼罩了大半个中国……其子孙遍布全国乃至世界各地。这是我家的树，也是中国的树……岁月虽已流过 600 年，但这里依旧是无数槐乡子孙魂牵梦绕的地方，在村碑上、在族谱中、在诗歌里、在相传中……"以及对历史文化和学术研究的重视，这是很多景区不重视和不具备的一种精神追求。

图 11

4. 新媒体

①大槐树景区公众微信号：dhsjq01。

关注公众号，可以了解大槐树景区发展动态，可以预约、互动。

②大槐树景区官方 App。

③大槐树景区主要业务板块 App。

开放式经营的古村落旅游到底"富了谁"

——碛口古镇的景区发育与社区发展

案例正文

摘要：碛口是中国历史文化名镇，十多年来，一直在政府主导下实施旅游开发，是一个开放式经营的古村落旅游景区。本案例从景区生命周期的角度，对碛口古镇的旅游发展历程进行了梳理，分析了碛口古镇的景区发展和社区参与，总结了古村落旅游发展的"碛口模式"，得出开放式经营的碛口古镇旅游景区发育较慢，但原住民普遍受益的结论。本案例对于古村落旅游保护性开发及景区可持续发展具有一定的启示。

关键词：碛口古镇；古村落旅游；社区居民；政府主导

一、案例地概况

碛口古镇位于山西省临县南端50千米处，面临黄河水，背倚吕梁山，被称为"九曲黄河第一镇"。碛口古为兵事要冲，在明清至民国年间凭黄河水运一跃成为我国北方著名的商贸重镇，西接陕、甘、宁、蒙，东连太原、京、津，为东西经济、文化之枢纽。作为中国历史文化名镇，碛口镇是清代山区传统建筑的典范，古镇依然古色古香，街巷是石板路，两边是高圪台，两侧房檐连着房檐，店铺挨着店铺，老店铺、老字号、老房子上有明清风格的砖雕、木雕、石刻，"到处是文化，遍地见艺术"。古镇及其周围的西湾村、李家山村、寨子山、孙家沟、高家坪等历史文化名村、传统村落，构成了古村落群。

* 作者简介：1. 刘丽娜（1990—　），太原师范学院讲师，研究方向：旅游目的地管理。2. 邵秀英（1963—　），太原师范学院教授，研究方向：旅游规划与旅游管理、遗产保护与遗产旅游。

1999 年碛口被山西省人民政府公布为省级风景名胜区，景区总面积 100 平方千米，主要景点包括碛口古建筑群、黄河码头、明清商贸遗存、民居院落、毛主席东渡黄河纪念地及古商道的人文景观，以及大同碛、黄河天然水蚀浮雕、奇石群、沙滩湿地、黄土地貌、黄土柱林、十万亩红枣林带等自然景观。

2003 年，碛口镇西湾村成为山西省第一个中国历史文化名村。2004 年，碛口古镇进入山西省首批历史文化名镇名录，同年，联合国教科文组织的专家来碛口考察，认为碛口具有杰出的世界性价值，具备申报世界文化遗产的资质。2005 年 9 月，中国古村镇保护与发展碛口国际研讨会在碛口举行，会议发表了旨在进一步加强中国古村镇保护，不断促进古村镇发展的《碛口宣言》。2008 年，碛口镇李家山村被评为中国历史文化名村。2012 年，碛口风景名胜区被国务院公布为国家级风景名胜区。2019 年，中国第四届古村镇大会在碛口古镇举行。2021 年，碛口古镇被评为国家 AAAA 级旅游景区。

随着知名度的提高，碛口古镇开启了文旅发展之路，先后被《京华时报》评为"中国最具年味的 8 个旅游目的地"之一，被互联网评为"人生必去的 10 座小城"之一和"中国最具潜力的十大古镇"之一，以碛口古镇为起点的山西陕西民居民俗游，也获得央视完美假期"最佳历史文化古迹之旅奖"。

二、碛口古镇旅游发展生命周期

1999 年，国家图书馆馆长任继愈、中国文物学会会长罗哲文、国家历史文化名城保护专家委员会副主任郑孝燮等 21 位专家在考察碛口后，向山西省政府建议开发碛口。随后，碛口被列为山西省省级风景名胜区，在风景名胜区管委会主导下实施旅游开发。2003 年后，由于碛口古镇及其周边的历史文化名村名镇保护与发展的需要，碛口风景名胜区管理局与临县政府一起负责管理碛口旅游开发与古村镇的保护。近 20 年来，碛口古镇始终为政府主导古村落旅游经营管理，碛口古镇因其原生态风貌和免收门票的开放式经营而成为具有较高知名度的古村落旅游目的地。与国内甚至省内一些古村落旅游景区相比，碛口旅游经济（门票）收入增长速度较慢，旅游环境及其旅游要素发育不完全，直到 2021 年才成为国家 AAAA 级旅游景区，但从古村落旅游属性而言，碛口在旅游发展中，在处理遗产保护传承与旅游开发利用以及原住民旅游受益等方面的问题上可圈可点。本案例在实地调研基础上，运用旅游地生命周期模型，将碛口古镇旅游发展分为起步期、发展期和快速发展期3个阶段加以分析（图1）。

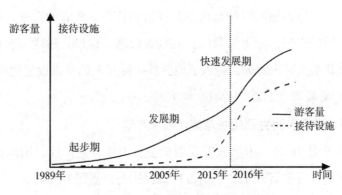

图1 碛口风景区旅游发展周期

（一）起步期（1989—2005年）

1989年10月，画家吴冠中先生游览李家山后，将其与湖南张家界、山陕蒙黄土高原一起列为此生的三大发现。碛口因此而被国人关注，开始了小众、专业旅游接待为主的旅游起步期。

1.艺术家为先锋，专业客源市场为主

吴冠中先生发现李家山村后，碛口独特的建筑风貌以及自然景观开始引起了人们的注意，尤其是艺术家以及艺术系学生，成为碛口最早的一批旅游者。当时碛口、李家山等并没有专门的旅游接待设施，前来考察和写生的艺术家、学生的食宿都在当地村民家中，按人头计日付费，碛口、李家山村的一些传统院落成为一些学校的艺术专业写生基地。如今，这些院落也一直延续经营旅游接待，学生群体也仍然是碛口古镇游客的重要组成部分。

2.早期"农家乐"开展零散客源接待

为满足少量专业性游客的基本食宿需求，碛口古镇和李家山村的原住民开始利用自家院落开设"农家乐"，提供简单住宿和家常餐饮，由于客源少且具有季节性，收费也较低，参与这种接待形式的居民不多，接待能力有限，但增加了当地居民的收入。

3. 古镇保护与旅游开发得到政府重视

2001 年碛口被确定为山西省第一个旅游扶贫实验区，政府主导举办了多次大型活动，包括碛口民间文化节、国际摄影节，碛口古镇成为电影、电视剧的拍摄外景地。从 2000 年开始，中央电视台确定李家山为联系村，并对其进行了 5 到 10 年的跟踪报道。同时，碛口古镇的保护与旅游开发得到县委县政府的重视，比如重视对历史文化名村名镇的申报，加大对景区公共基础设施的建设，建成游客接待中心，制作历史建筑及其景点标识牌等，进入了旅游保护性开发的基础设施建设期。

（二）发展期（2005—2014 年）

1.《碛口宣言》为古镇保护与旅游发展加速

2005 年 9 月 16 日，中国城市规划学会、山西省建设厅、山西大学和衡阳师范学院联合在碛口古镇召开了"中国古村镇保护与发展国际研讨会"，签署了《中国古村镇保护与发展碛口宣言》，呼吁各级政府应高度重视古村镇的保护。《碛口宣言》不仅引起了社会各界对于古村的关注，碛口古镇"活态"遗产保护和旅游开发再次得到政府（包括碛口风景名胜区管理局）的重视，古镇基础设施与交通条件得到改善。2005 年，湫水河拱桥修建完成，为当地居民生活和游客游览观光提供了方便；离石与太原高速公路开通，沿黄公路拓展延伸，使碛口古镇与外部联系的交通环境有了很大的改善，旅游可进入性大大提高。

2. 游客市场开始发育，需求多样化，旅游活动趋于规律

首先，随着碛口知名度的增加，碛口景区吸引了非艺术类的旅游者前来观光，大众观光游客虽然不具规模，但以吕梁市为主，山西省内以及陕西、内蒙古等外省游客构成古镇旅游大众市场。其次，游客需求多样化，虽然仍以专业类的游客以及文化素养较高的历史文化旅游者等小众市场为主，但大众观光以及周末、节假日休闲旅游需求开始增加，旅游消费除了最基本的吃、住需求外，还有景点游览、文化休闲体验需求。最后，适应旅游市场需求，旅游产品逐渐丰富，表现在农家乐由原来简单地吃农家饭，增加了住宿、表演项目；古镇客栈、酒店产品增多；文化节庆表演、黄河画廊游览、旅游土特产品购物等旅游产品或项目日渐丰富。

3. 政府引导，市场导向，社区参与旅游逐步规范

碛口风景名胜区管理局是碛口旅游的主要行政管理部门，在碛口旅游开发中，

由于不收门票，景区管理主要是对景区环境、基础设施维护和社区村民参与旅游的指导管理。社区居民参与旅游的方式、规模以及人数与游客市场发育息息相关，随着碛口旅游知名度提高，游客人数增加，需求升级变化，推动了碛口社区参与方式的多样化，以及社区参与人数及规模的增长。

碛口景区旅游接待由早期的零散、自发、无序逐渐标准化和规范化。当地居民参与旅游的方式由原来的农家乐向"家庭旅馆"发展。经过风景名胜区管理局的培训发证，部分社区居民成为了景区讲解员，为游客提供导游讲解服务。黄河画廊游船成立了股份有限公司，经营黄河画廊观光体验活动。碛口景区各个村落、景点之间内部交通，也主要以当地居民经营包车的形式为主。可见，在旅游供给方面，政府主导下的社区居民参与成为碛口古村落旅游服务接待系统的重要组成。

（三）快速发展期（2014年至今）

1. 旅游推广，节事宣传，旅游关注"软"开发

"十二五"后期，临县政府及碛口风景名胜区管理局开展了一系列的旅游宣传和营销活动，各类旅游宣传与推广活动的主体主要是各级政府部门，如山西省政府旅游局、临县政府、碛口风景名胜区管理局以及一些非政府组织，值得注意的是，在这一时期旅游的宣传营销与推广也有了企业的参与，旅游推广参与面广，收效好。

2. 游客市场大众化，结构类型多元化

伴随着一系列旅游营销和推广活动的开展，乡村旅游市场的发育，碛口旅游客源市场得到发展完善。首先是市场规模增长快，据2016年国庆黄金周调研，景区旅游人数达到12万人次，是2015年国庆黄金周游客量的3倍。其次，客源市场结构发生了显著的变化，据2016年国庆黄金周的游客抽样调查显示，碛口游客市场构成中，省外客源市场半径延伸到较远的黑龙江、江苏、浙江、广东等省份。最后，从游客构成类型来看，自驾游客占据市场的主导地位，早先以写生、绘画为主的艺术类小众游客市场依然存在，旅行社组团游客逐渐增多。

3. 景区环境逐渐完善，旅游项目增多，产品丰富

随着客源市场不断扩大，碛口风景名胜区管理局与临县政府合力加大对景区基础设施和接待能力的改善，景区环境质量发生了较大变化。与此同时，碛口景区依托其丰富的旅游资源，大力开发特色旅游项目，如临县政府先后在寨则山村建"民

俗博物馆"，在碛口古镇建"吕梁古兵器博物馆"；借助黄河水蚀浮雕地质景观，进一步完善黄河大画廊、黄河画廊黄河快艇观光体验和碛口黄河漂流体验项目。

4. 资本引入，企业参与，推进旅游发展

碛口景区是一个开放式免门票的景区，风景名胜管理局没有门票收入，临县政府财政收入有限，旅游发展资金不足。为此，政府积极开展招商引资活动，推动碛口旅游供给升级。随着企业及个人投资介入，景区住宿业发展迅速，西部黄河岸边成为景区餐饮住宿的集中区域，建成了祥元隆客栈、泰和驿站等旅游客栈。

表1　碛口古镇景区旅游服务接待现状

旅游构成要素	碛口景区旅游服务接待设施现状
吃	餐饮接待主要以农家乐形式为主（李家山）； 西市街沿黄公路段农家饭店、特色饭店（碛口古镇）； 两家具有特色的知名的餐饮接待点（西湾村）
住	家庭旅馆：百姓自发的民居接待，包含餐饮，主要接待对象为写生学生； 农家乐接待：提供餐饮和住宿，床位数量增多，经营较为规范； 民俗客栈：外来投资或本地投资，规模较大、装修精致，融合碛口民俗特色
行	碛口古镇景区主要景点范围内以步行为主； 景区内连接各个景点的交通为当地人经营的租车服务（碛口古镇—李家山—黄河画廊）、自驾车、景区免费摆渡车（碛口古镇—西湾村—景区停车场）
游	观光项目：碛口古镇、西湾村、李家山村明清民居建筑及村落景观、晋陕大峡谷百里画廊水蚀浮雕； 体验项目：吕梁古兵器博物馆、黄河画廊快艇观光体验、碛口黄河漂流体验项目、碛口"红枣文化节"节事活动、麒麟滩民歌演艺与秧歌体验活动
购	特产：以红枣和小杂粮为主； 手工艺品：包括布老虎、布枕头等具有当地特色的布艺成品、葫芦手工艺品、黄河石雕等。 旅游街区分布有旅游购物品商店、临县特色馆，专营旅游特色商品
娱	旅游项目开始增加体验型的漂流、秧歌体验等活动； 休闲业态上，商业街上出现酒吧供游客夜间消遣

来源：作者整理。

5. 景区发展缓慢，接待设施不足

从景区发展角度看，碛口古镇景区的旅游设施供给落后于市场需求。如进入景区的道路只有一条，公共汽车通行班次较少，停车场不足等，导致景区接待能力不足，每到节假日，景区堵车严重。景区卫生、通信、购物等旅游要素配置也满足不了游客需求，在调研中发现，游客对碛口景区的吸引物满意度高，但在旅游服务、接待条件满意度较低（图3）。景区旅游基础设施的管理建设与其"国"字招牌（国家风景名胜区、中国历史文化名镇、中国传统村落等）的资源品位和遗产价值不相符，影响了碛口旅游的进一步发展。

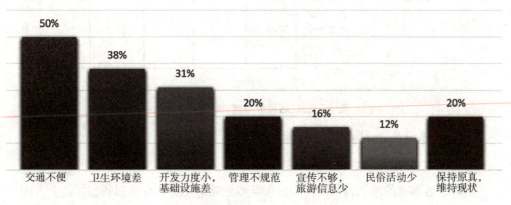

图2　碛口景区游客意见关键词统计

三、碛口古镇旅游发展中的社区参与

（一）碛口古镇社区参与旅游路径

碛口古镇景区主要包括镇区所在的碛口镇、西湾村和李家山村，其人口统计如表2所示（户籍人口为各村委会统计数据，常住人口为实地走访调研所得，只包括古村落旅游核心区域），虽然旅游业逐步发展起来，但大部分居民以外出务工为主。

表2　碛口镇、西湾村、李家山人口数量统计

村名	户籍户数 / 户	户籍人口 / 口	核心区常住居民 / 口
碛口古镇（街道）	521	948	2 400
李家山	404	982	50
西湾村	170	417	110

数据来源：作者据《碛口镇2017年基本情况统计表》及实地走访整理。

在碛口古镇景区的旅游发展中，社区居民的旅游参与主要以经营旅游商品、经营住宿和餐饮为主，景区从业、导游、出租房屋等也是社区居民参与旅游的主要途径（图3）。

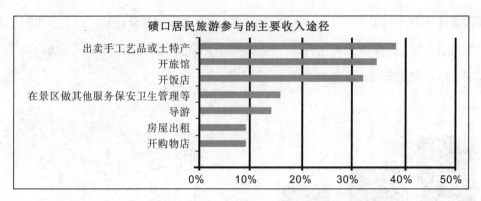

图4　碛口居民参与旅游的主要方式

（二）旅游发展对社区的影响

1.经济收入增加，通过旅游脱贫

随着游客需求的增加，村民们积极参与本地旅游发展。在住宿餐饮接待业方面，当地居民主要以经营农家乐为主，以李家山村为例，二十几户常住人家，提供简单食宿的农家乐则达11家；碛口古镇作为景区的游客集散地，集中了较高级别的接待设施，如"祥元隆客栈"可以容纳数百人，旺季每天的营业额达两三万元。除了餐饮住宿的经营，当地村民在景区管理局的支持和培训下，成为景区讲解员，通过为游客讲解增加收入；当地的传统手工艺品随着需求的增加与升级，逐步实现了制作加工与批发销售的分工合作。通过实地调研抽样统计（抽样总数197人），80%的居民通过参与旅游增加了收入，旅游收入占家庭总收入50%以上的抽样比重达到28.4%（图5）。

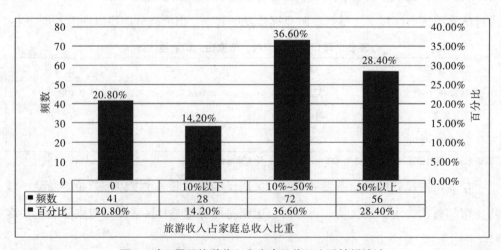

图5　碛口居民旅游收入占家庭总收入比重抽样统计

2. 村民文化素质提高，外迁人口回流

在旅游参与过程中，当地居民在语言上能够实现普通话的普及，积极主动和游客及外来投资者交流，不断探索和学习，引进先进的管理，拓宽自己的视野，促进自己经营管理的提升以及实现个人的发展。旅游业的发展，也吸引了部分外迁及外出打工人员回流，积极参与本地旅游发展，解决古镇"空心化"问题，通过社区生活生产来实现古村落的保护和延续。

3. 传统文化传承，重塑文化自信

碛口古镇景区除了本身品级较高的黄河自然类旅游资源以及传统村落历史建筑人文类旅游资源，当地的民俗文化也成为当地旅游产品开发的重要资源。红枣文化节、麒麟滩秧歌节、西湾传统婚庆民俗表演等，将当地的非物质文化与民风民俗以节庆的形式展现给游客，成为吸引旅游者的重要旅游产品之一；碛口布老虎、布枕头、葫芦吉祥物等当地特色手工艺品成为当地畅销的旅游商品；特色窑洞、土炕等特色客栈、农家乐为游客提供特色住宿体验。在旅游业的发展中与当地民俗文化发展紧密相连，社区居民在旅游参与的过程中，延续传承着传统文化、民风民俗以及非物质文化遗产，在获得经济收入的同时，更加强化自己的文化身份，提升自己的文化自信。

4. 基础设施提升，居住环境改善

碛口古镇作为开放式的古村落景区，原住民生产生活的社区与游客观光游览的景区叠置，碛口景区旅游接待设施的升级完善，使得古镇古村的人居环境得到了改善。为推动景区旅游业的发展，碛口到离石和太原的交通公路系统逐步完善，从碛口到太原的大巴车班次增加，在提升游客进入性的同时，也便利了当地居民的出行；为完善碛口景区旅游接待基础设施，政府对于碛口景区的水电网络通信等基础设施加以改善升级，也便利了当地百姓的日常生产生活。政府对于旧居建筑的修缮补贴，以及旅游市场需求刺激，鼓励了社区居民改善和补修自己的房屋建筑，提升自己的生活空间。为维护景区的卫生环境，碛口风景名胜区管理局专门成立景区环境卫生工作组，雇用当地百姓参与碛口古镇环卫工作，节假日旅游旺季雇用附近村落居民参与环卫工作，以保证景区村落整体环境卫生的整洁，为游客营造良好旅游环境的同时，也为村落社区居民创造较好的生活环境。

（三）社区居民旅游受益感知[1]

近年来，碛口景区游客量的持续增加对村落社区居民的生产生活带来了一定的影响，本案例对从经济、社会、文化、环境及居民态度和幸福指数等方面对碛口社区居民的旅游感知进行分析和总结。数据来源于 2018 年的问卷调查和现场访谈，问卷中居民的旅游感知分为 5 类 32 项，分别为 7 项经济感知、7 项社会感知、4 项文化感知、7 项环境感知、7 项居民态度与幸福指数等。抽样访谈受调居民 20 位（包括政府工作人员、小商贩、农家乐老板、环卫工、景区讲解员及未参与旅游的居民），受访居民旅游参与形式多样，旅游感知具有一定的代表性，以补充问卷信息和支持问卷分析。

1.居民的经济影响感知

从调查统计结果来看，经济影响感知的影响变量众数值为 4，平均值都大于 3.5，说明对居民的经济影响都持同意的态度。旅游提高了居民收入从而使当地的经济进一步地提高，同时也使人们的生活水平有了很大的提高但只使少数人受益，这样便出现了贫富差距拉大的现象。"旅游促进本地经济发展""使人们的生活水平有了很大的提高"持同意态度的居民所占比例分别为 87.4%、75.8%，仅有 5.7%、6.9% 的居民不同意。对于"旅游只使少数人受益"持"同意"观点的居民达 71.2%，有 34.5% 的居民表示旅游发展使本地的贫富差距拉大。旅游业的发展给居民提供了更多的就业机会，吸引更多的投资和消费，但同时也会造成物价上涨。有 71.3% 的居民认为"旅游使就业机会增加"、75.8% 的居民认为"旅游吸引更多的投资和消费"，同时有 55.2% 的居民认为旅游使本地物价上涨。

表 3　碛口古镇居民的经济影响感知

序号	变量	平均值	众数	同意率	不同意率
1	旅游促进了本地经济发展	4.22	4	87.4%	5.7%
2	旅游使就业机会增加	3.66	4	71.3%	16%
3	旅游吸引了更多的投资和消费	3.78	4	75.8%	5.7%
4	旅游使生活水平有了很大的提高	3.98	4	75.8%	6.9%
5	旅游发展使本地的贫富差距拉大	3.66	3	34.5%	8%
6	旅游使本地物价上涨	3.54	4	55.2%	10.3%
7	旅游只使少数人受益	3.79	4	71.2%	11.5%

注：a.1 ~ 5 分别表示"非常不同意""不同意""没影响""同意""非常同意"。

　　b.同意率为非常同意与同意之和，不同意率为非常不同意与不同意之和，表4—表 7 下同。

资料来源：调查数据统计结果。

1　刘丽娜，邵秀英，王利珍.古村落旅游地社区居民感知研究：以碛口古镇为例 [J]. 小城镇建设，2019，（2）：68—74.

2. 居民的社会影响感知

居民的社会影响感知中有 7 个指标，其中两个指标的平均值超过 3.5 其余低于 3.5，两个指标的众数为 3 其余为 4。"改善道路、水电设施""提高医疗水平""提高教育水平"分别有 54%，21%，13% 的居民持同意态度，不同意者所占比率分别为 8%，22%，34%，说明旅游对村落公共基础设施的改善产生了积极的影响，但对医疗和教育事业尚未产生影响。在教育方面，由于当地学校设施不完善，满足不了学生的基本生活需要，导致大量居民外迁，以致出现 "空心化" 现象。在对居民访谈的过程中了解到居民的医疗水平并没有因旅游业的发展而得到改善，部分居民认为医疗水平有所改善得益于国家农村医疗保险政策。47% 的居民认为 "旅游限制我使用旅游资源"，可见，旅游的发展与文物单位的保护对于社区居民的资源使用带来了一定的约束和限制。随着碛口旅游市场的增长，旺季大量游客的进入造成了交通、人口拥挤，在游客容量较小的古村落旅游地容易扰乱居民的宁静生活，甚至导致居民与游客产生矛盾争执，对于这些现象居民同意的态度分别是 58%，31%，34%。

表 4 碛口古镇居民的社会影响感知

序号	变量	平均值	众数	同意率	不同意率
1	改善了道路、水电设施	3.66	4	54%	8%
2	提高了医疗水平	2.93	3	21%	22%
3	提高了教育水平	2.69	3	13%	34%
4	旅游使交通、人口拥挤	3.6	4	58%	12%
5	扰乱我们原本的生活	2.91	4	31%	28%
6	旅游限制我使用旅游资源	3.22	4	47%	25%
7	旅游导致居民和游客的关系紧张	2.89	4	34%	33%

资料来源：调查数据统计结果。

3. 居民的文化影响感知

据表 5 居民的文化影响感知分析来看，在旅游发展过程中，居民在不断地传承和发扬本地文化。有 54% 的居民认为旅游促进了本地与外地文化的交流；对于 "增加节庆活动，从而丰富居民生活""促进当地手工业的发展" 赞同人数居多，且积极感知较为明显，两者的平均数分别为 3.75、4.18，同意率为 69%、73.9%。为了迎合游客需求，民俗节庆被搬上舞台，真实的传统民俗文化被"舞台化"，碛口居民被调查者中仅有 13.7% 的居民同意"旅游使传统民俗文化被破坏淡忘"，52.8% 的居民表示不同意。碛口的传统文化在旅游发展过程中得到了弘扬和发展，同时也增强了当地人的地方认同。游客的到来，促进了碛口与外地文化的交流，就目前碛口旅游发展状况来看，旅游对目的地带来的外部文化冲击及负面影响并不明显。

表 5 碛口古镇居民的文化影响感知

序号	变量	平均值	众数	同意率	不同意率
1	旅游促进本地与外地文化的交流	3.62	3	54%	5.7%
2	增加了节庆活动，丰富我们的生活	3.75	4	69%	9.1%
3	促进当地手工业的发展	4.18	4	73.9%	3.4%
4	旅游使传统民俗文化被破坏淡忘	2.52	2	13.7%	52.8%

资料来源：调查数据统计结果。

4. 居民的环境影响感知

碛口古镇居民对旅游所带来的环境影响感知结果见表 6，旅游发展对目的地环境既有正面影响，也有负面影响。从居民感知来看，"增加空气污染""增加噪声污染""增加水污染""垃圾增多，处理不及时""消耗当地人所需资源"这些变量的平均值均低于 3.5，持同意观点的居民分别为 28.7%、56.3%、47.1%、41.3%、31%，可见旅游带来的环境负面影响已经存在，其中比较突出的问题是"噪声污染"和"水污染"。突出的问题与碛口不断增长的旅游市场需求密切相关，而在游客承载力相对较小的古村落旅游地，不断增加的餐饮、住宿、休闲娱乐接待设施，以及大量的游客消耗，都会增加对资源的消耗和环境的污染。85.1% 的居民认为"村里的环境卫生条件明显改善"，同时 72.3% 的居民认为旅游发展"促进了环境教育和保护"，可见，在旅游发展过程中，景区管理局及临县政府提升景区环境的同时也改善了社区环境卫生条件。

表 6 碛口古镇居民的环境影响感知

序号	变量	平均值	众数	同意率	不同意率
1	增加了空气污染	2.72	3	28.7%	40.2%
2	增加了噪声污染	3.26	4	56.3%	24.1%

续表

序号	变量	平均值	众数	同意率	不同意率
3	增加了水污染	3.25	5	47.1%	33.3%
4	垃圾增多，处理不及时	2.89	4	41.3%	45.9%
5	消耗了当地人所需资源	3.03	3	31%	25.2%
6	促进了环境教育和保护	3.91	4	72.4%	8%
7	村里的环境卫生条件明显改善	4.22	5	85.1%	4.6%

资料来源：调查数据统计结果。

5. 居民态度与生活质量感知

综合上述，旅游发展对于碛口古镇的经济、社会、文化及环境各方面的影响，社区居民对旅游发展也有自己的态度及生活质量感知。从分析结果来看，75.8%的居民认为旅游发展以来其生活质量较三年前有明显提升，因此，对于旅游发展的态度也呈现积极的结果。被调查者中有88.5%的居民认为"旅游为本地做出了很大的贡献"，94.2%的居民"希望旅游业的规模继续扩大"，81.6%的居民"愿意从事与旅游相关的工作"，88.5%的居民愿意积极参与推广和宣传，74.7%的居民愿意主动为景区的发展提供建议。但在决策管理方面，有19.5%的居民认为景区做决策时会听取居民的意见，可见虽然社区居民的旅游参与意愿强烈，但在景区管理上依然以政府为主导。总体而言，碛口古镇居民对旅游正面的感知较强，负面感知较弱，居民对旅游发展持同意的态度。居民的感知对于古村落景区的政策制定、旅游发展、市场营销及规划的顺利实施具有重要的参考价值，因此，要充分考虑不同旅游发展中社区居民的诉求，提高居民的参与程度。

表7 碛口古镇居民态度与幸福指数

序号	变量	平均值	众数	同意率	不同意率
1	希望旅游业的规模继续扩大	4.51	5	94.2%	0%
2	愿意从事与旅游相关的工作	4	4	81.6%	5.7%
3	愿意主动为景区发展提供建议	3.95	4	74.7%	6.9%
4	旅游为本地发展做出了很大贡献	4.26	4	88.5%	0%
5	景区做决策时会听取我们的建议	2.85	3	19.5%	26.4%
6	愿意积极参与推广和宣传	4.22	4	88.5%	0%
7	与3年前比，生活质量提高	4.13	5	75.8%	4.5%

资料来源：调查数据统计结果。

6. 居民特征与其对旅游感知的差异分析

旅游地居民特征与居民是否参与旅游相关工作可能会影响居民的旅游影响感知，本案例从居民的性别、年龄、文化程度、本地居住时间以及居民是否参与旅游业等方面，通过 SPSS 软件的 Crosstabulation 功能模块分析，构建旅游感知差异分析模型，探讨不同特征居民间的旅游感知差异 [1]。

$$G=\sum P_i N_{ij}/\sum N_{ij}$$

注：式中 G 表示某种旅游感知强度的平均值；P_i 表示某类居民持 i 种观点的得分，即 P_i= 1、2、3、4、5；N_{ij} 表示某类居民对问题项 j 持 i 种观点的人数。

表 8 碛口居民经济、社会、文化、环境感知强度均值表

变量	G1	G2	G3	G4	G5	G6
性别						
男	3.75	3.28	3.55	3.38	3.97	3.57
女	3.76	3.14	3.48	3.27	4.01	3.52
年龄						
16~25	3.92	2.83	3.38	3.45	3.50	3.39
26~35	3.80	3.18	3.84	3.54	4.04	3.65
36~45	3.93	3.36	3.53	3.33	4.02	3.63
46~60	3.62	3.19	3.44	3.21	3.97	3.48
60 岁以上	3.72	3.25	3.39	3.29	4.13	3.55
文化程度						
小学以下	3.66	3.18	3.42	3.18	4.00	3.48
初中	3.83	3.27	3.50	3.42	4.00	3.6
高中	3.67	3.13	3.58	3.26	3.87	3.48
大专或高职	4.00	3.24	3.78	3.24	4.08	3.63
本科	4.00	3.30	3.65	3.66	3.91	3.69
本科以上	2.00	2.63	3.25	4.86	4.43	3.47
居住时间						
1 年以下	3.42	2.81	3.50	2.57	3.57	3.13
1~3 年	3.26	2.91	3.50	3.32	3.93	3.36

---

1 黄丹霞，李力. 居民对旅游环境影响的感知研究——以广州白云山风景区为例 [J]. 安徽农业科学，2009（28）：3974-3978.

变量	G1	G2	G3	G4	G5	G6
4~6 年	4.00	3.32	3.68	3.55	4.00	3.69
7~10 年	4.03	3.34	3.52	3.65	4.09	3.72
10 以上	3.72	3.21	3.50	3.27	3.99	3.52
工作与旅游相关						
是	3.82	3.22	3.54	3.32	4.02	3.57
否	3.63	3.20	3.48	3.33	3.93	3.5

注：G1—G5 分别指经济、社会、文化、环境、居民态度与幸福指数旅游感知强度的平均值，G6 表示总体旅游感知强度的平均值。

资料来源：数据统计分析结果。

分析表明，性别对旅游给居民带来的经济、社会、文化、环境的影响感知以及居民态度与幸福指数没有形成明显的差异，但男性对"提高医疗水平""旅游者扰乱我们原本的生活"的感知较女性强烈，而女性对"旅游导致居民和游客的关系紧张""景区做决策是会听取我们的意见"的感知较男性强烈。居民的年龄对社会影响感知有较大的影响，其中 36~45 岁居民的旅游社会感知的平均值最大，平均值最小的是 16~25 岁居民，中年人对社会影响感知最为强烈。在居民旅游发展态度及生活质量提升感知方面，16~25 岁的居民较其他年龄段居民感知较弱，年龄对居民的经济、文化及环境的影响感知没有较大的影响。居民旅游发展感知的强度随文化程度的增加而不断增强。学历层次在本科以上的居民对经济、社会的影响感知较弱。文化层次处于高中到本科阶段的居民在哪一方面的感知都比较强烈，且随文化层次的提高，感知不断增强。不同居住时间的居民同样是随着居住时间的增加，居民的感知强度不断增强；旅游工作者与非旅游工作者对旅游感知的影响相对一致。

四、碛口古镇的旅游发展模式[1]

古村落旅游是碛口旅游的重要标志，由于古村落遗产属性的特殊性，"碛口模式"在政府主导的古村落旅游开发与遗产保护、原住民利益等关系协调中表现出了一定的优势，在古村落旅游可持续发展实践中具有一定代表性。

---

[1] 刘丽娜，邵秀英. 古村落旅游振兴的山西"碛口模式"[J]. 经济研究参考，2018（52）：69-76.

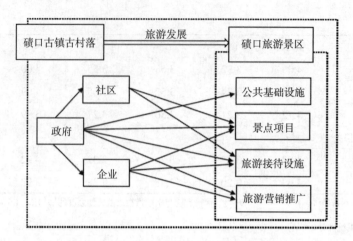

图5　碛口古镇从社区到景区的力量驱动

（一）碛口古镇从社区到景区的力量驱动

古村落旅游最大的特点在于社区与景区的叠置，能够成为旅游吸引物的不仅是古村落景观风貌及建筑群，居民的生活生产、民俗民风都是古村落旅游资源的重要内容，因此，在古村落景区管理中，社区管理与景区管理同样重要，并且在景区开发过程中尤其要重视社区管理。在古村落景区化的过程中，碛口景区管理局、临县政府等政府部门作为景区管理者和社区管理者成为推动旅游开发和发展的主要力量，政府通过政策制度、管理方式、财政资金分配等方式影响社区居民的旅游参与、景区基础设施的建设、景区的营销推广软建设以及企业及私人的投资参与；社区居民作为继续在古镇古村落生活生产的居民，是古镇古村的重要组成部分，也是古村落得以存在和延续的重要原因之一；企业及私人投资的进入为古村落的旅游发展注入了资金与发展管理经验，是推动古村落旅游发展的重要力量之一。

在碛口景区旅游发展过程中，主要受政府、社区以及企业三股力量的驱动，三股驱动力中，以政府力量为主导。

1.政府：推动古村落发展的主导力量

政府驱动力贯穿于古村落景区化过程的始终，并在此过程中一直处于主导地位，其主导性表现在全程参与负责景区管理和公共基础设施建设和引导管控社区参与和企业私人投资。

政府全程参与负责的景区管理和公共基础设施建设

具体工作包括政策制定与实施、改善公共基础设施、保护修护文物建筑、接待服务管理、旅游项目管理及目的地营销（表9）。

表9　碛口政府部门负责景区管理和公共基础设施建设

主要工作	成果举例
公共基础设施的改善	临县政府和碛口景区管理局都积极开始改善外部交通环境与内部基础服务设施，沿黄公路修建、增开旅游车次、升级扩建碛口古镇停车场；碛口景区管理局多次开展了景区公共环境卫生整治工作；升级和增加景区厕所；2016年碛口景区管理局完成古镇路灯规划建设，实现夜间照明
历史街区和古建的保护修复	2007年，临县政府组织编制了碛口古镇保护、旅游发展、城镇建设三个规划，碛口古建筑在规划指导下实现了修复和重建；景区管理局负责建筑的保护和修复工作，申报碛口古镇古村落的保护修复项目，对民居的修缮、改建上严格管控以保持古镇古村的整体风貌和重点文保单位的完整性
接待服务管理	景区管理局修建成立游客服务中心，实行景区免票政策
景区建设与旅游产品开发	2016年，临县政府将临县民俗博物馆、吕梁古兵器博物馆搬迁至碛口；规范管理黄河画廊游船体验，引导合伙人成立股份有限公司；碛口景区管理局招商引资，济淼源碛口旅游开发有限公司成立。2021年，碛口古镇景区被评为AAAA级旅游景区
目的地营销	开展目的地营销，包括节事活动，影视营销，联合营销。2014年，山西省旅游局主持成立中国黄河旅游市场推广联盟；2014年和2016年，景区管理局和临县文化局分别组织开展摄影文化节；2016年，临县政府及景区管理局组织举办首届红枣文化节，CCTV音乐频道在碛口西湾开启《美丽中国唱起来》

（2）政府引导和管控社区参与及企业私人投资

政府驱动古村镇旅游发展的重要方式之一为推动当地居民参与旅游发展，通过社区居民的参与实现景区的旅游接待和服务，同时实现社区居民的旅游就业，提高居民收入水平，防止农村劳动力外流，吸引外出劳动力回流，投身于旅游发展之中，实现社区居民旅游参与、生活水平提升、旅游接待设施升级完善的旅游良性循环发展。在碛口景区不同的发展阶段，当地居民的旅游参与方式也不同，在不同的时期，政府部门对于社区居民旅游参与的引导与支持也不同（表10）。

旅游的开发与发展离不开资本的投入，在政府资金短缺的情况下，招商引资成为解决资金短缺问题的主要渠道，私人企业的进入能够增加景区的旅游市场活力，促进旅游供给的升级发展。政府确定招商引资的方式、企业参与的形式以及企业参与旅游项目的范围，对旅游企业的经营进行监督管理，在实现景区旅游发展的同时，协调好社区居民与企业之间的利益关系，处理好旅游发展与资源保护之间的关系，确定好产权和经营权之间的关系。

表 10　碛口景区政府引导的社区参与及旅游就业方式

旅游发展阶段	社区参与及旅游就业方式	政府引导与支持
探查期	非规范的食宿提供	不限制
起步期	农家乐经营	古建风貌控制下松散管理
	餐饮经营	
发展期	手工艺加工	鼓励民俗手工艺的传承发展
	导游	定期培训、颁发证书
	景区服务清洁及保安从业	提供岗位、发放补贴
	客栈餐饮规范化经营	古建风貌控制下积极引导
	房屋出租	协调利益关系
	购物商店经营	挖掘特色、鼓励创新
	黄河画廊游船经营	引导股份公司成立，规范化管理

资料来源：作者据调查整理总结。

2. 社区：古村落旅游发展的支持性力量

由于古村落旅游的特性，社区既是景区的重要组成部分，又是参与旅游发展的重要力量之一。社区作为古村落旅游的重要参与者，成为碛口景区主要的旅游供给方，从景区起步期就开始自发为游客提供旅游接待，随着旅游业的发展，社区参与的旅游供给逐渐规范化，形式多样化，满足游客的吃、住、行、游、购、娱等旅游行为要素，成为景区旅游发展的支持性力量。

3. 企业与资本：古村落旅游发展的推动性力量

在碛口景区的快速发展期，旅游需求的快速增长使当地社区居民参与的旅游供给无法实现规模化、多功能化和精致化。政府财力有限的情况下，招商引资，吸引外来投资碛口的旅游接待设施以及旅游开发成为碛口旅游发展阶段中后期的主要发展方式。外来资本的巨大财力能够实现碛口景区房屋的流转和集中，实现住宿餐饮等接待设施的专业化、规模化、精品化的升级，以满足游客市场需求。投资商雄厚的资本支持和旅游参与能够解决碛口景区政府部门财力短缺、旅游投入有限的问题，引入投资商，开发和推广景区，活化景区，促使景区实现发展。2016 年成立的山西济森源旅游开发有限公司是碛口景区旅游市场化、产业化、资本化投资运营的主体，独家经营碛口景区文化旅游资源的综合开发利用，包含了观光、游乐、休闲、创意、酒店等多个旅游板块。在餐饮住宿方面，2015 年开始，投资商通过租赁和购买当地居民或政府集体所有的房屋使用权，实现大型客栈和精品客栈的建设和升级，迅速提升了碛口景区的旅游接待能力和接待层次。

（二）碛口古镇的旅游发展特点

1. 政府主导，多部门协同管理

碛口旅游发展过程中，始终坚持碛口风景名胜区管理局、临县政府等政府部门为主导，较好地发挥了政府在古村落遗产保护与遗产旅游中资源配置和各方利益主体利益诉求协调的公共管理主体作用，这是碛口古村落景区与社区叠置、活态遗产保护传承、延续的重要原因之一。"十二五"后期，政府积极引导企业及私人资本介入，为景区市场化运营带来活力。碛口旅游最值得肯定的是政府引导下鼓励原住民参与旅游，并从旅游中受益，形成了一个良性的古村落旅游公共管理模式。

2. 景区社区叠置，社区即景区

碛口是一个典型的社区与景区叠置的古村落旅游地，社区居民的生产生活原生态村落系统是景区的重要吸引区，这一特点决定了旅游发展中，既要重视景区建设与游客感知，又要关注遗产传承和原住民受益，即古村落景区发展中，社区管理与景区管理同样重要，并且在景区开发过程中尤其要重视社区管理。

3. 开放式景区管理，村民旅游受益明显

多年来，碛口景区一直实行免门票的开放式管理，尽管风景名胜区管理局的门票经济收入受限，但为社区居民参与旅游创造了良好的条件，充分调动了乡村振兴中社区居民作为村落建设发展主体的积极性与主动性，对传统村落通过旅游实现乡村振兴具有一定的借鉴意义。在此旅游发展模式下，村落原住民实现旅游就业、经济脱贫，生活环境得到改善，精神文化生活丰富，文化自信增强，旅游发展提升了村落原住民的生活幸福指数。

4. 旅游适度发展，遗产活态保护

从景区发展角度看，碛口旅游设施供给落后于市场需求，作为国家级风景名胜区，景区发育与其"国"字招牌（国家风景名胜区、中国历史文化名镇、中国传统村落等）的资源品位和遗产价值不相符。但从传统村落的可持续发展角度来看，碛口旅游较好地实现了景区与社区同步发育，居住环境较少地受到"景区过度商业化"影响，保持了较高的原真性，实现传统村落的整体活态保护与发展，居民不仅"原

生态"地居住生活在"景区"，以农家乐经营、景点讲解、手工艺品制作销售等多种方式和途径参与古村落旅游，并能从中获得经济收益，居民满意度较高。

五、结语

古村落旅游不同于一般的乡村旅游，古村落在发展旅游需要从古村落旅游的属性出发，多角度考虑其实践效果和多方利益关系，包括乡村社区治理及古村落景区管理之间的关系、古村落遗产保护与古村落旅游资源开发利用之间的关系、古村落旅游产业发展与村民发展之间的关系，协调政府、社区居民、企业及游客等主体之间的利益关系。

碛口古镇目前正处于旅游地生命周期的发展阶段，由于开放式经营，没有门票，可能导致景区经营管理的成本提高、旅游直接收入低，但社区居民受益感知较好，大部分居民对旅游发展持支持和积极的态度。碛口旅游发展模式具体可以归纳为：①以景区社区叠置、村景一体为主要特征；②政府力量具有主导作用；③旅游发展给村落社区带来积极作用；④社区居民参与旅游的路径多元化；⑤景区直接经济效益较低，但社区居民旅游受益感知较好。在此模式下，碛口古镇通过旅游践行乡村振兴，在乡村旅游开发和古村落景区管理实践中具有一定的代表性。

参考文献

[1] 李军，陈志钢.旅游生命周期模型新解释：基于生产投资与需求分析[J].旅游学刊，2014（3）：58-72.

[2] 刘丽娜，邵秀英，王利珍.古村落旅游地社区居民感知研究：以碛口古镇为例[J].小城镇建设，2019（2）：68-74.

[3] 黄丹霞，李力.居民对旅游环境影响的感知研究：以广州白云山风景区为例[J].安徽农业科学，2009（28）：3974-3978.

[4] 刘丽娜，邵秀英.古村落旅游振兴的山西"碛口模式"[J].经济研究参考，2018（52）：69-76.

案例使用说明

一、教学目的与用途

（一）适用课程

本案例主要适用于旅游目的地开发与管理、旅游规划与战略、传统村落遗产保护与遗产旅游等关联课程。

（二）教学目的

通过本案例教学，能够引导学员重视各利益主体在景区发展中的作用，了解社区在古村落旅游地中的重要作用和政府管理的双重任务；通过总结碛口古镇的旅游开发特点，引导学生了解社区参与旅游的主要路径以及古镇旅游对社区带来的影响和作用，全面分析古镇旅游发展效益，最终能够引导学员运用相关理论指导旅游目的规划、开发和旅游管理等实际工作。

本案例的适用对象主要为 MTA 学员和从事旅游规划与开发、经营与管理等相关的研究人员和从业人员。

（三）教学用途

本案例主要分为三大部分：第一部分为碛口古镇景区的旅游发展历程；第二部分为碛口古镇社区居民的旅游参与和受益感知；第三部分为碛口古镇旅游发展模式总结。案例内容涉及旅游目的管理、旅游规划与战略、旅游景区经营与管理等课程的相关理论与专业基础知识，可用于相关课程的具体案例分析讲解。

本案例在进行分析时，涉及旅游地生命周期理论、利益相关者理论、社区参与理论及旅游可持续发展理论，需要教师对于旅游学及相关学科的理论有一定的了解。要求教师能够引导学生根据其兴趣和实际需要完成相关理论的自学，以提升学生的自学能力和独立思考的能力。

本案例既有对碛口古镇旅游发展的历时性分析，也结合定性和定量分析方法对旅游目的地的社区参与及旅游感知、旅游发展模式进行了分析总结。可通过本案例，指导学生了解学习旅游调查研究方法在旅游实践工作中和旅游科学研究中的应用。

二、启发思考题

①请结合案例的相关内容介绍进行思考，促成碛口景区旅游发展的因素有哪些？结合碛口景区的旅游地生命周期，总结各阶段的特点，分析每阶段的主导力量及其作用的发挥。

②案例中所涉及的利益相关者有哪些？他们各自追求的利益是什么？矛盾点体现在哪里？在景区的规划、开发与管理中，如何实现各方利益的协调与平衡？

③案例中，碛口景区的社区居民参与旅游的形式有哪些？碛口旅游发展中，其景区和社区是否实现同步发展？请分析原因。

④根据碛口景区社区居民的感知调查结果，结合旅游目的地社区参与相关理论，思考在实际工作中应该如何培育社区居民对社区旅游发展的积极态度？

⑤如何看待碛口风景名胜区管理局、企业及社区居民在旅游发展中的作用？

⑥根据案例，总结古村落旅游目的地的特点，对比其他的古村落景区，碛口的旅游发展和开发有什么特点？"碛口模式"在旅游开发和管理中有何优点和缺点？碛口古镇旅游发展到底"富了谁"？全面分析"碛口模式"下的旅游效益。

三、分析思路

教师可以根据自己的教学目标来灵活使用本案例，这里提出的分析思路仅供参考。

①碛口景区作为国家级风景名胜区，其旅游发展的主导力量为政府部门。旅游目的地的发展可以从旅游资源、政府管理、市场需求、企业资本和关键事件等要素分析；结合旅游地生命周期理论分析，在不同的旅游发展阶段，旅游供给和需求不同，各影响要素在目的地发展中的作用及影响力也不同。

②旅游目的地系统中的利益相关者包括旅游管理部门、社区居民、旅游企业和游客。通过角色扮演分析各自的利益诉求，而各利益相关者内部也有不同的利益追

求，如政府管理部门中不同的职能部门、社区居民中不同发展期望以及游客各细分市场的需求也不相同。利益相关者各有诉求，虽有冲突矛盾，但也有一致之处。旅游规划的内容之一就是提前洞悉各方利益，在规划与开发中合理配置资源、有序开发，实现利益平衡；旅游目的管理的重要内容之一也是协调各方利益，实现旅游的持续稳定发展。

③在不同的旅游发展阶段，社区居民的旅游参与形式不同，结合案例可以总结出各阶段社区居民的旅游参与形式及随着旅游发展，其参与形式和参与深度的变化。可从参与的主动性、参与主要活动内容、参与受益程度进行分析。

碛口古镇的景区和社区在旅游经济带动下都有发展，但景区发育相对缓慢，社区居民受益比较明显，乡村振兴成效显著。原因可从景区的管理模式以及各管理部门的职能、现有的发展基础、旅游市场结构、旅游需求和供给、各旅游利益相关者利益诉求等方面进行分析。

④通过社区居民的旅游感知与旅游态度，分析其价值诉求和受益情况，结合景区实际发展情况与社区主要功能，寻求培育社区居民对社区旅游发展的积极态度的途径。

⑤从本案例来看，碛口景区的旅游发展主要受政府、社区以及企业三股力量的驱动，三股驱动力中，以政府力量为主导，政府对社区和企业进行引导与管理，具体分析可结合案例第五部分的内容进行总结。

⑥古村落旅游地一般是景区和社区交叠相错的旅游目的地，社区居民生活生产其中，整个聚落及村民的生产生活都可成为旅游吸引物。古村落的旅游开发与管理与一般的景区不同，要重视社区管理。碛口景区作为开放式的古村落景区，以政府管理为主导，其旅游开发和管理模式也不同于其他的古村落景区。碛口古镇作为开放经营的免门票景区，其直接经济效益较低，但社区居民旅游受益感知较好，景区虽然发育缓慢，但社区发展较好。"碛口模式"可从政府、社区、企业和游客几个利益相关者的角度分析其经济、社会、文化方面的效益，综合对其旅游发展模式进行全面评价。

四、理论依据与分析

（一）社区参与理论

我国对于社区参与在旅游中的实践和研究以旅游人类学家孙九霞为代表，其认为社区参与旅游发展是指在旅游的决策、开发、规划、管理、监督等旅游发展过程中，充分考虑社区的意见和需要，并将其作为主要的开发主体和参与主体，以便在保证旅游可持续发展方向的前提下实现社区的全面发展。政府"自上而下"的推行和社区"自下而上"的参与是现代化的双向互动进程，社会的整体发展和进步有赖于基层社区发展的推动。社区居民的主动性参与是社区旅游发展的内在动力，社区参与的主体是社区居民，客体是社区旅游中的各种事务。

（二）利益相关者理论[1]

"利益相关者（Stakeholder）"是一个来自管理学的概念，最早出现于20世纪60年代。在公司治理理论中，利益相关者理论中的利益相关者是指"任何能影响组织目标实现或被该目标影响的群体或个人"，包括股东、债权人、雇员、供应商、消费者、政府部门、相关社会组织、社会团体、周边社区等。利益相关者管理理论认为，任何一个公司的发展都离不开各种利益相关者的投入或参与，企业不是只为股东而生存，而是为受企业决策影响的诸多利益相关者服务的组织。利益相关者理论将政府、社区以及相关的政治、经济和社会环境乃至非人类的因素如自然生态环境等纳入其中，将企业的社会责任和管理紧密联系起来。

"利益相关者"一词引入旅游领域，在旅游规划与管理问题研究中具有重要意义。随着对旅游发展中的平等参与、民主决策、公平分享分担等问题的日益关注，尤其是对社区与社区居民参与旅游规划与管理决策、公平分享旅游利益与公平分担旅游负面影响等问题的关注，学者们发现旅游管理中的这些与社会责任、公平伦理有关的问题与利益相关者理论强调管理的社会责任和伦理是相呼应的。旅游中涉及的各个组织或群体来自不同行业和部门，具有分散性和复杂性，令问题更复杂的是，这些组织或群体各有其目标和利益指向，很多时候，这些目标和利益指向是相互冲

---

1 周玲. 旅游规划与管理中利益相关者研究进展 [J]. 旅游学刊，2004（6）：53–59.

突、难以协调和动态变化的；与此同时，随着新兴旅游目的地不断出现，旅游目的地间竞争日益加剧，而旅游目的地竞争力取决于众多方面，其中，成功整合旅游中各参与方的分散力量和资源无疑可以形成协同效应，增强旅游目的地的竞争力。因而，旅游目的地的规划和管理需要一个概念和理论，借此可以建立整合这些分散力量和资源的机制，而利益相关者理论和分析具有这方面的价值。

（三）旅游地生命周期理论

旅游地生命周期理论是描述旅游地演进过程的一种理论。其概念最早是由W.Christaller（1963）在研究欧洲旅游发展时提出的。C.Stansfield（1978）在研究美国大西洋城旅游发展时也提出了类似的概念。目前广泛应用的旅游地生命周期理论为加拿大学者 Butler（1980）提出的。此后学者多以 Butler 旅游地生命周期理论为根基，分析、验证、探索不同类型旅游地生命周期模式及其影响因素，推动了该理论的研究。[1]巴特勒模型将旅游地生命周期划分为六个阶段（表 11）。

表 11　巴特勒旅游地生命周期六阶段及其特点

阶段名称	特点
探索	Exploration stage，初级阶段，接待的游客以零散、自发的为主，数量有限。游客与居民频繁接触
起步	Involvement stage，知名度提高，游客增多，提供简易设施和基本服务，游客与居民有着广泛而频繁的接触，对基础设施和接待条件的要求日益严格
发展	Development stage，吸引了大批旅游者，旅游市场初具规模。资金投入量增大，基础设施条件得以优化，旅游接待成为重要职业
稳固	Consolidation stage，游客增长速度减缓，但旅游者人数仍然巨大。旅游者对当地居民生活造成影响，居民对旅游者产生仇视情绪
停滞	Stagnation stage，旅游者人数已大大超过了旅游地的环境容量，产生了一系列的经济、社会、环境问题，旅游业的发展受到多方面的阻力
衰落或复苏	Decline or rejuvenation stage，进入衰落阶段，旅游者受到其他新兴旅游吸引物的影响，旅游频率减少，旅游业在当地国民经济发展中的重要性日益降低。但若积极旅游开发创新，可掀起新的旅游发展浪潮

随着旅游业的不断发展，对于旅游地生命周期理论在实践中的应用也不断完善，同时也有学者提出了新的旅游目的地发展模型。如张朝枝、肖洪根（2014）提出旅游目的地发展的RICI模型，认为旅游目的地的发展先后会经历资源（Resource）驱动、

1　杨效忠，陆林 . 旅游地生命周期研究的回顾和展望 [J]. 人文地理，2004（5）：5-10.

政策制度（Institution）驱动、资本（Capital）驱动和创新（Innovation）驱动四个阶段。

（四）旅游可持续发展理论

旅游的可持续发展在国内外都备受关注，为大家广泛认可的可持续发展的概念是挪威首相布伦兰特夫人（Gro Harlen Brundtland）提出的：既满足当代人的需求，又不对后代人满足其自身需求的能力产生威胁的发展。该概念主要强调了两个方面的内容：首先，可持续发展的目的还是要满足人的各种需求，这些需求应放在第一位来加以考虑。其次，可持续发展不能以破坏后代人满足自身需求的能力为代价。可持续发展的原则：公平性原则、可持续性原则、共同性原则和需求性原则。

旅游可持续发展理论在旅游开发管理的实践中不断发展，早期的旅游可持续注重对资源的保护，强调合理开发与环境保护；从可持续发展系统出发，学者们开始关注到系统内部的协调发展，包括旅游目的地的经济子系统、社会文化子系统和生态环境子系统的平衡协调以实现旅游可持续发展；结合利益相关者理论，学者们将旅游系统中的政府、社区、景区、旅游企业和旅游者等利益相关者的利益协调作为衡量旅游可持续的重要方面。

五、关键要点

①对于案例中利益相关者的利益关系讨论，要充分考虑各类利益相关者及利益相关者内部的细分。在本案例中，既要注意政府在旅游开发与管理中的主导作用，也要重视社区的参与力量。不同的利益相关者诉求不同，引导学员换位思考，学员在工作实践中的立场可能不同，但应全面看待问题。

②景区的旅游发展可持续既包括旅游资源开发与保护的平衡，旅游目的地经济、社会、文化和环境发展的协调，也包括各利益主体之间的利益平衡。景区和社区实现同步发展，需要多方协调平衡，以指导景区的开发和管理。

③在进行案例分析讨论时，引导学生了解古村落旅游地的特殊性，并在案例学习过程中，对比其他的古村落旅游地，以分析总结碛口旅游发展模式的特殊性。

④旅游地生命周期中，不同的发展阶段，旅游系统要素的构成及作用也不同，每个阶段的旅游开发与管理要点也不同。

⑤用全面的观点分析旅游发展效益，既要重视经济效益，也不能忽视社会效益和环境效益，古村落旅游尤其重视社会效益；辩证分析碛口古镇旅游发展"富了谁"；正确看待古村落旅游地遗产保护与旅游开发之间的关系。

六、课堂安排建议

本案例可作为案例教学实践课来进行，也可作为旅游目的地管理、旅游规划与战略管理等课程的具体教学案例进行讨论。以下是案例讨论课的课堂安排建议，仅供参考。

整个案例课的课堂时间控制在 80~90 分钟，分 3~5 人为一个学习小组，针对案例涉及的相关问题展开讨论，小组讨论形式不限，可根据案例不限主题引导学生自由讨论，可确定主题引导学生围绕关键问题讨论，也可开展角色扮演辩论（所扮演角色可以为案例中涉及到的各利益相关者，也可以为旅游智库专家、其他相关学科专家或相关行业从业者）。

（一）课前计划

确定案例教学的小组讨论形式，说明要求，请学员在课前完案例的阅读和初步思考，并根据初步思考查询相关理论的文献资料。

（二）课中计划

课堂前言，说明讨论课的要求，明确主题。（3~5 分钟）

分组讨论，教师流动参与各小组的讨论。（30 分钟）

小组发言。（每组 5 分钟，控制在 30 分组以内）

教师点评总结，引导全班进一步讨论。（15~20 分钟）

教师课堂总结。（5~10 分钟）

（三）课后作业

根据小组讨论，形成小组案例分析报告。

乡村旅游同质化资源与差异化定位

——左权县乡村旅游规划为例

案例正文

摘要： 随着乡村振兴战略的提出，乡村旅游逐渐成为各地推动乡村振兴的重要引擎，乡村旅游发展再一次迎来高光时刻，同时面临着更高要求的挑战。目前，我国乡村旅游点数量众多，小尺度区域内资源同质化问题不可避免，如何通过制定科学的乡村旅游规划，实现同质化资源的差异化开发利用，是推动乡村旅游高质量发展，实现乡村振兴的必由之路。山西省左权县清漳河沿线的泽城村、西安村、南会村、上武村，地处中太行一段，旅游资源同质化较明显，4个村子目前均处于旅游开发的初级阶段，如何通过乡村旅游规划实施差异化定位是4个村旅游发展面临的迫切现实问题。本案例借助旅游规划、旅游资源评价、SWOT分析等相关理论，通过对4个村旅游发展基础、旅游资源的同质性和异质性及综合条件进行研判，确定了4个村旅游发展重点开发方向。在此基础上，从形象定位、产品定位、市场定位和功能定位4个方面制定了依托本底、特色鲜明、主题突出、差异明显的旅游定位，对于指导各地乡村旅游发展具有重要借鉴意义。

关键词： 同质化资源；差异化定位；乡村旅游规划；左权县百里画廊

一、引言

20世纪80年代，四川省成都市近郊地区先后成立一家一户分散的"农家乐"，这种看农家景、吃农家饭、干农家活、喝农家茶、住农家屋的"农家乐"模式拉开

---

* 作者简介：1. 席婷婷（1994— ），太原师范学院讲师，研究方向：遗产旅游与旅游行为；2. 邵秀英（1963— ），太原师范学院教授，研究方向：旅游规划与旅游管理、遗产保护与遗产旅游。

了中国大陆乡村旅游的序幕。从 1998 年原国家旅游局推出的"中国华夏城乡游"到 2006 年明确提出了"中国乡村旅游年"，乡村旅游发展备受关注，全国范围内掀起了一阵乡村旅游热潮。乡村振兴战略的推进，为新时代发展乡村旅游赋予了新的使命和机遇，乡村旅游发展再一次迎来高光时刻，乡村旅游市场规模壮大。截至 2019 年年底，全国创建休闲农业和乡村旅游示范县 388 个，聚集村已达 9 万多个，美丽休闲乡村 710 个，美丽田园 248 个 [1]。我国乡村旅游点多、面广，小尺度区域范围内资源同质化问题不可避免，如何做好顶层设计，制定科学的乡村旅游发展规划，实现同质化资源的差异化开发利用是实现乡村旅游高质量发展，推动乡村振兴的必由之路。山西省左权县清漳河沿线的泽城村、西安村、南会村、上武村，地处中太行一段，旅游资源同质化较明显，4 个村子目前均处于旅游开发的初级阶段，如何通过乡村旅游规划实施差异化定位直接决定了整个村落旅游资源开发、旅游市场开拓、旅游产品和线路设计、旅游空间布局及项目建设等诸多内容，是 4 个村旅游发展面临的迫切现实问题。

二、案例地情况介绍

2017 年山西旅游发展大会做出举全省之力打造"黄河、长城、太行"三大旅游板块的重大决策部署，组织编制了黄河、长城、太行三大板块旅游发展总体规划。《山西省太行板块旅游发展总体规划》提出主体区规划构建"一个廊道、三个片区、九个龙头景区、十一个旅游名县、五个旅游名城、百个特色旅游点（基地）"的全域发展布局。其中左权县百里画廊就是太行旅游板块重点打造的九个龙头景区之一，对于促进整个旅游板块的崛起具有重要带动作用。泽城村、西安村、南会村、上武村都是左权县下辖的贫困村，均位于左权县百里画廊沿线，旅游资源同质化程度较高，如何乡村旅游规划进行差异化定位成为各村落及整个区域旅游发展的重要决定因素。

（一）泽城村旅游发展基础

泽城村位于左权县麻田镇东北 15 千米处，距离左权县 60 千米，背山面水，村

1　数据来源：中华人民共和国农业农村部。

落选址上佳。有 001 乡道与清漳河上下游村庄相连，县道军泽线（X353）与麻田镇相通，阳涉铁路从村后穿过。正在修建的"太行一号"旅游公路（泽城至交漳水库段全长 7.191 千米），从村西穿过，促进泽城村与太行旅游板块对接。泽城村原为乡镇所在地，撤乡并镇后现为麻田镇的一个行政村，全村共有人口 499 户，1378 口，是全镇四个中心村之一。全村以核桃种植为主，是左权核桃产业增收的示范村。近年来，全村大力发展林下经济，种植射干、瞿麦等中药材，借助合作社形式使入社群众每亩每年土地增收 5 500 元，核桃与药材种植已经成为全村主导产业。借助获批全省首批 AAA 级乡村旅游示范村的优势，2019 年全村依托清漳河谷和"百里画廊"山水景观，打造示范性民宿社区，现已建成特色民宿 37 户，简称民宿旅游一条街，集吃、住、游、乐于一体的"民宿社区"已见雏形，"核桃私房菜""红色文化研学""麻田八路军故地探访""中医康养"等各具特色主题的网红民宿，迎来了一波又一波游客"打卡"。

（二）西安村旅游发展基础

西安村位于左权县麻田镇东北 7.5 千米处，距离左权县 55 千米，清漳河从村前流过，山水景观独特。有乡道与县道、省道相接，距离 322 省道 3.9 千米，距离天黎高速桐峪镇出口 15 千米，交通便利。全村共有人口 354 户，916 人，是全镇四个中心村之一。2012 年，莲菜作为重点产业项目在西安村落地开花，逐步扩展到清漳河沿线的 14 个自然村，形成了上中下三大千亩片区，为当地发展生态观光旅游提供了新的景观。以千亩莲花为依托，举办了六届"中国·麻田莲花节"，建起了莲花公园、旅游接待中心楼、停车场、旅游厕所等旅游设施，新栽植连翘树观光经济林 300 亩（1 亩 ≈ 666.67 平方米），打造漂流线路 3 千米。2018 年利用该村旧村落连片和柿子林丰富的优势，以"柿子红了"为主题，开发了"民宿"和"柿子产品"等旅游项目。

（三）南会村旅游发展基础

南会村位于左权县麻田镇西北 3 千米处，距离左权县城 41 千米，省道 S322 穿村而过，距天黎高速桐峪出口仅半小时车程，对外交通便利。全村共有人口 270 户，718 人，是全镇四个中心村之一。南会村坐落在左权"百里画廊"的核心区域和娇美奇绝的神女峰下，抗战时期八路军总部、中共中央北方局、中共晋冀豫区党委、八路军后勤部等曾在这里驻扎，历史文化和红色文化底蕴深厚。神女峰、龟兔山、千年古槐等自然景观，八路军总部旧址、清代民宅等人文景观，使南会村发展旅游具有得天独厚的条件。近年来，南会村大力发展旅游业，修复了抗战遗址、四串院落的清代民居，先后建立起 500 多亩核桃园，40 亩采摘园，10 多亩鱼塘，旅游接待中心、农家乐、停车场等配套设施完备。

（四）上武村旅游发展基础

上武村位于左权县桐峪镇西北 7 千米处，距离左权县城 32 千米，国道 207 沿村而过，距左黎高速出口 3 千米，交通便利。全村总人口 711 人，常住人口 400 余人，是全国文明村、省级乡村旅游示范村、全县新农村建设示范村。上武村民崇尚武术，大洪拳、洪福寺传统庙会等传统民俗活动世代相传，抗日战争时期路军 129 师轮训队，朝鲜义勇军都曾驻扎在此，鲁迅艺术学校、八路军卫生学校都曾在此为抗战服务，现革命遗址尚在。近年来，上武村已陆续开展乡村旅游接待，恢复重建洪福寺，修缮鲁艺学校与八路军卫生学校等院落。将传统的大红拳、八音会、打铁花、武社火恢复起来，打造民俗一条街。建成日光大棚有机蔬菜园、富硒苹果园、爱圃葡萄园、优质绵核桃采摘园、矮化柿园，日接待游客百余人。开发农家乐与农家四合院休闲度假和写生基地，已营业的农家乐年平均开业 8 个月，毛收入八九万元，乡村旅游雏形初现。

三、旅游资源分析与评价

依据国家行业标准《旅游资源分类、调查与评价》（GB/T 18972—2017）的旅游资源分类分级规范，结合团队实地考察调研，对 4 个村落的旅游资源进行归纳梳理，见表 1。由表 1 可知，泽城村旅游资源涵盖 8 大主类、15 个亚类、25 个基本类型，西安村旅游资源涵盖了 8 大主类、14 个亚类、25 个基本类型，南会村旅游资源涵盖了 8 大主类、14 个亚类、21 个基本类型，上武村旅游资源涵盖了 8 大主类、13 个亚类，20 个基本类型，可见 4 个村的旅游资源类型丰富，数量充足（表 1）。

表1 4个村旅游资源分类表[1]

主类	亚类	泽城村	西安村	南会村	上武村
A 地文景观	AA 自然景观综合体	紫云山、百里画廊、清漳河河谷、河滩	百里画廊、清漳河河谷、河滩	百里画廊、清漳河河谷、河滩	百里画廊、清漳河河谷、河滩
	AB 地质与构造形迹	山体景观	断层景观	山体景观	山体景观
	AC 地表形态	象形山、引水涵洞、嶂石岩	周边山体	神女峰、龟兔山、将军峰、老人头、双翁对酒等象形山石	周边山体
B 水域景观	BA 河系	清漳河、水渠	清漳河	清漳河	清漳河
C 生物景观	CA 植被景观	核桃林、柿子林、山林、河堤防护林	柿子林、山岳绿地、河堤防护林	柿子林、核桃林古槐树、老柿树、老核桃树	柿子林、核桃林
	CC 花卉地	—	莲花池	—	—
D 天象与气候景观	DB 天气与气候现象	小气候	小气候	小气候	小气候
E 建筑与设施	EA 人文景观综合体	文化广场、民宿旅游一条街	广场、莲花公园	神女庙、春阳剧场苹果园、核桃园、柿子园	农产品贸易市场、采摘园红星剧场、阎王殿
	EB 实用建筑与核心设施	特色民宿、泽城桥、清漳河堤坝	石头房、寨上街、西街、西安桥、清漳河堤坝	养殖鱼塘	连心桥、朝鲜义勇军墓
	EC 景观与小品建筑	文化墙、照壁	广场雕塑	神女峰步道	凉亭两处
F 历史遗迹	FA 物质类文化遗存	华北抗战建国学院	第四战区医院兵工厂、奶奶庙、阎王庙	北方局旧址、刘伯承故居、刘少奇路居	朝鲜义勇军战绩地旧址、洪福寺遗址、鲁迅艺术学校、八路军卫生学校
	FB 非物质类文化遗存	小花戏、传统民歌	小花戏、传统民歌	小花戏、传统民歌	小花戏、传统民歌、传统社火打铁花、八音会、上武大洪拳、洪福庙会
G 旅游商品	GA 农业产品	浆水面、夜面栲栳、连翘、射干、瞿麦、苹果、梨、核桃、柿子、花椒	猴头菇、莲菜、连翘、黄芪、柴胡、苹果、梨、核桃、柿子、花椒	核桃、柿子、柿饼苹果、养殖渔产	紫苏、有机蔬菜核桃、柿子、柿饼、苹果、苹果干

1 资料来源：案例组成员根据实地调研情况自绘。

主类	亚类	泽城村	西安村	南会村	上武村
H 人文活动	HB 岁时节令	农历二月十九、四月初三	中国麻田·莲花节	刘伯承、刘少奇等老一辈无产阶级革命家居住和邓小平等老一辈无产阶级革命家驻扎、八路军北方局和北方局党校驻扎、"小漳河"传说、"太行女神"摄影展	八路军及朱德、邓小平等老一辈无产阶级革命家驻扎、朝鲜义勇军驻扎、知青下乡、洪福寺传统庙会、元宵节柏枝排楼
合计		8 大主类 15 个亚类 25 个基本类型	8 大主类 14 个亚类 25 个基本类型	8 个大主类 14 个亚类 21 个基本类型	8 大主类 13 个亚类 20 个基本类型

（一）旅游资源同质性分析

通过对 4 个村旅游资源的梳理和对比，发现 4 个村的旅游资源及其开发利用存在明显的同质化倾向，具体表现在：

第一，自然旅游资源方面。4 个村的自然旅游资源中，地文景观类主要是百里画廊、山体景观、河谷、河滩，水域景观类以清漳河为主，生物景观以柿子树、核桃树、槐树等林木为主，天象与气候景观类更是表现出高度的一致性，均表现为清漳河流域典型的小气候。

第二，人文旅游资源方面。建筑与设施类主要为四个村各自的民居建筑、文体设施等，历史遗迹类中物质文化遗产尽管各不相同，但大多属于红色文化遗址遗迹，非物质文化遗产以左权民歌和小花戏为主，这是左权县最具代表性的民俗文化，旅游商品主要以当地的农特产品为主，缺少深加工和包装，特色不鲜明。

第三，旅游项目开发上。目前，四个村的乡村旅游发展均处在起步阶段，旅游项目多以百里画廊观光摄影、清漳河流域漂流活动、初级农家乐接待等为主，项目的策划思路、经营理念和经营意识相互通用，无当地特色特点。

综上，仅从旅游资源类型和开发利用形式上看，4 个村的旅游资源同质化较为明显。

（二）旅游资源的相对优势分析

为了凸显 4 个村各自的旅游资源特色和优势，进一步结合《旅游资源分类、调查与评价》（GB/T 18972—2017），采用德尔菲法等专家判断和专业分析的方法，对四个村主要旅游资源等级进行评价（表2）。

通过表2的分析可知：

泽城村的优势旅游资源为中草药资源、清漳河景观；

西安村的优势旅游资源为柿子资源、莲花节活动；

南会村的优势旅游资源为百里画廊景观及象形山水、红色旅游资源；

上武村的优势旅游资源为生态农业资源、民俗文化资源。

表2　4个村旅游资源等级表 [1]

旅游资源等级	泽城村	西安村	南会村	上武村
四级旅游资源	中草药、清漳河、民宿旅游一条街	柿子林、莲花节	北方局旧址、刘伯承故居、刘少奇路居、神女峰、龟兔山	鲁迅艺术学校、洪福寺庙会、上武大红拳
三级旅游资源	象形山、核桃林、文化街巷、广场	清漳河、"小江南"气候	古槐树、清漳河、神女庙	清漳河、主题采摘园、洪福寺遗址、朝鲜义勇军墓、战绩地旧址
二级旅游资源	紫云山、嶂石岩、华北抗战建国学院	小花戏、传统民歌、嶂石岩景观	"小漳河"传说、"太行女神"摄影展、小花戏、传统民歌、老柿树、老核桃树	八路军卫生学校、传统社火打铁花、八音会
一级旅游资源	水渠	传统民居、红色旅游资源	鱼塘、柿子林、核桃林	阎王殿

（三）乡村旅游发展的SWOT分析

基于对四个村旅游发展内外部条件的梳理，借助SWOT分析对其乡村旅游发展基础进行综合研判。评价过程中，为了突出四个村各自的优劣势，重点对其基础条件的独特性进行评价，对于四个村共同拥有的优劣势及共同面临的机遇和威胁暂不做重点考虑。

1.泽城村

优势：生态环境优良、康养旅游基础好。泽城村三山抱水，山形优美，水资源丰富，风光优美，生态环境优良。小气候温润，春来早，适合各种中药材和经济林，

1　资料来源：作者自绘。

118

具有康养休闲度假的基础；政策扶持力度大。泽城村原为乡政府所在地，村庄原有基础设施与用地条件较好，尤其是作为省长重点扶贫村、AAA级乡村旅游示范村带来了很好的认知和品牌效应。

劣势：乡村旅游发展起步晚，基础差。全村民宿刚刚建成，正式投入使用的较少。清漳河漂流活动初级，季节性强。外部交通不畅，与麻田、龙泉4A景区之间没有专用旅游公路。

机遇：太行一号公路的修建。泽城村地处中太行旅游圈，是清漳河景观的重要节点，太行一号公路沿村而过，对泽城乡村旅游发展带来重大发展机遇；左权生态文化旅游开发区创建。左权县是山西省三个生态文化旅游开发区之一，开发区将建成优秀全域旅游目的地，带来全县旅游发展的轰动效应。泽城村作为清漳河水体景观和太行画廊的重要组成部分，随着开发区的建设，给泽城村带来市场知名度和开发商的关注。

威胁：清漳河沿岸乡村旅游产品同质化。清漳河两岸村落具有相近的山水景观，尽管乡村旅游起步不同，但乡村旅游业态、项目差别不大，对于旅游起步较晚的泽城村而言，面临外部挑战较大。

2.西安村

优势：①莲花节已形成品牌。西安村已举办六届"中国·麻田莲花节"，在左权县内有一定的知名度和影响力；②特色种植基础良好。西安村大面积种植柿子，河畔、沟渠、路边、山坡等处均可见生长良好的柿子树，具有极强的观赏性，为乡村旅游的发展提供良好基础。

劣势：居民旅游经营意识薄弱。村民普遍缺乏旅游经营意识，接受新技能新事物能力有限；文化程度普遍较低，旅游经营意识弱，虽然依托莲花和清漳河漂流发展旅游，但是旅游服务业及相关生产性服务业还未出现。

机遇：清漳河段旅游项目实施带来机遇。西安村是左权清漳河流域旅游开发的重要组成部分。清漳河旅游开发项目将会对清漳河流域环境进行整体改造，优化旅游配套资源。左权清漳河段旅游规划项目的实施，有利于形成连片开发的格局，有助于西安村实现各方面的优势互补，提升整体竞争力。

威胁：周边生态休闲旅游竞争激烈。西安村的资源性质适合于发展生态休闲游，左权县目前已有龙泉国家森林公园、左权县莲花岩生态庄园等生态休闲地，对西安村乡村旅游发展存在一定的市场竞争。

3. 南会村

优势：①旅游资源本底优良。南会村位于太行百里画廊最美的一段，象形山石随处可见，惟妙惟肖，栩栩如生。红色文化底蕴厚重，村中现存北方局旧址、刘伯承故居和刘少奇路居等红色遗迹，自然资源和人文资源相互映衬，资源优势突出；②周边依托景区较多。南会村位于太行女神风景区腹地，距离麻田八路军总部5.5千米，通达性高。

劣势：①依托景区处于起步阶段。太行女神风景区、麻田八路军总部旅游开发处于起步阶段，知名度相对较小；②配套设施建设滞后。南会村旅游活动以简单的、低层次农家乐餐饮接待为主，自然资源的基础观光设施如步道、停车场等也并没有合理地建设，无法满足游客日益多样化的旅游需求。

机遇：①太行旅游板块的整体锻造。左权处在中太行一段，以打造康养旅游品牌和抗战圣地品牌为核心，而南会村正是集红色革命旧址等红色资源、太行神女峰、清漳河等生态康养资源于一体，迎合了中太行一段旅游发展趋势；②左权县红色经典旅游一条线的推出。左权县被誉为"没有围墙的抗战博物馆"，推出的红色经典旅游一条线将整合县内红色旅游资源，形成资源聚集效应，为南会村红色旅游的发展提供良好机遇。

挑战：旅游形象屏蔽效应。左权县境内有以麻田八路军总部旧址为核心的红色旧址群，这些景点旅游起步较早，发展相对成熟，在省内外甚至国内外拥有一定的知名度和影响力，必然对南会村旅游发展形成屏蔽效应。

4. 上武村

优势：①内外交通状况良好。上武村处于左权县一小时交通圈，207国道贯穿东西，内外交通通达性高；②产业规模初具雏形。上武村目前已经打造了日光大棚有机蔬菜园、富硒苹果园、爱圃葡萄园、优质绵核桃园、矮化柿园等采摘园，初步开展果蔬采摘、售卖、农家乐接待、研学旅游主题活动，产业规模初具雏形。

劣势：单体资源价值不高。尽管上武村旅游资源总量丰富、类型多样，但单体资源特色不强，辨识度不高，吸引力不够。

机遇：乡村生态休闲旅游市场需求旺盛机遇。随着城市居民对乡村休闲度假旅游的需求日趋上升，具有原生态田园风光和乡土气息的乡村对城市居民有着强大的吸引力。

挑战：乡土文化功能弱化。旅游活动开展及旅游流进入必然会带来一定的经济效益。与此同时，传统文化、乡土氛围等必然会面临着被外界同化的危险，随之而来的是上武村的商业化、民族文化的空心化等问题，乡土文化功能逐渐弱化。

表3　四个村乡村旅游发展的SWOT分析[1]

SWOT 分析	泽城村	西安村	南会村	上武村
优势（S）	生态环境优良 政策扶持力度大	特色种植基础 良好 莲花节已形成 品牌	旅游资源本底优良 周边依托景区较多	内外交通条件 优越 产业规模初具 雏形
劣势（W）	乡村旅游发展起步晚	居民旅游经营意识 薄弱	依托景区处于起步阶段 配套设施建设滞后	单体资源吸引 力不强
机遇（O）	太行一号公路修建 左权生态文化旅游开 发区创建	清漳河段旅游项目 的实施	太行旅游板块的整体锻造 左权县红色经典旅游一条 线的推出	乡村生态休闲 旅游市场需求 旺盛
威胁（T）	清漳河沿岸乡村旅游 产品同质	周边生态休闲游竞 争激烈	旅游形象屏蔽效应	乡土文化功能 弱化

四、乡村旅游规划的差异化定位

（一）形象定位

泽城村：康养福地·水乡泽城

西安村：荷花秀色·乡居西安

南会村：秀山绿水·红村南会

上武村：多"彩"上武·果乡田园

（二）产品定位

泽城村特色旅游产品策划：围绕"民宿""中药""清漳河"三大特色做文章，以民宿为主要载体，打造以中药健康养生为主导的系列旅游产品，配以中药材植物观光、文创、中医药节事活动。借助"清漳河"独特水景，重点打造泽城水街、亲

1　资料来源：作者自绘。

水绿道，建设竹筏游清漳、花海露营、星空酒店、水村等游览、娱乐和休闲度假旅游项目，凸显太行水村旅游主题，与其他村落形成差异化发展。

西安村特色旅游产品策划：重点通过关键元素"柿子"与"莲"，进行产品策划。①"柿子"方面。可以打造柿子文化创意街、柿子加工作坊、"柿柿顺心"园等。对废旧民居建筑进行改造翻修，打造柿子民宿、柿子酒庄和乡村酒吧。②"莲"方面。可以改造莲花公园项目，建设莲花玻璃茶亭、荷塘月色文化景观道。

南会村特色旅游产品策划：绕"红色"文化打造系列旅游产品，开发抗战故事会、红色文创纪念品、抗战生活情景体验、特色手工艺品制作等，借助多种手段刺激游客视觉、听觉、触觉、嗅觉、味觉，使"红色文化"更加深入人心。在"生态康养"方面，打造系列自然生态康养旅游产品，开发核桃鲜花系列食疗产品、五感花园精神康疗、药园花海芳香药疗、登山漫步运动康疗、花间禅茶禅修疗法等，打造自然康疗度假地品牌。

上武村特色旅游产品策划：依托上武村现有的采摘园，从瓜果蔬菜认领、农产品观光、农产品科普、农产品采摘、农产品体验、农产品展览和农产品线上线下售卖等环节着手，打造以生态农业休闲游为主导的旅游产品。同时，开发上武大洪拳表演、左权民歌汇等系列文化体验旅游产品，鼓励村中农户以歌舞演艺等形式积极参与。

（三）市场定位

泽城村的客源市场定位：①注重休闲养生的游客群体。泽城村气候温和，山水生态景观宜人，大量种植连翘、瞿麦和射干等中药材，是休闲养生旅游的理想场所；②乡村休闲类客群。泽城村清漳河水体景观、水上休闲娱乐、乡村生态休闲等将成为年轻人、家庭游等乡村休闲类客群的重要旅游目的地。

西安村的客源市场定位：①休闲度假类客群。西安村气候温和，山水景观宜人，老村传统建筑独特，容易吸引休闲度假市场的青睐；②观光摄影类客群。西安村地处太行百里画廊，清漳河畔，依山傍水，环境优良，景色秀丽。柿子资源、荷花资源以及传统的民居院落作为其旅游资源的几大特色，为西安村增添几分色彩，极具观赏性，可以满足观光摄影游客的需求。

南会村的客源市场定位：①附近景区分流客群。南会村位于太行女神景区腹地，太行女神景区的游客便成为南会村主要客源之一。此外南会村凭借其比邻麻田的区位优势和具有与其一脉相承的资源特色，可分流部分来自麻田八路军红色旅游地的部分游客群体；②红色文化体验类客群。南会村具有丰富并且独特的红色旅游资源，会吸引一部分红色文化体验类游客慕名前来。

上武村的客源市场定位包括：①文化体验类客群。依托上武村悠久的历史文化和多彩的民俗文化活动，以村中鲁迅艺术学校、洪福寺旧址、戏台、文化广场为载体，以歌舞演艺、游客互动参与、趣味竞赛的形式，开发洪福庙会、上武大洪拳表演、左权民歌汇等系列文化旅游产品，吸引文化体验类游客的关注。②农业休闲类客群。上武村具有深厚农业基础，且开展了大棚种植、绿色采摘等形式的新型农业生产方式，自然景观优美，山河相伴，乡村民俗风情浓厚多彩，这为上武村发展农业休闲类旅游提供了良好的资源基础。

（四）功能定位

泽城村的旅游功能定位主要为康养旅居度假、中药健康养生、山水游乐体验；

西安村的旅游功能定位主要为柿子文化休闲、荷花节事体验、生态山水观光；

南会村的旅游功能定位主要为红色文化体验、太行山水览胜、自然生态康养；

上武村的旅游功能定位主要为民俗文化体验、亲子研学教育、生态农业休闲。

参考文献

[1] 山西省左权县泽城村乡村旅游业发展行动纲要（2019—2025 年）.

[2] 山西省左权县西安村乡村旅游业发展行动纲要（2019—2025 年）.

[3] 山西省左权县南会村乡村旅游业发展行动纲要（2019—2025 年）.

[4] 山西省左权县上武村乡村旅游业发展行动纲要（2019—2025 年）.

[5] GB/T 18972—2017，旅游资源分类、调查与评价 [S].2017.

[6] 蒋善涛 . 定位理论在旅游地规划中的应用研究 [D]. 无锡：江南大学，2008.

[7] 朱鹏亮，邵秀英，翟泽华 . 资源同质化区域乡村旅游规划差异化研究：以清漳河流域为例 [J]. 山西农经，2020（02）：37-38，40.

[8] 杨晓霞，向旭 . 旅游规划原理 [M]. 北京：科学出版社，2013.

[9]　吴必虎，俞曦 . 旅游规划原理 [M]. 北京：中国旅游出版社，2010.

[10] 冯长明 . 喀斯特旅游地的系统定位与开发研究：以贵州为例 [D]. 贵阳：贵州师
　　　范大学，2004.

[11] 张广宇，简王华 . 旅游地形象定位的理论与方法浅析 [J]. 市场论坛，2009（04）：
　　　73-75.

[12] 李坚 . 试论旅游区市场定位 [J]. 经济地理，1998（02）：63-67.

[13] 马勇，舒伯阳 . 区域旅游规划：理论·方法·案例 [M]. 天津：南开大学出版社，
　　　1999.

[14] 李卓儒 . 基于 SWOT-AHP 模型三亚市休闲潜水与观光旅游融合发展的研究 [D].
　　　桂林：广西师范大学，2020.

[15] 白长虹，妥艳娟 . 中国第五届 MTA 教学案例评选优秀案例集 [M]. 北京：中国
　　　旅游出版社，2019.

[16] Getz D.Tourism planning and destination life cycle[J].Annals of Tourism Research，
　　　1992，19（4）：752-770.

案例使用说明

一、教学目的与用途

（一）适用课程

本案例主要适用于全国 MTA 指导性培养方案中的核心必修课程旅游目的地开发与管理、旅游规划与战略管理，也适用于乡村旅游规划等选修课程的教学分析与讨论。

（二）适用对象

本案例难度适中，适合 MTA 学员，管理类特别是旅游管理类研究生、高年级本科生的专业课程教学。

（三）教学目的

本案例的教学目的在于通过对案例的分析和讨论，使学生能够更好地理解和掌握乡村旅游规划中面对小尺度区域范围内同质化资源的乡村如何差异化定位，从而突出地方特色，探索乡村旅游的个性化发展道路。

二、启发思考题

①乡村旅游规划中的主题定位除了需要考虑旅游地的资源特色，还应考虑哪些因素？

②你认为案例中的乡村旅游规划定位存在哪些问题？如何解决或优化？

③深入思考一下乡村旅游规划的理念和内容，与其他景区旅游规划有何区别？在与农业产业、乡土文化、乡村景观的融合方面应该注意什么？

三、分析思路

任课教师可以根据教学内容与目的灵活使用本案例，以下分析思路的建议仅供参考。

（一）乡村旅游规划的视角

引导学生认识乡村旅游规划的理论支撑和重点内容。一是对旅游开发基础、旅游资源、旅游市场进行分析，借助 SWOT 分析对其进行综合评价比；二是对案例地乡村旅游的发展方向、目标和战略进行策划，确定旅游定位；三是对四个村乡村旅游产品设计、建设重点及项目进行规划布局；四是对品牌建设和营销推广进行设计。使学生把握旅游目的地定位的基本流程和主要内容。

（二）乡村旅游发展的视角

通过理论资料、实践资料收集，引导学生正确认识国内外乡村旅游发展的历程、现状、问题及趋势，进一步延伸出乡村旅游地发展中遇到的困惑和瓶颈。

（三）旅游规划的主题定位视角

通过案例分析，结合学生实践经验，引导学生认识旅游规划主题定位的价值及意义，定位的理论和方法。

四、理论依据与分析

（一）旅游规划"1231"模式

1. 确定一个发展目标

旅游规划的目标体系包括总体目标和分目标两个部分。总体目标提出规划期末规划地区希望实现的综合地位。分目标则分别就旅游活动的经济、社会和环境影响提出需要实现的蓝图。制定旅游发展目标的基础是对现实情况的分析，即情景分析。规划中的情景分析包括宏观背景分析、旅游产业分析、政策背景分析以及 SWOT 分析等，这一系列详细的分析过程是旅游发展目标形成和旅游规划制定的立足点。

确定旅游发展目标和指标。就是针对上述总体形势。从构建旅游产业体系的目标出发，观察目前旅游业对区域经济的贡献率，预测规划期内旅游产业的经济地位，以及旅游业对某些行业的重要性和联动效应；估计旅游业的收益乘数效应和就业乘数效应。规划中预测预设的具体指标一般包括：旅游业在整个地区经济中的地位。包括旅游业收益占（相当于）GDP 的百分比。在此总体目标之下。细分为旅游人数指标、旅游收入指标、旅游就业人数指标等具体目标。

2. 进行两个基本分析

即对旅游市场和旅游资源进行调查研究与分析。对于市场研究来说，其表层的内容就是对客源市场的过去、现在和未来的态势进行分析与预测；里层的内容就是确立目的地的旅游形象，并向潜在的客源市场进行有效的市场营销。对于资源研究来说，其表层的内容就是对各类旅游资源的现状进行调查与评价；里层的内容就是对旅游资源的进一步开发和利用进行综合功能配置，构架空间网络，布局重点开发地段。

3. 设计 3 个发展板块

即提出旅游业发展的各种规划方案和政策措施。主要包括 3 个发展板块的内容：前位板块，指直接吸引旅游者前来旅游的旅游吸引物，即狭义的旅游产品和开发项目；中间板块，指为旅游者提供交通、住宿、餐饮、娱乐、购物等服务的旅游行业、设施和服务；后位板块，指旅游区内外的物质环境和社会环境。以上三个板块层层紧扣、相互依存，构成了规划区旅游发展的核心内容。

4. 构建一个支持系统

规划方案和政策措施的实施，需要政府提供相应的政策保障和支持，包括政府管理与政策、法规，人力资源、投资金融、社区支持、科技保障等。

（二）旅游资源分类与评价

1. 旅游资源的"国标"分类

分类是认识复杂事物最有效的方法。旅游资源具有广泛性和多样性，是极为复杂的物质体系，对它进行分类是正确认识旅游资源特点和合理开发利用的重要途径。旅游资源的分类，是根据其存在的同质性和异质性，按照一定的目的、需要，将其进行合并、归类的一个科学区分过程。旅游资源分类有利于旅游资源的归档、查找、管理和对比，有利于旅游资源的调查、评价、开发与保护。由于旅游资源的构成十分复杂，学术界有多种分类方案。但应用于旅游资源开发与管理的最有效、最权威、最广泛的是由国家质量监督检验检疫总局于 2017 年修订的国家标准《旅游资源分类、调查与评价》（GB/T 18972—2017）中对旅游资源的分类方案。该国标依据旅游资源的性状，即现存状况、形态、特性、特征等将全部的旅游资源分为两大类、8 个主类、

31 个亚类、155 个基本类型。

2. 旅游资源的评价

旅游资源评价就是选择某些因子，按照某些标准，运用一定的方法对旅游资源的价值作出评判和鉴定。旅游资源评价，实质上是在旅游资源调查的基础上，对其进行深入剖析和研究，它是旅游规划的前提。旅游资源评价的目的是识别旅游资源的类型特征，分析旅游资源的组织结构，确定旅游资源的价值，评估旅游资源的影响。

旅游学界对旅游资源评价进行了大量的理论研究和实践探索，其评价方法有两大类：一是定性评价；二是定量评价。旅游资源的定性评价法，又称经验评价法。它通常是评价者在对旅游资源进行详细考察后，凭借自己的经验和学识，对旅游资源所做的主观色彩较浓厚的结论性描述。常见的定性评价方法有民意测验法、专家评议法、"三三六"评价法、"六字七标准"评价法等。旅游资源定量评价法就是对旅游资源构成的各种因子尽可能量化，运用数量经济学或其他方法对旅游资源进行科学评价，以期得出数量化结论的评价方法。常见定量评价方法有模糊数学评价法、回归模型法、层次分析法、指数评价法等。

经过几十年的理论和实践，目前在各类旅游规划中运用最为广泛、成熟的是国家标准《旅游资源分类、调查与评价》（GB/T 18972—2017）中提出的旅游资源评价体系。根据该国家标准，对旅游资源单体实行共有因子评价方法，即按照旅游资源基本类型共同拥有的因子，由评价人员依据该标准中制订的"旅游资源共有因子综合评价系统"对旅游资源单体进行打分评价。

本系统设评价项目和评价因子两个档次。评价项目分为资源要素价值、资源影响力、附加值 3 部分。

资源要素价值为 85 分，分为 5 个评价因子，即观赏游憩使用价值（30 分）、历史文化科学艺术价值（25 分）、珍稀或奇特程度（15 分）、规模、丰度与概率（10分）、完整性（5 分）。

资源影响力为 15 分，分为 2 个评价因子，即知名度和影响力（10 分）、适游期或使用范围（5 分）。

附加值主要是指环境保护与环境安全，分正分和负分。

每一评价因子分为四个档次，其因子分值相应分为四档。具体评价项目、评价因子及其赋分值见表4。

根据旅游资源单体评价总分，将其分为五级。从高到低为：五级旅游资源，得分值域 ≥ 90分；四级旅游资源，得分值域为 75~89分；三级旅游资源，得分值域为 60~74分；二级旅游资源，得分值域为 45~59分；一级旅游资源，得分值域为 30~44分；未获等级旅游资源，得分 ≤ 29分。

表4 旅游资源评价赋分标准[1]

评价项目	评价因子	评价依据	赋值
资源要素价值（85分）	观赏游憩使用价值（30分）	全部或其中一项有极高的观赏价值、游憩价值、使用价值	30 ~ 22
		全部或其中一项有很高的观赏价值、游憩价值、使用价值	21 ~ 13
		全部或其中一项具有较高的观赏价值、游憩价值、使用价值	12 ~ 6
		全部或其中一项具有一般的观赏价值、游憩价值、使用价值	5 ~ 1
	历史文化科学艺术价值（25分）	同时或其中一项具有世界意义的历史、文化、科学、艺术价值	25 ~ 20
		同时或其中一项具有全国意义的历史、文化、科学、艺术价值	19 ~ 13
		同时或其中一项具有省级意义的历史、文化、科学、艺术价值	12 ~ 6
		同时或其中一项具有地区意义的历史、文化、科学、艺术价值	5 ~ 1
	珍稀奇特程度（15分）	有大量珍稀物种，或景观异常奇特，或此类现象在其他地区罕见	15 ~ 13
		有较多珍稀物种，或景观奇特，或此类现象在其他地区很少见	12 ~ 9
		有少量珍稀物种，或景观突出，或此类现象在其他地区少见	8 ~ 4
		有个别珍稀物种，或景观比较突出，或此现象在其他地区较多见	3 ~ 1
	规模、丰度与概率（10分）	独立型旅游资源单体规模、体量巨大；集合型旅游资源单体结构完美、疏密度优良级；自然景象和人文活动周期发生或频率极高	10 ~ 8
		独立型旅游资源单体规模、体量巨大；集合型旅游资源单体结构很和谐、疏密度良好；自然景象和人文活动周期发生或频率很高	7 ~ 5
		独立型旅游资源单体规模、体量中等；集合型旅游资源单体结构和谐、疏密度优较好；自然景象和人文活动周期发生或频率较高	4 ~ 3
		独立型旅游资源单体规模、体量较小；集合型旅游资源单体结构较和谐、疏密度一般；自然景象和人文活动周期发生或频率极高	2 ~ 1
	完整性（5分）	形态与结构保持完整	5 ~ 4
		形态与结构有少量变化，但不明显	3
		形态与结构有明显变化	2
		形态与结构有重大变化	1
影响力（15分）	知名度和影响力（10分）	在世界范围内知名，或构成世界承认的名牌	10 ~ 8
		在全国范围内知名，或构成全国性的名牌	7 ~ 5
		在本省范围内知名，或构成省内的名牌	4 ~ 3
		在本地区范围内知名，或构成本地区的名牌	2 ~ 1
	适游期或使用范围（5分）	适宜游览的日期每年超过300天，或适宜于所有游客使用和参与	5 ~ 4
		适宜游览的日期每年超过250天，或适宜于80%游客使用和参与	3
		适宜游览的日期每年超过150天，或适宜于60%游客使用和参与	2
		适宜游览的日期每年超过100天，或适宜于40%游客使用和参与	1

---

1 资料来源：《旅游资源分类、调查与评价》（GB/T 18972—2017）。

（三）旅游定位理论与方法

1. 旅游定位的内容

旅游定位是一个系统的概念，是对旅游地进行全面系统定位，以获得市场竞争优势地位的过程。主要包含旅游形象定位、旅游市场定位、旅游产品定位及旅游功能定位4个方面。

旅游形象定位是指旅游地或旅游企业设计出自己的产品和形象，并在消费者心目中占据与众不同的有价值的地位；旅游市场定位是指旅游地或旅游企业通过研究市场和游客心理和行为，为产品确定一个或几个市场的过程；旅游产品定位是指企业根据竞争情况和目标市场消费者的特定需求，为自己或产品确定一个有利的市场位置，依次创造区别于竞争者的特色，并争取目标顾客理解和认同的一系列活动；旅游功能定位是指旅游地或企业根据竞争情况和目标市场消费者的需求，结合旅游资源和经济状况、服务质量、基础设施等情况，整合确定所能发挥的旅游作用和价值。

上述几种定位是一个有机整体，其中形象定位是定位系统的核心和灵魂，市场定位、产品定位、功能定位是形象定位的有力支撑和体现，形象定位、市场定位、产品定位之间相互影响，又相互制约，它们又都影响着功能定位，一旦旅游地或旅游企业的市场定位、形象定位、产品定位确定，其相应的功能也就确定了。由此，形成了一个综合体系。

2. 旅游定位方法

常用旅游地形象定位的方法主要有：①领先定位。旅游者根据不同的标准和属性树立形象阶梯，在这些形象阶梯中占据第一的位置就有领先的形象。领先的形象定位适宜于那些具有独一无二、不可替代的旅游地。例如中国的长城、埃及的金字塔等。②比附定位。是一种"借势"的定位方法，并不去占据同类形象阶梯的最高位，而是借用已经知名的旅游地对市场的影响来突出、抬高自己。例如"东方夏威夷"（三亚）、"塞上江南"（银川）。③逆向定位。根据旅游消费者的心理，采用逆向思维的方式，打破常规的思维模式，强调并宣传定位对象是消费者心中第一位形象的对立面或相反面，同时开辟了一个新的易于接受的心理形象阶梯。例如，河南林州市林滤山旅游区以"暑天山上看冰锥，冬天峡谷观桃花"的奇特形象定位来征服目标消费群体。④空隙定位。又称填补空白式定位，是指避开与强有力竞争者直接对抗的一种定位方法。核心是分析旅游者心中已有的形象类别，发现和创造与众不同、从未有过的主题形象。例如，桂林阳朔白沙五里店的世外桃源旅游区，原本是阳朔一处普通山水风景地，却因 1 600 年前陶渊明所著的《桃花源记》，在桂林众多旅游区的强势形象遮蔽下脱颖而出。⑤重新定位。又称适应变化式定位，当老形象已不能适应需求的变化，难以形成号召力和吸引力时，重新定位可以促使新形象替换旧形象。例如，在焦作旅游进入快速发展时期，用"太行山水佳境"代替了"品味焦作山水，感受人间仙境，深化焦作现象，展示品牌形象"，并取得了预期的市场预期。

李坚认为旅游市场定位就是指确定目标市场与市场的范围，提出了市场定位三要素方法，即旅游市场定位至少包括以下三方面：①市场类型定位。即确定目标市场。依据需求决定供给原则旅游区的目标市场首先应根据社会大众需求确定。②市场形象定位。即是指确定旅游区在市场上的形象。③市场空间定位。确定市场的合理空间范围，即为确定旅游区引力的有效区域。

旅游产品定位要根据不同出发点选择不同定位方法，旅游规划实践中常用的产品定位主要从以下两个方面开展：①从旅游产品市场类型和特点出发的定位方法有：以地理差异、文化差异进行差异化定位和价格定位、品质定位、项目定位等。②从产品功能出发的定位方法有：休闲定位、观光定位、健身定位、文化定位、会议、商务定位等。

马勇提出区域旅游功能定位方法，依据旅游资源基础、目标市场期望、技术资金实力、功能目标定位提出区域旅游功能的四维定位图。

（四）SWOT 分析法

SWOT 分析也被称为态势分析法，即优势（Strength）、劣势（Weakness）、机会（Opportunity）和威胁（Threat）分析，1982 年由美国旧金山大学管理学教授 Heinz Weihrich 提出。SWOT 分析法最初应用于判断企业发展前景领域，因其方法简单明了的判断方式后被应用于各个行业，2009 年之后在旅游开发研究中也广泛地应用。

SWOT 分析法作为一种评估区域旅游开发的战略，是衡量影响区域旅游开发的各项影响因素重要性的科学评价方法。内部优势、内部劣势、外部机会、外部挑战是 SWOT 定性分析进行归纳整理的 4 个方面，S、W、O、T 4 个字母分别是优势、劣势、机遇与威胁的英文单词缩写，4 个因素的两两组合，便构成 4 种不同战略区，就研究目标发展战略的选择从定性层面提出建议（表 5）。可见，SWOT 分析法是一种通过对区域发展优势（S）、劣势（W）、机会（O）和威胁（T）等因素进行全方位、多层次研究的、重要的战略分析方法。

表 5　SWOT 组合含义[1]

	优势	劣势
机遇	SO 依靠内部优势 利用外部机会	WO 克服内部劣势 利用外部机会
挑战	ST 依靠内部优势 回避外部威胁	WT 克服内部劣势 回避外部威胁

五、关键要点

整个案例分析重要把握的关键要点包括：

①乡村旅游规划中的旅游资源评价。

②明确乡村旅游规划的重点内容及目标定位的内涵及价值。

③了解 4 个案例地乡村旅游发展的内外部条件，明确各自旅游发展的优势与劣势。

④4 个案例地乡村旅游规划差异化定位依托的旅游资源和旅游市场基础是什么？

六、建议课堂使用计划

本案例教学可以分为实践与课堂相结合的办法，其中，课堂安排 2 学时案例讨论，时间以 100 分钟为宜。

（一）课前准备

将乡村旅游规划、村落发展等背景资料发给学生，让学生事先了解四个案例地的基本情况。分成 4 个小组，每组负责一个案例地资源分析增强对案例地的了解，

1　资料来源：李卓儒 . 基于 SWOT-AHP 模型三亚市休闲潜水与观光旅游融合发展的研究 [D]. 桂林：广西师范大学，2020.

补充完善国家标准等相关背景资料。

（二）课堂讨论

第一，教师讲授乡村旅游规划的重点内容，引导学生认识和掌握资源评价、市场分析、发展定位等相关内容与流程，提出问题；第二，针对问题进行小组讨论；第三，各小组代表每个案例地的旅游发展基础条件、旅游资源分类评价、旅游发展定位等内容进行发言；第四，小组间相互提问、讨论、评价；最后，教师总结案例要点和分析思路，提出启发思考题，引导学生们深入思考。

（三）课后思考

以小组为单位，拿出案例地的旅游发展定位及其相应的旅游产品项目策划方案。

寒食清明节：介休绵山非遗保护传承与活化利用

案例正文

摘要： 山西省一直致力于经济转型的发展，并十分注重旅游产业的发展，介休绵山风景名胜区因其得天独厚的地理优势以及山明水秀的自然景观被评为了国家AAAAA级景区，与平遥古城、乔家大院等成为晋中地区乃至整个山西省闻名遐迩的旅游资源。绵山也是一座具有丰富文化底蕴的名山，相传春秋时期的晋国大夫介之推在晋文公重耳于绵山遇险时割股奉君，而在后期功不言禄隐匿于绵山之上，誓死不与当朝追逐富贵的鄙夷之人同流合污，文公欲放火逼介公出山，最终被焚赴义，介之推的气节因此流芳百世。绵山也凭借这一段故事而在日后成为人们于清明寒食清明节纪念先人的一大圣地。2008 年，由中央文明办授名为"中国寒食清明文化之乡"。然而，尽管在大体上绵山景区每年接待游客一直呈现上升趋势，但通过与其同类景区横向对比来看，绵山景区竞争力在日益减弱。因此绵山景区拥有这一独特的、很强排他性的文化资源，应利用好珍贵的清明寒食文化以及如今人们越来越强的对于中国传统文化的重视心理，保护传承好非遗文化，使介休绵山能够走出山西，走出中国。案例以"寒食清明节"为例，引导学生了解介休绵山的非遗文化如何实现保护传承与活化利用。

关键词： 非物质文化遗产；寒食清明节；保护传承

一、引言

寒食清明节又称"禁烟节"，"冷节"在夏历冬至后 105 日，清明节前一两日，是日初为节时，禁烟火，只吃冷食。后来逐渐增加了祭扫、踏青等风俗，寒食清明节前后绵延两千多年，曾被称为民间第一大祭日。寒食清明节用以纪念春秋时期晋

---

* 作者简介：王洁玉（1989— ），太原师范学院管理系讲师，研究方向：公共管理学。

国民臣介子推，传说晋文公重耳流亡期间，介子推曾经割股为他充饥。晋文公归国为君后，分封群臣时却忘记了介子推。介子推不愿为官，携老母隐居于山西介休绵山，后来晋文公亲自到绵山恭请介子推母子，介子推不愿见晋文公，躲藏在深山里，晋文公想通过放火焚山逼介子推露面，结果介子推抱着母亲被烧死在一棵大树下，晋文公悲痛欲绝，令人将那棵大树砍下来制成了木屐，穿在了脚下，每次想起，晋文公总是会说："悲乎，足下"，为了纪念这位忠臣义士，并于清明节前一天，即介子推被焚的日子，不许烧火，家家户户只能吃冷饭，谓之"寒食清明节"。介子推的传说在民间流传开以后，他几乎成为忠臣与孝子的代言人。介子推淡泊名利，忠孝清烈，以惟诚惟信的人道之学昭示后代；介子推的死谏，宛悲壮孤傲的奏鸣曲，令人动容， 而他的历史故事及个人人格魅力实有教化人心、敦正风气的作用。千百年来，绵山之所以享誉海内外，登临者络绎不绝，不仅在于它步步有景，景景有典，更重要的是介子推的精神内涵与"寒食清明节"文化牵动着许多中国人。

随着社会的发展与城市化进程的加快，寒食清明节文化面临着传承断裂或边缘化等危机。该如何采取措施让寒食清明节文化"活"起来，兼顾保护传承与活化利用？寒食清明节文化在保护传承与活化利用的过程中产生了哪些问题？本案例通过实地走访和查阅相关资料，分析其中的原因。

二、相关理论基础和案例背景

（一）相关理论基础

本案例主要借助利益相关者理论、多元共治理论展开分析。

（二）案例背景

非物质文化遗产作为传承和弘扬中华文化的重要载体，以其独特的文化价值观念、思想智慧和实践经验构成了中华民族深厚的文化底蕴。随着非遗保护热的推进以及旅游开发的深入，市场上越来越多地出现了与非遗元素相关的旅游产品，目前国内非遗普遍存在的问题如非遗过度商业化、产业化、景区化等使非遗脱离了其产生的土壤，非遗失去了生存空间以及非遗旅游表达（活化）不足等问题，介休绵山作为 AAAAA 级风景名胜区，有着深厚的历史文化底蕴和丰富的旅游资源，寒食文化作为绵山典型的非物质文化遗产，值得传承，但近年来绵山景区在旅游发展中还是以传统的观光旅游产品为主，并没能体现寒食文化的深厚内涵，不能吸引足够的客源。由于宣传力度不够，有关寒食清明节文化的活动方式单一，产品附加值低等原因，在传承和发展的过程中产生了一些问题。寒食清明节文化作为无形的资源，文化内涵有待挖掘，品牌特色有待强化，我们需要将地方特色文化通过旅游产品这一载体很好地展现给游客，做到以节会造势、以节会聚客、以节会促发展，把突出民俗、弘扬文化贯穿始终，通过文化体验园中传统的文化与现在的新时代背景所结合。让那些渐行渐远的民俗回到我们的生活里和观赏中。让传统文化习俗回归，让传统民俗融入现代人的生活，通过一种快乐的旅游体验活动加深对传统文化的认知，将寒食清明节文化打造成介休形象，进而弘扬中国的传统文化和绵山的特色文化，形成品牌效应。

三、主题内容

（一）寒食清明文化节概况及其价值

寒食清明节是中华民族特有的传统节日，至今仍保留了禁烟、插柳、扫墓等民间习俗，展现了华夏民族的文化内涵，表达了国人慎终追远的精神寄托，凝聚了深厚的民族精神、文化血脉和思想精华。每年的清明节前一天，介休都会举办盛大的寒食清明文化节，寒食清明文化节既是当地的一项传统民俗活动，也是省级非物质文化遗产，每年一度的节日已然成为一个习惯，来自全国各地的游客相聚于绵山风景名胜区，观赏表演，品尝冷食，参观寒食文化展，在 2021 年举行的以"坚定文化自信，文体旅融合"为主题的山西介休绵山寒食清明文化体育旅游节中，最引人注目的要数在介神庙举行的以"寒食清明节缅怀先贤大典"为主题的寒食清明节文化传承活动，通过净坛、迎神、初献礼、亚献礼、终献礼、送神等传统祭祀活动，让游客身临其境地体验清明节的民俗，感受特有的忠孝文化。

图1　抖空竹

图2　寒食清明节缅怀先贤大典主题活动

（二）寒食清明节文化传承与保护过程中存在的问题

1.重视和宣传力度不足，宣传渠道单一

社会各界对于寒食清明节文化的传承重视力度不足，很多群众认为和自己的实际生活不太相关，仅限于了解，甚至有些人不知道寒食清明节文化的主要内容。地方政府对非物质文化遗产的保护工作没有具体的相关政策和法规要求，仅仅是通过口头、网络的宣传方式，且网络宣传平台数量少，没有紧跟时代步伐，在年轻群体扎堆的网络平台进行宣传，宣传方式也没有创新，无法在快节奏的现代生活中引发广大消费群体的关注。

绵山景区曾在清明之时举办寒食清明文化体育旅游节，引导人们积极参与体验寒食民俗活动，是对寒食文化很好的宣传与弘扬，但是在清明节日之外的时间里，景区对于寒食文化相关内容的提及较少，虽景区挂有"清明寒食之源"的牌匾，但在引发游客求知与好奇心理之时，也应对寒食文化相关知识、表现形式和以往节日活动内容有具体化的呈现，使得一年四季任何时候来绵山旅游的游客不仅能欣赏景区的自然风光与人文风光，更能获得对寒食文化的认知与体验感受。

2. 经营模式单一，产品附加值低

寒食文化节项目类型丰富多样，其中有寒食纪念品馆可供参观和购物，但产品缺乏创意，品类单调，并且传统工艺制品与现代生活脱节，许多有关非遗的工艺品缺乏时代性，样式、造型老旧，传统文化元素挖掘较弱，无法突出体现寒食文化的传统特色，也无法体现与同类旅游纪念品的异质性特点，对游客的吸引力尚不足。同时，新产品的创新和创作能力弱，缺乏资金与技术投入，技术及工艺瓶颈明显，产品销售模式单一，产品附加值较低。

3. 参与主体缺乏保护传承与活化利用意识

通过实地调研发现无论是游客还是当地居民，都缺乏对寒食清明节文化传承保护与活化利用足够的理念和意识。现代社会快节奏的工作和生活让人们无暇顾及传统节日的文化表现形式，在寒食清明节当天，人们也不会投入过多精力去关注和参与，导致寒食清明节面临礼俗从简、节味不浓的现状。另外，大多数人看来，保护遗产是政府的工作，并没有被他们看作人人有责之事，对绵山寒食清明节文化的认知只停留在观赏或体验但体验不深刻的层面，没有在保护方面做进一步的思考，轻视了寒食文化中蕴含的思想和精神。

4. 传承缺少管理人员和研究队伍

非遗传承需依托于人而存在，寒食文化更是如此，寒食文化表现形式众多，如包括食物制作：蒸面塑"蛇盘兔""子推燕""子推饼""寒食粥""寒食面"，又包括净坛、迎神、初献礼、亚献礼、终献礼、送神等传统祭祀活动等，是一种"活态文化"，当下其主要传承方式仍为口传心授，人是寒食文化遗产能够绵延不断的核心，但从事该方面的管理人员和研究人员数量较少，难以适应寒食文化保护和传承工作的需求。

5. 寒食文化的内涵精神解读不够

寒食文化呈现形式多样，项目内容丰富，参与者能够获得一定的观赏和体验感，但是融于寒食文化之中的忠孝文化、民族精神等内涵才是其传承和保护更为深刻的价值体现，而对于忠孝文化、民族精神等内涵的专业解读尚不够，有待让参与寒食清明节民俗体验的群众不仅知晓寒食清明节日之存在，更能对节日渊源及其深刻的文化内涵有所认知，进而使寒食文化得到弘扬，使寒食文化非遗传承和保护的重要性得到关注。

（三）寒食清明节文化传承与活化措施

寒食清明节作为一种重要的节事资源，寒食之源——介休绵山作为国家 5A 级旅游景区，在此背景下，发展节事旅游是对非遗文化的一种重要传承方式，节事资源的旅游产业化发展是对非遗文化活化利用的重要方式。将"寒食清明节"文化融入具体的旅游产品中，并将寒食清明节这一节日期间绵山景区的系列活动打造成"寒食清明节"品牌活动，实现绵山"寒食清明节"节事资源与旅游产业融合发展，将对于浓缩历史与现实的距离、营造与平常迥异而浓厚的节日氛围以及增强旅游吸引力具有突出作用，同时又能作为催化剂将寒食清明节各种传统文化元素组织、协调和发展起来，使原有的那些项目内容变得更富魅力，使寒食清明节文化得以被保护传承与活化利用、充分发挥其文化特征与文化内涵。

针对非遗保护利用基本要求，结合寒食清明节文化非遗现状问题，本案例从节事资源与旅游产品的融合效应这一视角，提出开发有关寒食清明节文化的创意性产品、旅游产品专业化生产、旅游产品的品牌化发展等非遗保护传承与活化利用的具体方法与措施。

1. 开发有关寒食清明节文化的创意性产品

首先，加大非物质文化遗产（寒食清明节文化）的重视，做好寒食之源——绵山风景名胜区的保护工作。政府按照"保护为主、抢救第一、合理利用、传承发展"的指导方针对非物质文化遗产（寒食清明节文化）做深入、详细的调查，将冷食、蒸面制作技艺以及祭祀活动进行记录整理，把整理好的文字、实物、音像资料进行保存，当人们想了解这种民间文化时，可看到它最原始、最真实的生存环境和状态。

其次，可以营造关于"寒食清明文化节"的相关品牌主题，发展"寒食"特色文化是绵山旅游业发展的重心与首要任务，通过建立"寒食文化体验园"将关于"寒食"传统文化、民俗活动、节日饮食、特色礼品等资源整合，增强景区可观性，进一步推动绵山景区的发展，带动整个绵山景区的经济发展。

在创意性开发阶段最重要的就是在保护性开发的原则上对"寒食文化体验园"中有关寒食文化的所有可利用资源的创意性整合：民俗活动，如拜扫展墓、祭祖、插柳、蹴鞠、植树、秋千、斗鸡、咏诗、牵钩（拔河）、斗百草、净肠（采集野菜）等；节日饮食，如凉粉、凉面、炒奇、炒面、寒食粥、青精饭、面燕、蛇盘兔、枣饼，另设"寒食宴""文公宴""养生药膳"等；特色礼品：陈酿黄酒、花糕、绵山陈醋等。通过建立不同主题不同功能面向不同目标群体的旅游产品，与游客形成一个双向的互动，让游客在开拓知识、观看表演、品尝美味的同时参与制作活动。另一个重要的阶段就是要尊重时代特征和节日个性，利用新型网络和一些"互联网+"手段，以节事资源为依托，以满足不同目标群体的精神需求为导向，以动态保护为原则，以发展其全面价值：文化价值、社会价值、经济价值为目的，赋予寒食文化新的内涵和特点，将传统的馆藏式保护和封闭式保护变为新型的动态保护。

通过创意性策划和开发，增强产品的体验性和参与性，休闲性和娱乐性，以满足不同目标群体对节事旅游的本真性和精神文化的诉求，争取二次消费。更为重要的是发展节事旅游对非遗文化的一种传承作用，争取做到自愿传承、免费传承、主动传承。

2. 绵山"寒食清明节"旅游产品专业化生产

针对绵山寒食清明节在景区发展方面的渗透力度，以寒食文化为依托，在分析各个目标市场的前提下，可以在景区内建立"美丽生命的绽放"文化园区。文化园区的整体形状是仿造几棵柳树构建而成，园区内则可以分为两个展区。第一展区是绵山文化区，主要分六个板块，包括佛教文化、道教文化、介子文化、隋唐文化、自然文化和天象灯图文化；第二个展区为寒食文化区，主要分两大板块，包括忠孝文化区和民俗文化区，忠孝文化区可以以科普教育为主，民俗文化区则具体分为特色饮食体验、戏剧欣赏、民间绘画鉴赏、DIY 手工艺品以及主题墙展示等部分。

每年在清明节前后可举办面向全国的"寒食清明文化"博览会，将寒食文化汇总展出，并将特色纪念品、食品进行宣传，掀起每年游览高峰。

此外，绵山景区在交通和住宿方面需要有所改善，以吸引和发展更多的客源，并延长游客在景区的停留时间。因此，景区以及景区周边的基础设施需要最终以配合寒食清明节的各项活动得到更好地完善。

3. 绵山"寒食清明节"旅游产品的品牌化发展

采取政府主导，企业出资参与，专业公司策划执行，相关部门协调配合，社会民众支持参与的半市场化运作模式。旅游活动的顺利开展离不开政府强有力的引导和推动，政府管理部门要在旅游活动中发挥主导作用，负责基础设施及公共服务价格和质量监管，以确保公共利益的最大化，创造旅游活动开展的良好社会环境，并做好交通和安全保障。同时政府部门要鼓励和引导社会各界企业积极出资参与，寻求专业公司策划最佳方案，以"寒食清明节"文化为区域主导文化，塑造绵山"寒食清明节"文化旅游目的地形象。其次，要加强与相关部门尤其是主管文化部门之间的合作，并且，要鼓励社会民众支持参与，调动民间积极性，首先需满足目的地人民群众对文化资源的适应性，发挥各方优势，以此来实现绵山"寒食清明节"的品牌化发展。

提高景区的专业化管理程度，对相关部门和人员以统一的目标和统一的形象进行管理与组织。要维护好文化资源的本底环境，塑造一个良好的旅游目的地形象，提升游客的满意度，将"寒食清明节"这一非遗品牌文化植入每一位游客的内心。

四、结语

随着社会快速变迁和全球文化趋同化，非物质文化遗产的生存传承面临诸多挑战与困境，许多珍贵的非物质文化遗产正濒临断裂与消亡的危险。因此，非物质文化遗产的保护传承与活化利用就显得尤为重要。本案例以寒食清明节文化为例，探索绵山寒食文化在传承与活化过程中存在的问题，全域旅游大背景下绵山寒食文化传承与活化的路径，以及传承与活化效果。非遗保护与活化利用任重道远。介休绵山寒食文化节旅游产业化发展还有待于优化。

参考文献

[1] 杨明.非物质文化遗产保护的现实处境与对策研究 [J].法律科学（西北政法大学学报），2015（5）：135-147.

[2] 阚如良，王桂琴，周军，等.主题村落再造:非物质文化遗产旅游开发模式研究 [J].地域研究与开发，2014（6）：108-112.

[3] 蔡寅春，方磊.非物质文化遗产传承与旅游业融合发展:动力、路径与实例 [J].四川师范大学学报（社会科学版），2016（1）：57-62.

案例使用说明

一、教学目的与用途

（一）适用课程

本案例主要适用于旅游目的地开发与管理、旅游规划与战略、旅游景区经营与管理等相关课程。

（二）适用对象

本案例适用于旅游管理专业硕士以及高年级本科生的课程教学。

（三）教学目的与用途

通过案例分析与发散性讨论，使学生能够对非物质文化遗产面临的现状、传承与活化的路径及旅游开发主体有更为深刻的认识与理解，有助于学生全面了解旅游产品发展过程中需要考虑的问题，如何展开实地调研和访谈，启发学生学术水平与专业实践能力，间接激发学生对非遗传承与活化的思考。

二、启发思考题

①非物质文化遗产有哪些特征？清明寒食清明节文化有哪些非遗特征？

②非物质文化遗产的传承路径有哪些？清明寒食清明节文化在传承过程中存在哪些问题？

③在非遗进景区、非遗商业化趋势明显的背景下，根植于景区的寒食清明节文化如何实现保护传承与活化利用？

三、分析思路

授课教师可根据教学目的灵活使用本案例，本文提供的分析思路仅供参考。

①从案例背景和背景信息中提炼非物质文化遗产的特征，可以从其形态、价值

等方面考虑。寒食清明节文化包含多种表现形式，通过各项目反映出其精神、价值和意义，除了其自有特点，学生可从其地域、价值、传承等角度补充，言之有理即可。

②非物质文化遗产的传承路径，是指非物质文化遗产文化信息的传达、交流、传播和接受、承接、承继过程的形态表现，是一个动态的、跨时空的、多层次地进行文化信息传递与承继的形式。从背景信息入手提炼非遗传承路径，结合提炼出的传承路径补充寒食清明节文化传承过程中存在的问题，言之有理即可。

③文旅融合背景下，非遗进景区、非遗商业化趋势明显。根植于景区的非遗文化如何实现保护传承与活化利用兼容？寒食清明节文化是一个典型案例。在寒食清明节文化的保护传承与活化利用路径方面：本案例从节事资源与旅游产品的融合效应这一角度，从寒食清明节这一节事旅游资源，做创意性产品开发、旅游产品专业化生产、旅游产品的品牌化发展等角度展开。

四、理论依据与分析

（一）利益相关者理论 [1]

通常情况下旅游活动中的主要利益相关者包括社区居民、政府、旅游开发商（旅游企业）、旅游者，此外还包括旅游从业人员、供应商、宣传媒体等非核心的利益相关者。这些利益相关者在旅游开发中的重要程度各不相同，主体利益相关者的利益诉求、冲突和协调是其理论研究的核心问题。利益相关者理论与旅游开发对策研究、利益主体之间利益分配机制研究以及利益相关者与社区参与研究都是其在旅游研究中的重要内容，利益相关者理论的研究还可以用于到景区管理、旅游产业组织模式、旅游可持续发展等研究。

任何旅游开发活动实质上都伴随着利益相关者的问题，非遗旅游更加如此。寒食清明节文化旅游发展仍需优化，本案例涉及的利益主体间的利益分配与冲突表现不那么明显，但寒食清明节文化在传承与活化过程中产生的问题跟主体利益诉求息息相关，有着直接或间接关系，教师在指导学生分析案例时应引导学生考虑该理论。

1　张欢．宁夏非物质文化遗产旅游开发模式研究 [D]．银川：宁夏大学，2014.

（二）多元共治理论[1]

多元共治理论认为，只有在每个治理方都参与的前提下，进行相互引导和配合，才能实现自下而上的公众参与式的更新。"多元共治"下的更新是将原有资源在其利益相关者间进行再分配的过程，只有在利益相关者实行共同"治理"与参与的前提下，才能进行相互协助及相互制衡，达到共同发展，最终实现整体利益的最大化。

任何景区管理活动实质上都伴随着多元共治的问题，非遗文化渗透的景区更加如此，寒食清明节文化在保护传承与活化利用的过程中，其内容呈现、内涵解读、价值实现都需要其利益相关者的多方参与，才能实现非遗保护传承与活化利用的有效发展，最终实现各方利益最大化，教师在指导学生分析案例时应引导学生考虑该理论。

五、背景信息

（一）绵山风景名胜区信息

绵山风景名胜区位于山西省介休市绵山镇南怀志村，因其得天独厚的地理优势以及山明水秀的自然景观被评为了国家 5A 级风景名胜区，与平遥古城、乔家大院等成为了晋中地区乃至整个山西省闻名遐迩的旅游资源，绵山景区具有非常富饶的旅游资源，景区里的自然景观鬼斧神工、引人入胜。绵山也是一座具有丰富文化底蕴的名山，春秋时期的晋国的大夫介子推在晋文公重耳于绵山遇险时割股奉君，而在后期功不言禄隐匿于绵山之上，誓死不与当朝追逐富贵的鄙夷之人同流合污，文公欲放火逼介公出山，最终被焚赴义，介子推的气节因此流芳百世。绵山也凭借这一段故事在日后成为人们于清明寒食清明节纪念先人的一大圣地。并于 2008 年，由中央文明办授名为"中国寒食清明文化之乡"。

（二）寒食清明节信息

寒食清明节也称"禁烟节""冷节""百五节"，在夏历冬至后 105 日，清明节前一两日。相传在春秋时期，有"割股啖君"之功的介子推辅佐晋文公重耳回国

1　饶惟.基于"多元共治"的旧城更新规划机制研究 [D]. 泉州：华侨大学，2015.

后，功不言禄，与母隐迹介山，晋文公求之不出，抱树而死。后来晋文公为悼念他，禁止国人在介子推死日生火煮食，只吃冷食。以后相沿成俗，将这一天定为"寒食禁火节"。

六、关键要点

分析非遗保护传承与活化利用问题与措施要结合理论依据，同时也要结合介休绵山景区的实际情况进行增减。

七、建议课堂计划

①先让学生花10分钟将整篇案例通读和熟知，便于学生在课堂上对案例的把握，形成初始印象。

②教师提出案例思考题，将学生分成几个小组，让学生小组运用讨论法讨论关于寒食清明节文化的相关问题，并请小组代表回答（鼓励采用PPT演示）。

③教师按照授课流程和重难点来对案例进行详细讲解，采用提出问题——分析问题——解决问题的思维引导学生带着问题重新思考，回答学生提出的问题。

④延伸案例涉及相关的理论基础，并对该理论进行详细的介绍。引导学生进行发散性思考与运用，把握理论联系实践原则，使学生融会贯通。

移穰龙灯舞：一个传统村落非遗保护传承与活化利用的范例

案例正文

摘要： 山西省阳泉市平定县巨城镇移穰村是第四批中国传统村落和第五批山西省历史文化名村之一，该村拥有极具地方特色的省级非物质文化遗产——移穰龙灯舞。"移穰龙灯舞"在移穰村传承近200年从未间断，每年元宵节期间，上下邻村都会聚集到这里观赏龙灯舞表演。非物质文化遗产包含着难以言传的意义、情感和特有的思维方式、审美习惯，蕴藏着传统文化最深的根源，是民族个性、民族审美习惯的"活"的显现。目前国内非遗普遍存在的问题如非遗过度商业化、产业化，非遗景区化使非遗脱离了其产生的土壤村落；传统村落非遗保护又面临村落空心化，非遗失去了生存空间以及传承人不足、非遗旅游表达（活化）不足等这些问题在移穰村有哪些好的做法？案例以非遗文化"移穰龙灯舞"为例，引导学生了解根植于传统村落的非遗文化如何实现保护传承与活化利用兼容。

关键词： 非物质文化遗产；传统村落；移穰龙灯舞

一、引言

"移穰龙灯舞"俗称"跑龙灯"或"耍龙灯"，始创于清道光九年，距今约200年历史，是平定县巨城镇移穰村一项俗传已久的民间文艺活动。1987年前后被收录于《山西民间舞蹈集成》卷中，2015年入选阳泉市非遗项目名录，2017年入选山西省级非物质文化遗产名录。移穰村素有文化名村之美誉，在唐代达繁盛，元代曾称为移穰都，历史上曾出现了不少有影响的大户人家及历史人物。《平定县志》考证，村北古城垴发现新石器时代遗迹多处，曾挖掘骨针、石斧等文物。村内现存

* 作者简介：1.邵秀英（1963— ），太原师范学院教授，研究方向：旅游规划与旅游管理、遗产保护与遗产旅游古村落旅游；2.邬超（1990— ），山西工商学院助教，研究方向：旅游规划、古村落保护与开发。

市级文保单位"寿圣寺"，村落传统街巷格局保存完好，其完整的石院民居院落多达 20 多处，可谓是山河秀美，人杰地灵。"耍正月舞龙灯"是当地一项传统的"根祖"民俗文化活动，也是其对外交流的名片，它可以就地取材，加工制作方便，表演集体育、舞蹈、音乐于一身。随着时间的推移龙灯舞的内涵属性从人民群众的精神寄托和憧憬未来幸福生活的重要载体演化为高雅、健康、文明、向上的文化活动，此项活动自创始定型至今从未间断过，尤其是每逢春节、元宵节或其他重大庆典时更是必不可少，吸引着阳泉市周边及河北游客前来参观游览，以及各类媒体的报道与宣传。文旅融合背景下，非遗进景区、非遗商业化趋势明显，根植于传统村落的非遗文化如何实现保护传承与活化利用兼容显得尤为重要。随着社会的发展与城市化进程的加快，移穰村面临着就业机会少、人口老龄化、年轻人对传统文化丧失兴趣、传承艺人年事高等现状，移穰龙灯舞面临着传承断裂或边缘化等危机。针对以上现状穰村如何采取措施让龙灯舞重新"活"起来，兼顾龙灯舞的保护传承与活化利用？移穰龙灯舞具体包含哪些内容？移穰龙灯舞在保护传承与活化利用的过程中产生了哪些问题？本案例运用实地走访和半结构式访谈获取的资料进行分析，结合相关理论阐释其原因。

二、相关理论基础和案例背景

（一）相关理论基础

本案例主要借助原真性理论、利益相关者理论、社区参与与社区增权理论展开分析。

（二）案例背景

非物质文化遗产作为人类文明与智慧的结晶，在弘扬和传播民族文化方面有着不可磨灭的贡献。随着非遗保护热的推进以及旅游开发的深入，市场上越来越多地出现了与非遗元素相关的旅游产品，目前国内非遗普遍存在的问题如非遗过度商业化、产业化、景区化等使非遗脱离了其产生的土壤村落，传统村落非遗保护又面临村落空心化，而非遗失去了生存空间以及传承人不足、非遗旅游表达（活化）不足等问题给传统村落非遗保护传承与活化利用提出了新的挑战，在这种背景下移穰龙灯舞能够传承 200 年并延续至今，其秘诀在哪儿？移穰龙灯舞始创于清道光九年，距今约 200 年历史，又据 20 世纪文化名人李寯英先生编著《李氏先世考》中记述，移穰龙灯舞的创始人为移穰村李氏家族药铺股十一世祖李其实。由于其诚信仁厚、急公好义，故而生意兴隆、财源广进，且常怀眷顾桑梓乡情。为回报家乡父老养育之恩，丰富家乡文化生活，给乡亲们带来精神愉悦，遂引进京城等地的龙灯造型，整理、编演、绘制出套路阵图程式。又将清代锣鼓名谱《旱天雷》《风搅雪》等糅合而成《龙灯鼓谱》（亦名《闹元宵》）。随着时间的推移，在旧时代曾带有一定的迷信色彩。由于时代的局限，文化、科技尚不发达，加之当地十年九旱，严重制约着农民群众的生产、生活。于是，为了企盼风调雨顺、五谷丰登，逢遇干旱之年，村民常参与求雨、迎神赛会及秋报祀典等活动，即舞龙灯成了人民群众的一种精神寄托和憧憬未来幸福生活的重要载体。现在，随着时代的发展和科学文化的繁荣，舞龙活动的迷信色彩已淡化散失，成了一项高雅、健康、文明、向上的文化活动。

移穰龙灯舞在移穰村传承近 200 年从未间断，每年元宵节期间，上下邻村都会聚集到这里观赏龙灯舞表演，其道具主要是两条龙灯：一条青龙，一条黄龙，另有龙珠各一个，两条龙灯的造型、工艺、大小、长短均一致，只是颜色不同而已，分为龙头、龙身、龙尾三大部分。每条龙有 9 根把（大型活动需要也可加长为 13 根），舞蹈时分别由两个舞珠人带领两条龙灯进行跑跳、穿行、舞蹈。移穰龙灯舞节奏明快，气氛热烈，舞姿优美，套路多变再配之于铿锵有力，催人奋进的铙钹鼓乐，令观看人赏心悦目、流连忘返。但是随着社会快速变迁和全球文化趋同化，非物质文化遗产生存传承面临诸多挑战与困境，许多珍贵的非物质文化遗产正濒临断裂与消亡的危险，移穰龙灯舞也不例外，在传承与发展的过程中产生一些问题。

三、主题内容

（一）移穰龙灯舞概况及其价值

非遗是传统村落文化遗产的重要组成，是传统村落文化遗产的灵与魂，也是传统村落里的乡愁和记忆。移穰龙灯舞既是当地的一项传统民俗活动，也是省级非物质文化遗产，每年一度的耍龙已然成为一个习惯，对移穰游子而言，每年的耍龙看龙，感受的是那种氛围，体验的是浓浓的乡情，是儿时的记忆，也是身为移穰村人的自豪，年年耍年年看，百看不厌。

移穰龙灯舞的道具主要是两条"龙"，以竹圈编扎成龙头、龙身、龙尾，外罩以龙布，内装蜡烛，一条为青龙（用淡青或淡绿色染制而成）；一条为黄龙（用淡黄或槐黄色染制而成），两条龙的造型、工艺、大小、长短均一致，只是颜色不同而已（图1），每条龙有9根把（有时为了大型活动需要也可加长为13根），分别由9个人举着跑跳、穿行、舞蹈；另外有绣球（实际意义为龙珠）各一个，分别由两个舞球人带领两条龙灯进行表演。

图1　黄龙、青龙

晚上演出时每根把内点燃两支牛油蜡烛，便成为"龙灯"，即龙身里安装的蜡烛，这个蜡烛不同于普通蜡烛，是移穰村的先人因地制宜，利用当地芦苇秸秆、棉花、牛油制作而成。蜡烛采用特殊的制作工艺，以芦苇秸秆、棉花和牛油（羊油）为原材料，剪短秸秆后用棉花缠绕，再用白棉线固定秸秆（图2），蜡烛有八头、六头之分，即一斤牛油可做八支或六支，八头的是龙身用的，六头的是龙头、龙尾用的。当然，在白天演出就不需要蜡烛了。

图2 "龙灯"的制作过程

提到龙灯舞，就不得不提花纸（图3），其产生过程与移穰龙灯舞有着密切的渊源关系。在耍龙灯时，龙灯经过之处只要看到大街上悬挂着的花纸，龙灯则必须要在此耍斗一番，这是多年来形成的传统规矩。花纸的制作技艺精湛，颜料考究，色彩艳丽，引人入胜。其所需材料主要是：麻纸（俗称毛头纸）、各色印染颜料、墨汁。其制作程序主要有六个方面：叠纸、捆扎、染色、晾干、镇压、书写，当然还有很多具体细节的处理，要求极其严格。

图3 花纸

移穰龙灯舞一般在春节期间或重大事件时表演（图4），尤其是元宵节活动的重头戏。龙灯舞表演的动作要领主要是"摇、摆、举、钻、翻、滚、跳、穿"等。在行进表演中主要有两种阵式套路：一是"野马分鬃"（也叫三碰头），二是"二龙戏珠"（也叫长蛇阵）。在场地表演套路阵式主要为"开四门""开八门""凤凰展翅""长蛇阵"和对角盘扭的"八宝""三碰头""卧龙搅珠"等。正式表演必须有头有尾、有始有终，具备完整的演出程序，表演场地要求直径不低于 30 米。

图 4　表演过程

舞龙时不可或缺的还有鼓乐队共六人，它是用来制造声势、渲染气氛的，用大鼓两面：一面在前开道，一面在后压阵。龙灯舞表演还需要排灯，因以晚上演出为主，又是闹灯形式出现，所以需有两人举着两面排灯在前面引路，并列前行。相当于游行或出征队伍的门旗。为了使演出更加精彩，还需有两人专耍烟火，即不时地从龙嘴喷出烟火，以壮其观。还可以由参与红火的人用麸皮等喷以香料，在龙身下钻来钻去施放烟雾，形成两条巨龙在云雾中上下翻飞、腾舞耍逗之景象。演出时配以铙钹鼓乐烘托气氛，可谓红火热闹。

（二）移穰龙灯舞传承路径特点

首先，动感性、观赏性强。舞龙时配置的鼓乐、号角、炮竹、花纸、灯饰，跑龙阵分为街道行进式表演、广场龙阵表演、上山龙行表演和入户降福等多种形式，集形体、声音、色彩为一体，极具观赏性。其次，传承性强。从清道光年间开始至今 200 多年不间断，而且传承人一直在延续，舞龙、花纸被编成小学课本，移穰小学开设相关课程，龙灯舞进校园进课堂，非遗编教材，从小学生抓起非遗文化传承，文化自觉的培育，迄今为止已经有300多名学生在这里学会了龙灯舞，被评为"全国特色学校"；再次，参与性广泛。村里男女老少都会舞龙，从龙体、龙灯、花纸等的制作都离不开移穰村村民的参与；最后，龙文化代表的特殊寓意。一是龙祈雨降洪作用，移穰村南邻桃河支流，常发洪水，街道的高坊台就是为了阻挡洪水，另外也用来祈求风调雨顺，鼓谱《旱天雷》就是为此而生；二是村里自古是晋冀要冲、古官道，龙作为趋吉文化的内涵，每年进入百姓家中保护庇佑百姓；三是龙成为村民生活的一部分，传统建筑上布满了大大小小、形态各异的龙形雕饰。

（三）移穰龙灯舞传承与活化过程中存在的问题

1.青壮年外出务工和人口老龄化，导致舞龙队伍后备力量缺乏

随着城镇化发展，移穰村年轻人不断外流，除过年过节外，村里年轻人较少，大多数都在外工作或打工，外加近些年村里人口死亡率高于出生率，即人口老龄化严重。这就导致除过年外，村里没有足够的年轻人进行龙灯舞的训练表演。一场龙灯舞的表演需要舞龙人员、绣球人员、鼓乐队人员、排灯人员、耍烟火人员等至少30人。而舞龙人员的缺乏会使得龙灯舞表演很难进行常规化演练表演，更没有人愿意去专门学习这样一种传统技艺，这样就会给移穰龙灯舞的保护传承以及宣传带来很大的困难。

2.固定表演时间使观赏性受限

移穰龙灯舞之所以受人们喜爱，在于它特殊的制作工艺，能使龙的身体发光。舞龙一般在夜间进行，两条闪闪发光的龙时而相互缠绕时而各自前行，忽明忽暗，蔚为壮观。龙之所以会发光是因为其体内内置蜡烛，这种特殊的制作工艺使得移穰龙灯舞表演首先必须在夜间进行才美观好看；其次，舞龙必须在冬天进行，因为其他季节天气炎热无法制作舞龙蜡烛。从而这种表演时间的受限目前不利于移穰龙灯舞的活化利用，因此还需要在制作工艺上完善才能吸引更多的游客前来观看。

3.表演区域性强使传播受限

移穰龙灯舞表演的程序、阵势以及地点都具有明显的地域性，主要是在广场、街巷、南山上表演，具有鲜明的寓意，表演没有解说，当地人都能看懂。随着这两年移穰龙灯舞影响力的逐渐扩大，有许多旅游者和摄影爱好者以及中央电视台、平

定电视台等媒体前来观看拍摄，但要将龙灯舞旅游节庆活化利用，首先要解决让游客看得懂的问题，比如配以相应的文字或图片解说等。

4. 道具成本高，资金不足

通过对村委和龙灯舞传承人的半结构式访谈发现，不能将龙灯舞进行常态化表演和走出去宣传，不能吸引年轻人学习的一个重要原因就是表演经费不足和可获得的经济收益低。龙灯舞表演需要道具服装的制作，其中很多道具使用率低，只能使用一次，不能重复利用，还要给舞龙人员发工资，这就增加了龙灯舞的演出成本。移穰龙灯舞的传承人年事已高，而村里很少有年轻人愿意学习这一技艺，与我国很多非物质文化遗产传承困难的原因一样，这一技艺所带来的社会价值不足，并且人们很难从中得到满意的经济收入。

5. 参与主体缺乏保护传承与活化利用意识

通过实地调研发现无论是村委还是村民，都缺乏对移穰龙灯舞传承保护与活化利用足够的理念和意识。移穰龙灯舞申报省级非遗项目时，只有村委和极个别村民知道并参与，绝大部分村民不知道也未参与龙灯舞申遗工作。申请非遗成功后才有越来越多的村民知道龙灯舞变成了遗产，但是他们自身并不知道应该如何更好地活化利用，给自己带来收益。另外，村委领导也因资金缺乏等问题对龙灯舞的活化利用缺乏足够的重视。

6. 进课堂的教师后备人才不足

龙灯舞能够成为地方性特色校本课程，离不开移穰示范小学老师们的支持与帮助，不同于一般课程，龙灯舞进课堂不仅需要实践指导，更需要理论基础，这就涉及教材的编写和教师的遴选，除掌握专业知识外，还需要对移穰龙灯舞有一定的了解和研究，同时满足两个条件的教师少之又少，加之此类教师的培养需要一定的时间，产生了对应教师后备人才不足现状。

（四）移穰龙灯舞传承与活化措施

针对非遗保护利用基本要求，结合移穰龙灯舞非遗现状问题，提出非遗保护传承与活化利用具体方法与措施。

1. 提高非遗保护意识，多元参与破解经费瓶颈

首先，加大非物质文化遗产（龙灯舞）的重视，做好移穰龙灯舞的保护工作。

政府按照"保护为主、抢救第一、合理利用、传承发展"的指导方针对非物质文化遗产（龙灯舞）做深入、详细的调查，将原汁原味的龙灯舞表演、制作技艺进行记录整理，把整理好的文字、实物、音像资料进行保存，当人们想了解这种民间文化时，可看到它最原始、最真实的生存环境和状态。

其次，在调研的过程中发现"龙灯舞"在保护与发展的过程中面临的最大问题是经费不足，由于传统村落非物质文化遗产资源的准公共属性和利益主体多元等特点，采取"多元参与、协调发展"原则，采用"政府主导、社会参与、居民自立"的模式解决经费不足问题。在政府的主导下，用分红、入股的方式引进外资，如企业、非政府组织（NGO）、乡贤精英等，这样既可以保持移穰龙灯舞的原真性，又可以给移穰龙灯舞的保护与发展创造条件。此外，逐步建立起完善的保护投入机制，对龙灯舞保护传承做出贡献的人授予称号、表彰奖励、资助扶持等，加大对龙灯舞遗产保护的宣传教育，使移穰龙灯舞得到有效保护、传承和发扬。

2. 打造龙文化主题旅游节事活动

移穰龙灯舞作为元宵节当地必不可少的传统节庆活动，是当地群众在每年节庆、庙会上自娱自乐、表演性强的一种表演形式，始终发挥着"文化传播"和"民俗传播"的作用。因此，做好每年一度的元宵节舞龙表演，举办舞龙大赛、舞龙大会等，形成大型赛事节庆非常重要。

以戏台广场、传统街巷、南山为展演"舞台"，定期举办龙舞展演；适当利用沿街院落，作为移穰龙灯舞各项技艺（如染花纸、题字、龙灯制作、蜡烛制作、舞龙阵式教学等）展示与体验的场所，游客既可以学习舞龙知识，也可以观赏龙灯舞表演。运用声光电技术，与传统制作技艺结合，加强文字、图片解说系统，增强龙文化可视、可读性。移穰龙灯舞有其特定的阵式及含义，但对于外村人而言晦涩难懂，随着龙灯舞走出移穰村，面向其他地区的游客、观众进行表演时，应该配备相关的解说词，对于本村的龙文化传承、龙灯舞的阵式进行通俗易懂的介绍，提升游客的观感与认知度。

3. 组织专业的龙灯舞团队，打造"移穰龙灯舞"品牌

首先，组织专业的龙灯舞团队，成员以本村人为主，但不限于本村人，可以吸收周边地区舞龙好手加入。这样有助于移穰龙灯博采众长，既保留本身的舞龙精髓，

又可以学习周边地区同类型非遗文化的优点。调研过程中发现村民近几年对龙灯舞的参与度大不如前，究其原因是村民为了生计多外出打工，对龙灯舞报酬不满意而懈怠参与。因此，专业的舞龙团队的建设需要引入民间资本，保障龙灯舞团队的生计需要，这样才能使队员们全身心地投入到移穰龙灯舞的传承与活化中去。此外也要加强龙灯舞表演成员进行日常培训，提升他们的文化素养。

其次，邀请专业的编导，整理编排新的龙灯舞阵式及表演形式，尽力恢复原先因太过繁杂而已失传的阵式，并借鉴其他地区舞龙文化的优势进行融合，从根本上打造符合现代审美、与时俱进的龙灯舞表演，最终使移穰龙灯舞可以适应不同的表演场合，为其进一步活化与利用创造条件。但需要注意的是一定要保留移穰龙灯舞的精华，比如舞龙蜡烛的制作、花纸的印染及特色阵式等，不能将非遗文化的特色摒弃。此外移穰龙灯舞由于蜡烛的制作工艺有低温要求，必须在农历十一月之后才能制作成型进行表演，因此春夏秋三季龙灯舞的表演均不能使用传统的制蜡工艺，大大限制了移穰龙灯舞的表演时间，目前可以借助 LED 灯在其他季节代替蜡烛，但 LED 灯要设计成闪亮而不是常亮的模式，模拟蜡烛舞动时忽明忽暗的生动景象。

同时要做好宣传营销，与阳泉市旅行社、媒体合作，在公交车、站牌等公共场合投放相关的广告，吸引书法爱好者、民俗爱好者、大学生等文化需求群体前来参观体验。在宣传与推荐的过程中，移穰龙灯舞可以和剪纸、跑马等周边特色的非物质文化遗产相结合，共同拍摄纪录片，共同设计、制作套装宣传册、纪念品等，走组合营销之路，打造传统村落与非物质文化遗产特色旅游区。

4. 建立非遗项目展室

利用村委会闲置空间建设龙文化、龙灯舞、染花纸等非遗展室，将舞龙道具、服装、音乐、文化寓意等相关内容陈列，整理龙灯舞发展演化历史，既满足非遗传承要求，也能满足文化体验旅游的需求。具体可以设置四个展室：村情村貌、非遗项目、文化艺术、农耕文明，从不同角度呈现村落发展历程和非遗项目，增加可视化效果和观赏能力。

5. 以全域旅游、乡村振兴理念，创建全村龙文化氛围

旅游空间全域化、旅游文化全域化是全域旅游的核心内容，以全域旅游、乡村振兴理念创建龙文化旅游环境必不可少。首先实施村落"三化"工程，即美化、洁化、

绿化工作，搞好村落风貌环境和桃河河道环境整治；其次，将龙文化融入村落环境中，体现龙文化痕迹，例如路灯设计为龙文化造型，点缀龙形花灯、绣球等，将舞龙的各类元素融入村落环境的各个方面，全村创造龙文化氛围；最后，完善舞龙的场景布置，增加龙文化的相关布置，如在场地周围布置龙柱，村口增加龙头形状标志，增加 LED 解说屏，营造更舒适的龙灯舞观感。龙灯舞表演结束后，还可以引导游客参加与龙有关的猜谜比赛，比赛用纸为传统的染色花纸。

6. 加强村民对"移穰龙灯舞"的文化认同感，提高群众参与度

中国的舞龙活动本是一种民间文化活动形式，移穰村在旧时代由于科技、文化的局限以及当地十年九旱的气候严重制约着村民的生产、生活，而使舞龙活动曾带有一定的迷信色彩，为企盼风调雨顺、五谷丰登，逢遇干旱之年，村民常参与求雨、迎神赛会及秋报祀典等活动，使舞龙灯成了村民们的一种精神寄托和憧憬未来幸福生活的重要载体。现在，随着时代的发展和科学文化的繁荣，和其他舞龙活动一样，移穰龙灯舞的迷信色彩已淡化散失，成了一项高雅、健康、文明、向上的文化活动。它有着深厚的传统文化底蕴，具有很高的文化艺术价值，村民们应该摒弃旧的有关封建迷信的思想，提高对移穰龙灯舞的文化认同感和自豪感，只有从心理上真正认同了，才能自觉自发地去保护传承。

移穰龙灯舞的保护与传承，不仅需要传承人、专业龙灯舞表演团队和移穰示范小学的传承，更需要广大村民的自觉参与和相关专家、学者、摄影爱好者以及龙文化爱好者等的保护与传承。在调研过程中我们了解到，只要是移穰村本地人，不管是老人还是孩子，人人都会龙灯舞。但龙灯舞非遗文化的传承与发扬，不仅要会，还要提高群众参与度。只有先提高当地村民群众参与度，才能吸引相关专家学者以及文艺爱好者的参与保护，从而在更大范围内吸引旅游者的到来。

7. 加大龙灯舞进校园的保障力度

龙灯舞进校园是移穰村非遗传承的独特路径，也是行之有效的传承方式，教师是龙灯舞进校园的保障因素，针对教师后备人才不足的情况，学校可以有意识地培养具有专业知识和龙灯舞知识的教师，采取老带新的方式培育具有后备人才，提高此类教师的待遇，吸引更多优秀教师，保障龙灯舞进校园的可持续发展。

（五）移穰龙灯舞传承与活化效果

1. 学校校本课程传承初成体系

移穰龙灯舞的保护与传承活化受到全村重视，更是与教育相结合，成为地方性特色的校本课程、山西省非遗项目传承的特色方式与路径。移穰示范小学成为山西省"农村特有资源开发与利用研究"指令性课题实验学校，其校本教材《移穰龙灯舞》立项"艺术特色校本课程建设研究"省级子课题实验，不仅有详细的文字解说，还配有图片和视频，形成了一系列现代化的教程，通过近几年的课程实验，移穰示范小学培养出的孩子都对当地承袭的龙灯舞习俗有了更深层次的认识，并且不论舞龙打鼓，人人参与，为龙灯舞的传承培植了良好的氛围。移穰示范小学的龙灯舞团队已然成为移穰村龙灯舞"走出去"的一张名片，赢得了良好的社会声誉。

2. 龙灯舞节庆活动见雏形

全村创造龙文化氛围，龙元素融入村落环境的各个方面，如村内传统建筑上布满了大大小小、形态各异龙形雕饰，与舞龙密切相关的龙灯和花纸制作工艺传承开来，村内的墙壁上铺满了龙元素的壁画，整个村子处处体现着龙文化。近年来，乡村旅游、民俗体验成为城市旅游时尚，移穰村龙灯舞表演对阳泉、平定市民产生巨大吸引力，2016—2020 年，平定、阳泉乃至太原、石家庄的游客增多，还有很多摄影爱好者参与到了龙灯舞的活动中，一些媒体也对此进行了报道，形成了良好的节庆旅游氛围，甚至在元宵节的龙灯舞表演活动中，出现了因为前来的游客太多而导致停车难的现象，也从侧面反映了旅游传承的影响力在逐步扩大，证明了非遗项目活化与旅游结合的魅力。

3. 村落与传承人传承

移穰龙灯舞基本形成了传承人老新结合、群众参与范围广、非遗内容文本化、数字化的传承格局，这对于移穰龙灯舞的继续传承打下了坚实的基础。移穰村仍保持着每年春节期间，尤其是元宵节期间进行龙灯舞表演的习俗，村中成年男性大多会基本的舞龙阵仗，每年春节期间的龙灯舞队伍、前期的准备与制作也全是由移穰村村民共同参与完成。此外，龙灯舞传承人李成聚也在通过自己的努力，编撰有关移穰龙灯舞阵法与鼓点的书籍，以供资料参考、留存，同时也供移穰示范小学的学生们学习。李成聚老先生不仅通过自身积极宣传、教授舞龙技巧，同时也积极寻找下一代继承人来延续龙灯舞的习俗。

四、结语

随着社会快速变迁和全球文化趋同化，非物质文化遗产的生存传承面临诸多挑战与困境，许多珍贵的非物质文化遗产正濒临断裂与消亡的危险。因此，非物质文化遗产的保护传承与活化利用就显得尤为重要。本案例以省级非遗移穰龙灯舞为例，通过实地走访和半结构式访谈全方位了解到移穰龙灯舞在传承与活化过程中存在的问题，全域旅游和乡村旅游大背景下移穰龙灯舞传承与活化的路径，以及传承与活化效果。此次调研总体来说比较顺利，村委会和村民都非常配合我们的工作，下面谈谈调研后的一些思考。

①伴随着传统村落名气越大，给保护带来新的问题。起初在我们进行拍摄的过程中，有的村民比较排斥，甚至拒绝我们拍照。了解原因之后发现之前有偷盗者利用调研考察作掩护盗走古宅里部分文物，导致村民警惕性上升，排斥游客进入其古宅参观拍照，在走访了其他传统村落之后发现这种问题属于共性问题，相关部门应该加强对传统村落的保护，建立合理有效的预防机制，杜绝这种不良行为，保护"留得住乡愁"的重要符号。

②移穰村是个大村，人口多，居住分散，保护任务重，非遗保护旅游开发利用中村民的诉求多元，要求乡镇政府和村委给予较高的重视和支持，协调多方利益。

③非遗保护与旅游活化利用任重道远。移穰村发展旅游还处于初级阶段，市场较小众，发展旅游所需要的饭店、农家乐等设施初具雏形，但档次不高，数量不多，不能满足不同游客的需求，比如，观赏龙灯舞表演在晚上但没有住宿条件，影响了远距离游客市场；游客的季节性强，主要在元宵节的几天，游客群体范围小且比较固定，旅游购物、饮食等要素不配备，旅游消费少。除节日期间观赏龙灯舞表演的季节性游客外，主要以摄影爱好者、高校师生以及驴友为主，需要进一步丰富旅游产品，满足旅游消费。

参考文献

[1] 邵秀英，耿娜娜 . 山西古村落遗产保护与遗产旅游 [M]. 北京：旅游教育出版社，2015：94.

[2] 杨明 . 非物质文化遗产保护的现实处境与对策研究 [J]. 法律科学（西北政法大学学报），2015（5）：135-147.

[3] 阚如良，王桂琴，周军，等 . 主题村落再造：非物质文化遗产旅游开发模式研究 [J]. 地域研究与开发，2014（6）：108-112.

[4] 高楠，邬超，白凯，等 . 中国传统村落空间分异及影响因素 [J]. 陕西师范大学学报（自然科学版），2020（4）：97-107.

[5] 蔡寅春，方磊 . 非物质文化遗产传承与旅游业融合发展：动力、路径与实例 [J]. 四川师范大学学报（社会科学版），2016（1）：57-62.

案例使用说明

一、教学目的与用途

（一）适用课程

本案例主要适用于旅游目的地开发与管理、旅游规划与战略、旅游景区经营与管理等相关课程。

（二）适用对象

本案例适用于旅游管理专业硕士以及高年级本科生的课程教学。

（三）教学目的与用途

通过案例分析与发散性讨论，使学生能够对非物质文化遗产面临的现状、传承与活化的路径及旅游开发主体有更为深刻的认识与理解，有助于学生全面了解旅游产品发展过程中需要考虑的问题，如何展开实地调研和访谈，启发学生学术水平与专业实践能力，间接激发学生对非遗传承与活化的思考。

二、启发思考题

①非物质文化遗产有哪些特征？移穰龙灯舞有哪些非遗特征？

②非物质文化遗产的传承路径有哪些？移穰龙灯舞在传承过程中存在哪些问题？

③在非遗进景区、非遗商业化趋势明显的背景下，根植于传统村落的移穰龙灯舞如何实现保护传承与活化利用兼容？

④关于非遗进景区与进校园，你是如何理解的？

三、分析思路

授课教师可根据教学目的灵活使用本案例，本文提供的分析思路仅供参考。

①从案例背景和背景信息中提炼非物质文化遗产的特征，可以从其形态、价值等方面考虑。移穰龙灯舞作为一种表演艺术通过物质媒介或载体反映出其精神、价值和意义，除了其自有特点，学生可从其地域、价值、传承等角度补充，言之有理即可。

②非物质文化遗产的传承路径，是指非物质文化遗产文化信息的传达、交流、传播和接受、承接、承继过程的形态表现，是一个动态地、跨时空地、多层次地进行文化信息传递与承继的形式。从背景信息入手提炼非遗传承路径，结合提炼出的传承路径补充移穰龙灯舞传承过程中存在的问题，言之有理即可。

③文旅融合背景下，非遗进景区、非遗商业化趋势明显。根植于传统村落的非遗文化如何实现保护传承与活化利用兼容？移穰传统村落的龙灯舞是一个典型案例。龙灯舞非遗的保护传承与活化利用路径：非遗的活化利用路径——龙灯舞表演、龙灯舞为主题的乡村记忆馆等业态，成为移穰村文化旅游的核心吸引物；非遗保护传承——传承人（老艺人——年轻艺人）、传统制作、传统的表演手法等，非遗文化进校园、艺人进课堂（龙灯舞教材编写——校本教材、龙灯舞表演，龙灯制作等，成立校外活动小组，小学生人人会舞龙，移穰小学成为龙灯舞为主的中国特色学校。这是移穰龙灯舞非遗保护传承的路径和特色，以此实现龙灯舞代代相传，与旅游活化利用相得益彰。

④非物质文化遗产的学校教育传承对其的传承、保护和发展都具有极其重要的意义。学校、课堂传承途径不仅是非遗有效的保护传承途径之一，也是增强青少年民族文化自信心最有效、最深入人心的方式。从联合国教科文组织到中国政府都非常重视学校教育传承途径，主要包括教学活动和传承人进校园等形式。移穰龙灯舞在传承与发展的过程中早已经形成了一定的体系与规模，包括传承人、校本教材、校园文化活动等，学生在作答时可从学生本人、学校、非遗所在村落等角度考虑。非遗进景区是一种常态化现象，在作答时，学生可以从非遗利用现状入手，主要结合非遗的特征谈非遗景区化的利弊，以及如何在传承发展的同时活化利用好非遗，该题是案例的延伸与思考。

四、理论依据与分析

（一）原真性理论 [1]

原真性在词典中的中文含义是真实性、可靠性、确实性，一是强调一种客观存在的属性，另外也表达了主观上的判断，原真性是遗产保护与利用中的核心问题，体现遗产历史文化价值的本质属性。旅游研究领域的原真性理论形成了四种理论流派，即客观主义原真性、建构主义原真性、后现代主义原真性和存在主义原真性。旅游者是"原真性"建构的主体，是在旅游体验过程中通过对旅游吸引物原真性的感知完成的，旅游者介入到旅游地的直接结果是重新构筑了旅游者、东道主和旅游吸引物之间的关系，同时还导致环境结构、场所精神、生活方式以及行为活动的变化，这一过程最终形成了主体、客体以及各种媒介间动态变化的循环体系。

案例教学中应始终贯穿"原真性"是遗产保护与利用中的核心问题，惠及子孙后代，让世代人民分享文明成果，必须遵循旅游原真性理论进行非物质文化遗产的旅游开发。移穰龙灯舞具有非物质文化遗产的部分特点，同时又具有其自身特点，在旅游规划过程中一定要遵循其原真性和文化内涵。

（二）利益相关者理论 [2]

通常情况下旅游活动中的主要利益相关者包括社区居民、政府、旅游开发商（旅游企业）、旅游者，此外还包括旅游从业人员、供应商、宣传媒体等非核心的利益相关者。这些利益相关者在旅游开发中的重要程度各不相同，主体利益相关者的利益诉求、冲突和协调是其理论研究的核心问题。利益相关者理论与旅游开发对策研究、利益主体之间利益分配机制研究以及利益相关者与社区参与研究都是其在旅游研究中的重要内容，利益相关者理论的研究还可以用于到景区管理、旅游产业组织模式、旅游可持续发展等研究。

任何旅游开发活动实质上都伴随着利益相关者的问题，非遗旅游更加如此。移

1 　王婧，吴承照. 遗产旅游原真性理论研究综述： 一个新的整体框架 [J]. 华中建筑，2012（7）：12–15.

2 　张欢. 宁夏非物质文化遗产旅游开发模式研究 [D]. 银川：宁夏大学，2014.

穰龙灯舞旅游发展处于初级阶段，本教学案例涉及的利益主体间的利益分配与冲突表现得没有那么明显，但移穰龙灯舞在传承与活化过程中产生的问题跟主体利益诉求息息相关，有着直接或间接关系，教师在指导学生分析案例时应引导学生考虑该理论。

（三）社区参与与社区增权理论

社区参与主要指的是社区居民充分参与到当地旅游业的发展决策、经营管理、分享该地发展旅游业所带来的经济收益，社区参与的目的是保障社区居民的合法权益不受损害，提高社区居民经济收入和生活水平，促进旅游业可持续发展。然而社区参与理论的实践可操作性并不强，暴露出许多问题，主要是社区参与能力不足，参与度低。针对社区参与存在的种种不足，西方国家学者首先提出了社区增权，通过各个途径的社区增权目的是让旅游地居民提高自身参与能力，分享到更多的旅游发展成果，增加收益，改善贫困的生活状态，把社区居民由旅游活动中的弱势群体变为旅游开发的决策者和管理者之一，提高他们的社区参与度，实现旅游的可持续发展。

在移穰村实地调研发现当地村民对村落的旅游发展规划和村落决策参与度低，部分村民甚至不知道移穰村是传统村落。在旅游发展初期移穰村村民对来访游客表现出友好、欢迎的态度，但个别不法分子利用游客这一身份，明面上参观游览移穰村，实则是踩点，对村落的古物进行偷盗，给村落造成损失，造成村民和游客之间的信任危机。教师可引导学生分析在旅游发展初期可以通过社区参与、社区增权等方式提高村民的旅游参与度，提高其积极性和荣誉感，促进传统村落旅游可持续发展，更好地传承和活化移穰龙灯舞。

五、背景信息

（一）移穰村历史文化[1]

移穰村历史悠久，名源于清康熙十六年傅山亲题"道外禅提多像后三身回箋，

1　百度百科：移穰村。

众生饥饿苦慈悲五谷护移穰"。据《平定县志》考证，村北古城垴发现新石器时代遗迹多处，曾挖掘骨针、石斧等文物。现存有本县最早的三大摩崖石刻之一，为北朝时期东魏孝静帝元象元年（公元538年），距今已有1 484年历史。

移穰村在唐代达繁盛，元代曾称为移穰都。如今古村"四至"（南阁"三观阁"、西阁"真武阁"、东阁"文昌阁"及北阁遗址）及村落传统街巷格局保存完好。主要历史建筑有：千年古刹"寿圣寺"，建于唐贞观二年。寺庙为三进式院落，前院为天王殿，两旁拱门上有钟、鼓二楼阁，中院正楹为大雄宝殿，后院为玉皇顶、藏经楼、讲经堂等建筑，为市级文单位；李家祠堂建于清代同治九年；保存完好的石院民居院落有东院、西院、南院、北院、旗杆院、谷洞院等20多处。

移穰是平定县的一个知名老村，村中不但有很多保存较好的老建筑，远近扬名的寿圣寺，还有历史悠久的龙灯舞、花纸等文化遗产。上北院是移穰村最有特色的大院之一。新中国成立后上北院被充公作了村委会，近年归还了房主。上北院坐北朝南，共有前后三进，按晋东按传统布局，前院临街的房子是下人居住的配套房间，前院的正房是接待客人的地方，二进院或是过道，或是一些简单建筑，只起隔绝、过渡作用，第三进院才是主人居住、生活的主要场所。现在，上北院临街的房子已经翻新，值得一看的是它的后边的建筑，也就是这个大院的主要建筑：前院的正房和二进院、三进院，这些还保存得基本完好。

移穰村山河秀美，人杰地灵，历史上曾出现了不少有影响的大户人家及历史人物，如明末清初的举人、进士礼部员外郎李淮、康熙朝举人李蕊、咸丰元年辛亥科的武解元李敦义等，为后人留下众多典故传说与精美雕刻工艺。始创于清道光九年的龙灯舞、染花纸200年传承经久不衰，分别为省级和市级非遗名录。

（二）非物质文化遗产的主要特征[1]

1. 独特性

非物质文化遗产一般作为艺术或文化的表达形式，体现了特定民族、国家或地域内人民的独特创造力，或表现为物质的成果，或表现为具体的行为方式、礼仪、习俗，这些都具有各自的独特性、唯一性和不可再生性。

1　韩基灿. 浅议非物质文化遗产的价值、特点及其意义[J]. 延边大学学报（社会科学版），2007（4）：74–78.

2. 活态性

非物质文化遗产尽管有物质的因素和物质的载体，但其价值并不主要通过物质形态体现出来，而主要通过人的行为活动体现出来，有的需要借助人的表演行动才能展示出来，有的需要通过人的某种高超、精湛的技艺才能创造和传承下来。

3. 传承性

非物质文化遗产的保留和延续主要依靠世代相传，一旦停止了传承活动，也就意味着消失、死亡。而这种传承，往往是口传心授，打上了鲜明的民族和家族的烙印。通常采用语言的教育、亲自传授等方式，使技能、技艺和技巧从前辈那里流传到下一代。

4. 流变性

非物质文化遗产在传播过程中，常常与当地的历史、文化和民族的特色相互融合，从而呈现出继承和发展并存的状态。物质文化遗产的传播往往通过复制可以获得，而非物质文化遗产的传播是一种活态流变。

5. 民族性

民族性是指为某一民族特有，深深地打上了这个民族的烙印，体现了这个民族独特的思维方式、智慧、世界观、价值观、审美意识和情感表达等因素。

6. 地域性

每一个民族都有自己特定的生活和活动的地域，该地域的自然环境对该民族文化的形成和发展具有很大的影响。非物质文化遗产都是在一定地域产生的，与该地域环境息息相关，该地域独特的自然生态环境、文化传统、宗教、信仰、生产、生活水平以及日常生活习惯、习俗等从各个方面决定了非物质文化遗产的特点和传承。

7. 综合性

非物质文化遗产是一定的时代、环境、文化和时代精神的产物，是各个时代生活的有机组成部分之一，因此，它必然与当时的社会生活有着千丝万缕的联系。此外，许多非物质文化遗产常常与物质文化遗产联系在一起，所以它在存在形式上也表现出综合性。

（三）非物质文化遗产传承路径 [1]

1. 以传承人为中心的传承途径

由于非物质文化遗产的活态性与流动性，其保护、传承，比起物质文化遗产来，更加复杂，更加凸显人的作用。在非物质文化遗产保护中，以传承人为中心的传承途径，是目前备受重视和关注的传承途径。它是非物质文化保护的起点和基点，也是非物质文化遗产保护中传承途径的主要形式之一。

2. 以节庆旅游为基点的传承途径

在非物质文化遗产保护、传承与发展的过程中，以节庆旅游为基点，来参与、体验非物质文化遗产，进行互动的传承途径，人们在有关活动之中，进行非物质文化遗产信息现场性的互动与交流，在人与人之间，在群体之间通过交流、体验进行传承非物质文化遗产的方式，主要包括节日庆典传承与旅游活动传承等。

3. 以物化的形态为载体的传承途径

非物质文化遗产具有无形性、动态性、传承性等特点。无形性是指非物质文化遗产可以是技艺、表演艺术、节庆、仪式等，没有特定的物质状态。然而，非物质文化遗产会通过一定的物态化的形式表现出来，成为人们看得到、摸得着、能体会的，实实在在的东西，如与之相关的制成品、开展的活动等，而作为非物质文化遗产本身是看不见，摸不着的信息。

4. 以广大受众为关注点的传承途径

随着无线电广播、电影、电视、多媒体、互联网等电子传媒的相继问世，出现了新的传承的方式，这促使传承发生历史性的变革。以广大受众为关注点的传播类型，包括印刷媒介传承、电子网络传承和场馆基地传承等方式。在非物质文化遗产保护中，这些以广大受众为关注点的传承途径也逐步地进入非物质文化遗产的保护和传承之中，对于非物质文化遗产的保护、传承与发展起着至关重要的作用。

5. 以学校教育为方式的传承途径

学校教育传承途径不仅是非物质文化遗产有效的传承途径之一，也是增强民族文化自信心的最佳、最深入人心的方式。从联合国教科文组织到中国政府都非常重

1　夏宁博 . 非物质文化遗产的传承途径探究 [D]. 昆明：云南艺术学院，2011.

视学校教育传承途径。学校教育传承途径是最佳的非物质文化遗产传承的形式之一，主要包括学校教学活动和传承人进校园等形式。

6. 以宣传和评论为目的的传承途径

在非物质文化遗产保护中，以介绍、宣传和评论非物质文化遗产为目的的传承途径，主要以与非物质文化遗产有关的机构、学者以及有关人士为主体，来对非物质文化遗产进行介绍、宣传和评论，起到在人们之间营造一种重视、认可、尊重非物质文化遗产的文化生态氛围作用。

（四）非物质文化遗产保护利用模式 [1]

1. 博物馆保护模式

此模式主要借鉴西方发达国家的生态博物馆理论，主要针对无法整体移动，无法活态保存的非物质文化遗产项目而言，因博物馆具有保护、保存遗产的科学设置和专业人员，是此类文化遗产的永久性保护机构。

2. 活态保护模式

这是一种"情景模拟"式的保护理念，主要依靠非物质文化遗产的传承人、非物质文化遗产空间和非物质文化遗产时间这三部分组成一个动态的文化场来实现，在这个场中进行着疏通传承渠道、存留文化空间和延续文化时间的工作，其关键是再创造性的确认、核心价值的确立和传统文化现代化建设等。

3. 生态圈保护模式

这是一种"不离土也不离乡"的保护模式，选择一个或几个完整的、具有现实保护意义的"生态文化圈"，以"生态"代替"活态"，使其在相对独立的生态环境中依循规律发展，这是一种整体性的规划与保护，不复原，却承续并明确非物质文化遗产的存在生态。

4. 档案保护模式

以建档的方式对非物质的无形文化遗产进行"无形变有形的创造"，这也是延续文化遗产传承时间的一种重要方式。例如文化遗产名录的登录工作、传承人的视频影像资料摄制，还有非物质文化遗产进数字图书馆等，都属于档案保护模式。

1　陈俊秀. 非物质文化遗产的生产性保护利用模式研究 [J]. 学习与实践，2015（5）：118–123.

5. 保护性旅游开发合作模式

在保存非遗文化旅游项目"原真性"的基础之上，由政府、旅游企业、当地村民和学者等四方力量联合进行保护性旅游开发合作。不同于一般的旅游开发，应根据非遗文化项目的不同特点区别对待，个性定制。

六、关键要点

①分析非遗传承与活化问题与措施要结合理论依据，同时也要结合移穰村的实际情况进行增减。

③传统村落发展旅游要关注其"原真性"，传统村落作为聚落型遗产最大特点是"生活着"，也是有别于其他旅游地的关键，分析时要予以考虑。

七、建议课堂计划

①先让学生花10分钟将整篇案例通读和熟知，便于学生在课堂上对案例的把握，形成初始印象。

②教师提出案例思考题，将学生分成几个小组，让学生小组运用讨论法讨论关于移穰龙灯舞的相关问题，并请小组代表回答。

③教师按照授课流程和重难点来对案例进行详细讲解，采用提出问题——分析问题——解决问题的思维引导学生带着问题重新思考，回答学生提出的问题。

④延伸案例涉及相关的理论基础，并对该理论进行详细的介绍。引导学生进行发散性思考与运用，把握理论联系实践原则，使学生融会贯通。

八、案例的后续进展及其他教学支持材料

（一）移穰村旅游市场调查问卷分析（2018 年）

移穰村隶属于山西省阳泉市巨城镇，该村于2016年被列为第四批中国传统村落，

于 2017 年被确定为第五批山西省历史文化名村。目前该村旅游发展正处于萌芽阶段。为了更好地开发与发展移穰村旅游，本研究小组于 2018 年 3 月 3 日在移穰村进行实地调研。

本次调研以移穰村的外来游客为主，共发放"移穰村旅游市场调查问卷"18 份，其中，无效问卷 2 份，剩余 16 份问卷中男性游客 10 人，女性游客 6 人。下面进行移穰村旅游市场调查问卷分析。

在本次调研中，游客年龄在 45—64 岁的有 9 人，占总数的 56%；游客中职业为企事业单位的有 6 人，占总数的 36%；游客文化程度主要为大专和本科，分别占总数的 19% 和 45%，游客月收入主要在 3 001~5 000 元，占总数的 40%；游客绝大多数是通过网络媒介知道移穰村的，且绝大多数是亲友结伴的自助游，自驾的比例占了 90%，停留时间普遍为一天（不过夜）或半天；游客花费主要用于休闲体验娱乐活动的有 12 人，占总数的 75%，游客个人花费在 50 元以下的较多。85% 的游客不住宿，就餐选择在村内小餐馆的有 40%，游客一般选择品尝特色菜。游客认为移穰村最具有吸引力的是传统建筑和民俗活动，来移壤村观看龙灯舞的游客占 80%，85% 的游客对移壤村的整体形象评价是"好"。对于山西省的古城古镇，在所列选项中，平遥古城和皇城相府的知名度比较大，知道的人相对较多。所调研游客在选择古城古镇旅游时，更关注民风民俗和建筑。

通过清点当地外来车辆得到：

晋 C 153 辆（阳泉市）　　晋 A 13 辆（太原市）　　晋 K 2 辆（晋中市）

晋 L 1 辆（临汾市）　　冀 A 2 辆（石家庄）　　冀 F 1 辆（保定市）

津 G 1 辆（天津市）　　京 K 1 辆（北京市）

移穰村外来游客构成中，阳泉市游客人数为主要的，大约占游客总数的 88%，其次是太原的游客，大约占游客人数的 7%，周边省会城市到来的游客有河北省、天津市、北京市的，其中河北省的较多。

对移壤村商铺进行调查，得到：

移壤村目前有，小卖部：17 家，小吃摊：1 家（只卖早点），五金店：1 家，小饭馆：2 家。村内现有邮政储蓄银行、农村信用社、联通营业厅、电信营业厅。

本次调研中，游客对移壤村旅游发展提出的宝贵意见和建议有：

①村里的基础设施相对落后，应该完善相应的基础设施；

②移穰龙灯舞作为省级非物质文化遗产，观赏性、价值性极高，却缺少相应的宣传力度，导致了解的人很少；

③舞龙灯的大多都是年老体衰的人，缺少相应的舞龙人员，会给龙灯舞的传承带来很大困难；

④很多摄影爱好者都喜欢拍摄村中的古建以及当地的习俗，然而村中缺少相应的住宿地方，应当尽快提供住宿设施；

⑤对于移穰村来说，村中很大一部分的价值在于原汁原味的建筑，对于村中古建的翻修，一定要慎重，不能盲目地去修，应该采用合适的方法，去恢复村中原本的面貌；

⑥村内卫生间条件简陋，应当给予完善；

⑦当地村委应当积极运用新媒体营销，将移穰村介绍给更多热爱古村落的游客。

（二）移穰村旅游市场调查问卷分析（2019 年）

移穰村隶属于山西省阳泉市巨城镇，该村于 2016 年被列为第四批中国传统村落，于 2017 年被确定为第五批山西省历史文化名村。目前该村旅游发展正处于萌芽阶段。为了更好地开发与发展移穰村旅游，本研究小组于 2019 年 2 月 10 日至 2 月 12 日在移穰村进行实地调研。

本次调研以移穰村的外来游客为主，共发放"移穰村旅游市场调查问卷"20 份，其中，男性游客 14 人，女性游客 6 人。下面进行移穰村旅游市场调查问卷分析。

在本次调研中，游客年龄在 45—64 岁的有 9 人，占总数的 45%；游客中职业为企事业单位的有 9 人，占总数的 45%；游客文化程度主要为大专和本科，分别占总数的 30% 和 40%，游客月收入主要在 3001~5000 元，占总数的 40%；游客绝大多数是通过亲朋介绍和网络媒介知道移穰村的，且绝大多数是亲友结伴的自助游，自驾的比例占了 85%，停留时间普遍为一天（不过夜）或半天；游客花费主要用于休闲体验娱乐活动的有 12 人，占总数的 60%，游客个人花费在 50 元以下的较多。75% 的游客不住宿，就餐选择在村内小餐馆的有 50%，游客一般选择品尝特色菜。

移穰村旅游市场调查问卷选项分布情况

移穰村旅游市场调查问卷选项分布情况 序号	问题选项	(1)	(2)	(3)	(4)	(5)	(6)	(7)	(8)	(9)	(10)	(11)	(12)	(13)	(14)
1	您的常住地是？	阳泉19个; 忻州1个													
2	您的年龄是？	2	5	6	9										
3	您的职业是？	3	9	1	8						1		3	2	
4	您的文化程度？	3	3	6	8										
5	您的个人月收入大概是？	3			1	1	3	8	4						
6	您是通过哪种渠道知道移穰村的（可多选）？		8	8	9	3									
7	您这次来移穰村是？	16	2	2											
8	您是使用何种交通工具来移穰村的？		3	17											
9	您预计在移穰村的停留时间是？	5	5	7	3										
10	您在移穰村最主要的花费用于（只选一个）？	5	1	1	12	2									
11	您个人在移穰村的花费（不包括来回交通费）估计将是？	8	3	4	2	3									
12	您的住宿地点是？	1	1	2	2	15									
13	您选择在哪里就餐？	10	2	4	4										
14	您品尝过或想要品尝下列哪种特色小吃？	3	10	3	4										
15	您觉得移穰村对您最具有吸引力的是（多选）？	11	3	14											
16	您来移穰村主要是为了？	14	5	1											
17	您对移穰村的整体形象评价是？		4	15	1										
18	您知道山西省以下哪些古城古镇（可多选）？	21	3	4	8	1	16	9	11	2					
19	您选择古城古镇旅游时，主要关注的因素是（可多选）？	3	7	1	17	13	2	12							

游客认为移穰村最具有吸引力的是传统建筑和民俗活动，来移穰村观看龙灯舞的游客占70%，75%的游客对移穰村的整体形象评价是"好"。对于山西省的古城古镇，在所列选项中，平遥古城和皇城相府的知名度比较大，知道的人相对较多。所调研游客在选择古城古镇旅游时，更关注民风民俗和建筑。

本次调研中，游客对移穰村旅游发展提出的宝贵意见和建议有：

①可将龙灯舞表演发展成为一种常规的演出；

②村里可多搞一些传统节目，增加民俗活动的种类；

③龙灯舞、染花纸都非常有价值，但宣传力度不够，知道的人很少，应加强对移穰龙灯舞和染花纸的宣传力度，提高知名度；

④缺乏对移穰村是中国传统村落和山西省历史文化名村的介绍，不知道为什么被评为这些的依据是什么；

⑤很多民居民建应更好地保护起来，对于翻修、新建的民居最好用仿古砖，恢复古村落的整体面貌，国家申请资金和民间企业投资相结合；

⑥完善村里的基础设施；

⑦村里没有住宿的地方，很多摄影爱好者都喜欢拍摄清晨或夜晚的景象，希望能够尽快完善住宿设施；

⑧村内餐馆规模小、数量少，供不应求；

⑨提升全社会关注文化遗产。

是艺术家的画板还是村民共享的乐园

——山西和顺许村乡建的艺术蝶变之路

案例正文

摘要： 21 世纪以来，全国范围内掀起了一股乡村建设的热潮。公共艺术作为一种创造性的外界力量，为乡村建设提供新的探索，艺术乡建逐渐成为乡村旅游与乡村振兴的重要驱动力。山西和顺许村是一个有着两千年历史的古村，不仅拥有丰富的文化遗产资源，而且曾经作为乡镇所在地许村随着乡镇合并，原有的诸如邮局、粮站、学校等公共设施被闲置。在乡村文化传承与功能再生过程中，许村选择了一条乡贤穿针引线、社会公益组织主导、政府大力支持的艺术乡建模式，"许村艺术公社"让许村成为国内外知名的艺术村落，每到两年一度的许村艺术节，来自世界各地的艺术家、国内艺术爱好者汇集，那么，这种艺术乡建模式给许村留下众多艺术作品的同时，又给许村及其村民带来了什么？本案例对许村艺术乡建的历史脉络、实践行动、取得成果及其条件等进行剖析，并结合相关理论阐释，旨在为其他同类的乡村建设提供案例参考，为如今乡村振兴提供更多的模式选择。

关键词： 艺术乡建；多元主体联动；许村计划；许村国际艺术节

一、引言

党的十九大提出了乡村振兴战略，到 2050 年，乡村全面振兴，农业强、农村美、农民富全面实现。乡村振兴战略为乡村建设注入了政策活力，各地乡村建设如火如荼。艺术以其特殊的方式介入乡村建设，成为当代中国乡村建设的一个重要组成部分。艺术乡建的模式多样，在实践中形成了诸多典型案例，比如秦皇岛的戴河村引

* 作者简介 1. 邵秀英（1963— ），太原师范学院教授，研究方向：旅游规划与旅游管理、遗产保护与遗产旅游；2. 耿娜娜（1984— ），太原师范学院副教授，研究方向：遗产保护与遗产旅游；3. 翁线珍（1995— ），太原师范学院硕士研究生，研究方向：旅游地理与旅游规划。

入了艺术家，建设艺术院校实习基地，被称为中国第一个乡村文创园[1]；毗邻雄安新区的阜平县，地方政府支持艺术家设计、建造工作室、美术馆，带动乡村风貌提升和文化旅游发展；画家林正禄团队驻村福建屏南龙潭村，通过"人人都是艺术家"的实践，吸引一批城里人成为龙潭古村新村民等等。应该说，艺术乡建活动对于乡村优秀传统文化的挖掘，乡村风貌美化，起到了重要的推动作用，而且不同的艺术手段介入乡村建设，也有利于文化艺术与产业融合，推动乡村生产生活生态功能的再生发展。那么，艺术乡建活动给村民带来了什么？艺术乡建如何实现扶贫、扶智双赢？和顺许村艺术乡建是一个乡贤、政府助力艺术家实施乡村建设的案例，以乡村环境为艺术参与本底，从文化深层次激活乡村，从 2008 年至今，许村的艺术乡建一直在持续且产生了持久的社会影响力，许村从一个太行山默默无闻的古村变成了国际知名的艺术村。用"艺术推动村落复兴与艺术修复乡村"的理论也在许村乡村修复与再生中得到实践，"许村国际艺术公社"创造出了一个独特的乡村文化形态，许村传统优秀文化与现代时尚艺术相结合，废弃的邮局、粮仓、学校、大队部等变成了酒吧、艺术展厅、研学中心、艺术家工作室、颜料画布仓储，村落民居院落、广场、道路、建筑物外立面都成为艺术家创造的空间，村民成为艺术创作的原型，学生参与艺术画画，村落公共文化环境大大改善，许村成为乡村文化振兴的典型案例，同时艺术家创作带动了村民经营农家乐、餐厅、民宿，许村老街得到恢复，吸引了和顺非遗文创入驻，许村是一个既保留了传统农业生产生活，又具有鲜活艺术范儿的艺术乡建案例，渠岩是许村艺术乡建的实践者。

二、政策支持与理论基础

（一）政府政策

和顺许村艺术乡建是一个乡贤与政府助力艺术家实施乡村建设的案例。和顺县政府及许村村委的大力支持对许村艺术乡建发挥着重要的作用。许村艺术乡建选择了多元主体联动的建设模式，在该模式中，和顺县政府负责审核乡建规划、乡建策划方案并监督乡建项目的实施，政府为吸引艺术团队驻村，提供平台、资金、政策、

1　李静. 艺术家探索艺术振兴乡村方式创造一批知名案例 [EB/OL].（2018–07–06）[2022–03–11]. 中国日报网.

制度等方面的支持，政府出资资助举办两年一次的许村国际艺术节，政府还免费向村民开展服务培训，和顺县政府的宏观调控与统筹协调对艺术乡建发挥了很大的作用。

（二）理论基础

1. 利益主体理 E 论

20 世纪 60 年代，利益主体（Stakeholder）一词出现在管理学领域。美国人弗瑞曼（Freeman）是应用利益主体理论的先行者，他将利益主体定义为那些能影响企业目标的实现或被企业目标的实现所影响的群体或个人[1]。利益主体理论倡导利益共享、责任共担的社会公平理念，对利益博弈过程中处于弱势地位的群体的利益表达给予特别关注。

20 世纪 80 年代，利益主体理论被学者引入旅游研究领域。在旅游地利益主体系统中，旅游企业、当地政府、社区居民、游客构成该系统的主要利益主体[2]。旅游地的和谐、健康发展尤其需要与旅游业密切相关的各利益主体彼此之间协调与合作。在本案例中，许村艺术介入的多元主体联动模式主要涉及三大利益主体，即作为引导者的当地政府，作为发起者的艺术家团体、专业团队和当地乡贤，作为艺术乡建的核心利益群体则包括许村村委和村民。他们在艺术乡建过程中扮演着不同的角色。一般而言，外部力量介入的乡村建设利益主体结构体系中，本地村民多处于弱势地位，许村艺术乡建中，当地政府发挥了统筹协调引导管理职能，较好地协调各方利益主体的利益诉求，村民的核心利益主体诉求得到有效满足，使得艺术家与村民、艺术与乡村之间建立起较为稳定的利益关系。

2. 社区参与理论

19 世纪 80 年代德国著名社会学家斐迪南·滕尼斯（Ferdinand Tonnies）对社区问题的讨论被认为是国外学术领域对社区问题研究的开端[3]。滕尼斯在《社区与社会》一书中将社区概括为基于血缘、邻里和朋友三种不同关系建立起的社会团体[4]。1985

1　Freeman R E. Strategic Management：A stakeholder Approach[M]. Boston：Pitman，1984：46.

2　王莉，等. 古村落旅游地利益主体关系及影响研究：世界文化遗产地西递、宏村实证分析 [J]. 资源开发与市场，2006（3）：276-279.

3　刘英明. 基于扎根理论的乡村旅游社区参与的障碍因素探究 [D]. 济南：山东大学，2015.

4　车慧颖. 基于增权理论的海岛社区参与旅游研究 [D]. 青岛：中国海洋大学，2013.

年，墨菲（Murphy）在其《旅游：社区方法》一书中阐述了旅游业对社区的影响和社区的旅游参与，探讨了如何从社区角度开发和规划旅游。自墨菲开始，西方学者开始将社区及其旅游参与作为一种旅游规划的方法纳入研究视野[1]。20世纪30年代，社会学家费孝通翻译滕尼斯著作时将"Community"译为"社区"，"社区"一词从而引入我国。对于社区的定义，国内学者也做了诸多研究，如唐顺铁（1998）认为社区是一种群体和区域结合的综合体，群体依附于特定区域进行一定的社会活动，并且相互之间持有共同的文化和价值观[2]。

社区参与旅游发展，主要体现在参与旅游地的发展决策和旅游收益分配两个方面[3]。学者孙九霞、保继刚认为社区参与旅游发展是指在旅游的决策、规划、开发、管理、监督等旅游发展过程中，充分考虑社区的意见和需要，并将其作为主要的开发主体和参与主体，以便在保证旅游可持续发展方向的前提下实现社区的全面发展[4]。社区居民的主动参与是社区旅游发展的内在动力。通过社区参与，不仅使当地居民从旅游发展中公平获益，也使居民的参与意识和参与能力得到提高，居民获得更多的发展机会，从而实现社区旅游的可持续发展。许村艺术介入并没有将许村完全旅游化成为景区，但艺术活动给许村人居环境带来巨大变化，艺术在村落得到较为充分的展示，村民及其生产生活成为国际艺术创作的源泉，村民也因艺术家集聚以及艺术节举办带来的大量游客需求，积极参与了农家乐餐饮接待与土特产品的售卖等活动中，社区参与在许村艺术乡建中得到实践。

3. 可持续发展理论

可持续发展的概念最早是在1980年国际自然保护联合会（IUCN）制定的《世界自然保护大纲》中被提及。目前，国际上普遍认可1992年联合国国际环境与发展大会对可持续发展的定义，即"既满足当代人的需要，又不损害后代人满足其需要能力的发展"。可持续发展涉及生态、经济和社会3个方面的协调统一，要求人

1　左冰，保继刚.从"社区参与"走向"社区增权"：西方"旅游增权"理论研究述评[J].旅游学刊，2008（4）：58-63.

2　唐顺铁.旅游目的地的社区化及社区旅游研究[J].地理研究，1998（2）：34-38.

3　Tosun C. Limits to community participation in the tourism development process in developing countries [J].Tourism Management，2000，21（6）：613-633.

4　孙九霞，保继刚.从缺失到凸显：社区参与旅游发展研究脉络[J].旅游学刊，2006（07）：63-68.

类在发展中关注生态环境、讲究经济效率和追求社会公平，具体包括生态可持续发展、经济可持续发展和社会可持续发展。

旅游可持续发展是可持续发展理论在旅游领域的延伸和应用。1997 年 6 月，世界旅游组织（WTO）、世界旅游理事会（WTTC）与地理理事会（Earth Council）联合发布了《关于旅游业的 21 世纪议程》，将旅游可持续发展定义为"在保持和增强未来发展及机会的同时满足目前游客和旅游地居民的需要"，该文件的问世标志着旅游可持续发展思想的成熟。旅游可持续发展的实质即是要求旅游、资源、人类生存环境的协调统一，旅游业发展应同资源环境、社会经济的发展相融合、相协调。旅游可持续发展可有效规范与限制旅游开发等相关行为，是促进旅游业趋于理想发展状态的指导标准，也是旅游业实现理想目标的基础与保障[1]。

三、许村艺术乡建之路

（一）许村是一个历史悠久的古村落

许村位于山西省晋中市和顺县松烟镇，东临清漳河，西靠凤凰山，整体坐落于太行山北部的高山盆地，紧邻晋冀两省交界处，距和顺县城约 28 千米。许村历史悠久，唐朝晋王李克用曾在此屯兵防守。明朝开皇年间，皇帝允许封村，许村的名字也由此而来。许村保留了较为完整的"明清商业街"，古街、古屋、戏台、古井、古庙等传统建筑众多，文化历史丰厚。20 世纪 80 年代伴随着城镇化和工业化的发展，许村作为乡镇所在地，人口大幅增长，居住用地增加，村子的东部和南部出现了围合式和行列式混合的组团建筑，建筑风貌更具现代化。但古村风貌和空间结构仍保存完好。

许村是一个历史悠久的古村落，人文景观荟萃，文化内涵深厚。在历史文化演进过程中，许村形成了诸如宗室文化、手工艺、晋商文化、宗教文化、影视文化等。其中，以"和文化"为代表的宗室文化对许村产生深刻影响。"和文化"即内和外顺、男和女顺、家和义顺的礼俗信条，是许村人际交往中的核心纽带。"和文化"是千

1　贾艳芬 . 基于旅游地生命周期理论的乡村旅游可持续发展研究 [D]. 石家庄：河北师范大学，2016.

年古村许村村民对外界事物的开放包容与适应的结果，与自古以来许村的商业重镇息息相关。

（二）许村艺术乡建的背景

许村坐落于太行山北部的高山盆地，受自然地理环境等因素的影响，许村素有"八山一水一分田"之说，长期以来，许村以农业为主导产业，村民以农业种植为生。2001 年以前，许村是许村乡政府所在地，之后许村乡与松烟镇合并。伴随着乡政府搬迁，许村的政治、经济与文化功能弱化，村民外出打工，邮局、粮仓、学校等社会公共设施闲置，导致许村人才流失，"空心化""老龄化"明显，发展活力受限，村落功能弱化，逐渐衰落。

许村因商而兴，据《和顺县志》记载，晚清至民国时期，天津商人到松烟、许村等产区收购加工麻皮、核桃仁，直运天津口岸出口，许村出现了为天津客商服务的经纪人，有了"复成园""三合成"等字号店铺。许村一条东西走向的明清老街，是村内保存比较完整的古建筑群，街长 300 米、宽 6 米，街边建筑均保存着明代和清代的风格，典雅别致，特别是房屋上石雕、砖雕、木雕独具特色。许村地处太行腹地阳曲山下、清漳河畔，自然环境优美，经典的牛郎织女传说，正是源于许村一带，旅游景观独特。

21 世纪以来，艺术介入乡村建设的实践逐渐兴起，艺术乡建被定义为当代艺术家走出美术馆、画廊等传统空间，向外介入到乡村这一特定社会现场的艺术项目[1]。"许村计划"就是艺术介入乡村建设与复兴的典型实践。艺术家渠岩是许村艺术乡建的核心人物。2015 年渠岩在《艺术乡建：许村重塑启示录》一书中对艺术乡建进行了阐述，艺术介入乡村的重要意义并不是艺术本身，而是艺术与乡村之间的关系开始建立。艺术不再是艺术家的自我创造，不再局限于艺术审美的情趣之中，而是一种艺术实践行为，或者是一种社会运动。当代艺术之所以区别于传统艺术以及主流的意识形态艺术，即在于其具有文化启蒙、公民教育以及社会干预的意义[2]。许村通过艺术介入的方式，以艺术家的创新连接当代艺术与地域文化，从内部深层次复

1　张宛彤 . 中国艺术乡建的基本模式——以"许村计划"为例 [J]. 大众文艺，2020（10）：141-144.

2　渠岩 . 许村国际艺术公社 [J]. 公共艺术，2015（4）：46-48.

兴乡村，2016 年，许村也列入中国美丽休闲乡村。

（三）许村艺术乡建历史脉络

1. 艺术乡建缘起

许村艺术乡建的实践行动可以追溯至 2008 年。艺术家渠岩受和顺县政协主席范乃文的邀请，前往和顺县为摄影爱好者讲课。课程结束后，范主席极力邀请渠岩到自己的家乡许村参观。渠岩被许村完整的古村机理和风貌格局、丰富的建筑和传统礼俗文化所触动，仿佛许村就是他遗失多年的理想家园。渠岩萌生了一个大胆的想法，他希望能通过当代艺术的介入来复兴衰败的许村。基于自身艺术家的身份背景和社会资源以及深知当代艺术之于社会的责任和意义，渠岩决定用艺术激活没落的许村，许村艺术乡建从此拉开序幕。范乃文出于对自己家乡的责任和热爱，渠岩出于艺术家浓厚的家园情怀，促成了"许村计划"的开始。

"许村计划"设计者渠岩与参加许村艺术节的外国艺术家

许村国际艺术公社社长范乃文接受采访

2.艺术乡建的萌芽

艺术家渠岩进驻许村后实施了一系列的村落修复和功能再生计划。首先，说服村干部和村民停止传统建筑及老宅院的破坏，制定了保护和修复传统建筑的措施和方案。其次，选取废弃的影视基地作为修复实验样本，经过两年改造，许村国际艺术公社在原影视基地落成。围绕艺术家广场还建造了艺术公社办公和接待中心、艺术图书馆和资料室、新媒体与会议中心、乡村酒吧等，让村民看到旧建筑也可以换新颜。再次，制定了许村村民文明手册，发起了"艺术家带头捡垃圾"活动，唤醒村民内心对村落环境的关注，对家乡的热爱，培养村民文明生活的意识，乡村文明初见成效。"许村计划"还包括"许村宣言""许村艺术公社""许村国际艺术节""许村论坛"等艺术乡建机构、节庆等文化产品开发等内容。

3.艺术乡建快速发展

按照"许村计划"，2011年许村成立了"国际艺术公社"，"首届乡村国际艺术节"举办，标志着许村艺术乡建进入快速发展时期。艺术节期间，国内外著名艺术家以及知名艺术院校的专家驻村开展艺术创作活动，每人留下两幅作品作为许村永久收藏并进行展览，以此吸引社会关注与游客来访。艺术节以地方文化为核心，汇聚各方力量，已成为许村乃至和顺县的优势品牌。截至2019年，许村国际艺术节已成功举办五届，通过当代艺术与传统节庆的创意结合，许村国际艺术节将许村变成了一个艺术文化交流的乡间场所，让许村从一个太行山默默无闻的落后乡村变成了如今国际知名的艺术乡村。许村被誉为"中国乡村版的798"，先后获得"中国美丽休闲乡村""中国乡村旅游创客示范基地"和"山西省旅游示范村"等称号。

（四）许村艺术乡建实践项目

1.许村国际艺术公社

许村国际艺术公社是由传统建筑改造成的当代艺术空间，是许村文化艺术的中心节点，被誉为中国乡村版"798"。许村艺术公社是非营利的艺术机构，以"弘扬世界人文理想，创造当代精英文化"为目的，通过邀请海内外艺术家参与驻村创作，将当代艺术注入具有传统文化的乡村，从而产生思想激荡的火花，追求乡村传统文明在现代背景下的复兴[1]。许村国际艺术公社还积极邀请当地的艺术爱好者、村民参

---

1 黄灵均.许村艺术公社艺术区域的空间营造设计研究[D].广州：广东工业大学，2019.

与创作过程，从而增进艺术与当地村民的彼此理解与交流，让鲜活生动的艺术创意在古老的村落生根开花，为这座古老的山村以及和顺地区注入新鲜的文化活力[1]。

许村国际艺术公社的创立既为来自世界各地的艺术家在中国传统文化的腹地带来惊喜和启发，也激发了艺术创作者与古村文化自然的深层交流，为当地居民带来新的世界观和生活方式。实践证明，许村国际艺术公社将国内外艺术文化深耕于中国传统文化的土壤中，在与古村社群共同创造生态、艺术与社会的对话现场中，为艺术家提供社会与人文关怀相结合的创作空间[2]。许村国际艺术公社以艺术村的现场形式提供多元化的合作平台，促进各国艺术家之间的交流与合作，促进跨文化跨领域的对话，促进本地区文化知名度的提升，传达人与自然、人与艺术之间无限可能性的艺术实践。

2. 许村国际艺术节

2011 年 7 月，许村举办了第一届艺术节，为期半个月。艺术节上，渠岩邀请到 20 位中外知名艺术家入驻许村进行在地艺术创作，并在艺术家创作的作品中选取两张，永久留在许村并在美术馆进行展览。按照"许村计划"，许村艺术节每隔两年举办一次，每一届艺术节设计一个主题，每一届的主题都会对许村深厚文化内涵进

1   渠岩 . 许村国际艺术公社，和顺，山西，中国 [J]. 世界建筑，2015（2）：100–105, 131.

2   谭若芷 . 从情感共同体的重构到乡村社会秩序的修复 [D]. 广州：广东工业大学，2018.

行凝练与升华，给人们留下充分的想象与启发空间。许村国际艺术节的筹备与组织上，艺术家渠岩带着志愿者做好艺术家邀请、活动行程安排的工作，乡贤范乃文带着村委会与村民做好地方接待的工作，二者里应外合共同推动艺术节如期举办。许村艺术节举办期间，村民或开办小商品铺或参与服务接待，主动找到自己在这场节日庆典中扮演的角色，这种参与的全面性为许村的整合与重塑提供了新的路径。

历届许村国际艺术节

名称	时间	主题	活动内容
首届中国和顺许村乡村国际艺术节	2011 年 7 月		艺术家作品展、在地文化如晋剧汇演等"中国乡村运动与新农村建设许村论坛"
中国·和顺第二届乡村国际艺术节	2013 年 7 月	"魂兮归来"	艺术家作品展、在地文化如晋剧汇演等许村手工艺品集市
中国·和顺第四届许村国际艺术节	2017 年 7 月	"神圣的家"	艺术家作品展、儿童助学计划和艺术培训活动、许村当代美术馆、抗战红色文化记忆展
第五届许村国际艺术节	2019 年 8 月	"庙与会"	艺术作品展，举办"许村论坛"强化和延续许村在地之文化脉络与传统

在许村创作中的艺术家

艺术节是推动乡村建设最好的方式和切入点。许村村民已经将艺术节作为自己的节日与庙会。传统节日已失去文化内涵而变成假日，许村艺术节已深深嵌入地方文化与生活中。许村国际艺术节的成功举办不仅能够深层次唤醒地方文化的内在活力，促进地方文艺产业的繁荣发展，带动旅游观光休闲度假产业，将资源优势转变为经济优势，而且还促进了乡村与城市、地方与世界、传统与现代平等的交流与对话，重新修复了人与人之间的情感联系，增强文化认同，重塑文化自信，重新凝聚温馨和谐的乡村情感共同体。许村艺术节的生命活力得益于外部文化资源与当地文化逻辑的成功嫁接，它印证了全球化时代世界与地方的共生性。而此种共生关系之所以是可持续性的，恰恰在于它是在节庆和游戏中完成的。

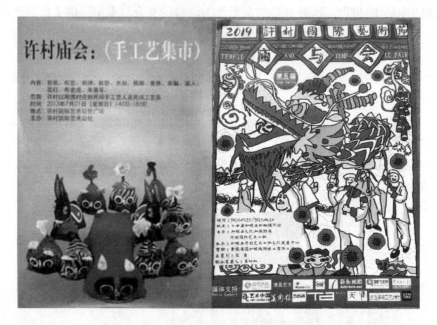

第二届许村艺术节上在地手工艺集市　　　第五届许村艺术节主题"庙与会"

3. 许村国际论坛

2012 年夏，以"中国乡村运动与新农村建设"为主题的许村论坛开幕。此后，伴随着每届许村国际艺术节的开展，许村国际论坛也会在其间展开。许村国际论坛会邀请乡村建设、规划和建筑方面的专家学者、政府官员、世界遗产委员会的咨询专家、许村村干部及村民等共聚许村，探讨中国乡村运动和乡村建设的学术话题。许村论坛凝聚了国内外专家学者的集体智慧，为许村的发展方向和建设策略集思广益，同时也使村民有了为自己发声的机会和平台，为自身的权益代言增强了村民的参与感和主人翁意识。

当下许多村落面临的困境，并不只是贫穷的问题，更是传统文化丢失、秩序瓦解、礼俗崩塌的问题，因此，文化振兴是乡村振兴的重要内容。许村艺术乡建也把文化认同与文化自信作为最关键的一环。文化认同可以避免地方发展过于局限，避免艺术陷入过度消费的尴尬境地，避免村民重经济轻文化过度逐利的倾向，以此形成经济、文化、生态可持续的发展模式。许村艺术乡建涉及领域广，单凭艺术家一己之力难以完成，许村国际论坛的目的就是集不同领域专家学者的经验智慧之大成，形成许村乡村建设与振兴的合力，推动艺术乡建可持续发展。"许村论坛"的另一个亮点是让村委干部参加论坛，对当地村民的乡建诉求给予关注，有利于建立地方共识、增进外来驱动与在地内生力量的融合，增加文化认同，唤起村民的家园意识。

四、许村艺术乡建的成果

（一）传统空间功能再生

1.传统建筑修复利用

传统建筑修复过程中，既注重公共空间建筑的营造，也关注村落建筑与民居院落的修复。许村乡建的艺术机构大都是由闲置和废弃的公共建筑改造而成，改造后的建筑既保留了传统建筑的外观，又重新调整了内部空间与设施，既有了传统的"面子"，又有了现代的"里子"，人们在传统建筑的外壳里过上现代生活。高品质空间的营造归根结底还是要以人为本，村民是乡村建设的核心主体，民居院落是村民最主要的使用空间，也是为游客、艺术家提供服务体验的重要场所。

许村艺术乡建过程中对传统民居院落进行合理修缮，恢复其原有尺度，为村民营造高品质的生活空间。

为了给村民保护老房子做示范，渠岩把许村荒弃的摄影棚进行改造，外面保留老面貌，里面却是有设计感的现代建筑

村民乔彦兵的菜地被做成具有景观属性的园子

2. 传统空间功能再生

2008 年以前，许村的空间功能以农耕、乡村居住为主，商业、教育、行政等功能为辅。许村乡撤并之后，许村商业、教育、行政等空间功能消失，大量公共设施闲置，因此，传统要素整合重组与传统空间功能再生成为许村艺术乡建的重要内容。按照"许村计划"，他们充分考虑了古街巷、粮仓、学校、邮局等传统空间功能特点，重组旧要素的同时，挖掘新要素，满足艺术介入多元化、个性化的功能需求，空间文化功能增加，乡村空间凝聚力得到增强、村民情感共同体得以维系。文化功能与其他功能的融合增添了乡村发展活力，拓宽了艺术介入空间，乡村空间功能发生较大变化。比如，给村落街道和传统建筑外立面的艺术涂鸦，扩大了许村文化艺术空间，使许村处处成为艺术家的画廊；明清古街修复注重还原其原有特征，通过传统样式与现代艺术的结合，实现了空间场所的艺术性表达，古街商铺安排了民俗文化、手工艺、非遗制作等体验，使明清古街在原商业功能的基础上增加了文化展示预体验功能；许村美术馆原来是许村粮仓，通过建筑师的精心改造，粮仓成为展示历届艺术家艺术作品的主要展馆，具有了文化展示、休闲功能，重新焕发了空间活力；还有许村中学被改造成艺术家工作室，研学教育基地等，艺术让村落闲置空间功能产生了明显的活力。

修复后的明清商业街

由粮仓改建的许村美术馆

由邮局改造的酒吧

（二）乡村文化重塑

1.传统文化焕发新生机

"许村计划"让非遗融入现代节事。在许村国际艺术节开闭幕上，许村传统民俗文化非遗活动如二鬼摔跤、麻皮狮子、舞龙、戏曲等竞相演出，非遗表演不仅满足了村民的文化和娱乐需求，还能扩大村落传统文化的社会影响力，国际艺术节为传统文化的更新与延续增添新动力。村民也会因地方文化受到重视而增强文化认同、重拾文化自信，这份认同与自信又会重新凝聚群众力量、维系群体情感联系。

街巷空间的艺术创作。艺术节期间，艺术家们以村内人物、事件和本土文化为原型，在公共空间进行艺术创作，如以二鬼摔跤、舞龙、舞狮等非遗项目或以许村神话传说为主题的墙绘等。这些街头艺术作品不仅记录了许村的变化，还增加了许村的美学价值，表达了许村的文化内涵。街巷艺术创作的内容会随着艺术节主题的不同而改变，展示不同的文化价值观，是艺术介入许村的最佳见证。

被艺术化的许村街道、建筑物外立面

手工艺品制作体验成为主流。明清古街的两旁新增了许多手工艺品店、非遗制作体验店，如乞巧布艺、泥塑、牵绣等，游客不仅可以购买当地特色手工艺品，而且还可以参与手工艺品的制作过程，增强体验与感知，符合游客的心理诉求。此外，这些店铺还将许村的地域特色融入其中研发出文创产品，如将牛郎织女的神话故事融入牵绣织出带有地方特色的绣品。

2. 村民文化认同感增强

文化认同感是衡量许村艺术乡建的重要指标。艺术介入以前，村民主要依靠农业种植或外出务工的微薄收入维持生计，村落"空心化"，传统文化也面临失传。艺术介入许村带动了乡村旅游的发展，村民或开办小商品铺或参与服务接待，经济收入比以往有了大幅提高。更为重要的是，村民的文娱活动变得丰富多彩，尤其是艺术活动大为增加，成为村民重要的公共活动，村民自发参与艺术创作、艺术助学、美术馆参观等活动。此外，村民的生活方式和行为习惯也在不知不觉中被艺术浸染，精神面貌、言谈举止均发生了变化，村民素质显著提高，思想更加多元、开放，行动也更有方向、更有动力。村民人手一本文明手册，学习文明用语和文明行为，卫生意识明显提高，街上随意丢垃圾的人少了。这些正是村民增强文化认同、重拾文化自信的表现。

3. 村民生活质量提高

（1）村落基础设施得到优化

许村国际艺术公社及其广场建筑群大都由闲置和废弃的公共建筑改造而成，村里原来的粮仓、邮局改装成时尚艺术家工作室、画室、酒吧，村里旧广场、老旧店铺赋予新的功能，墙壁涂鸦有新意，老件打磨换新装，供销社、知青点打造成游客人打卡地，传统建筑焕发新机，传统空间功能更新。村里广场、路灯、排水等基础设施改造提升，村容村貌改善，村内道路进行了硬化，主要路段采用石板材质进行铺设，部分路段还使用了当地特有的红色岩石，艺术介入保留了当地建筑元素，保留了乡村风貌特色，突显许村地格文脉。同时，许村种植了大量景观树、营造景观小品，艺术推动许村实现了亮化、硬化、美化、绿化。村落门楼、旅游标识系统、停车场、公园、农家乐文化广场、公共浴池、医务室等配套设施均得到提升完善。

（2）经济收入增加

许村国际艺术公社建设和艺术节活动，是艺术赋能乡村振兴的案例。许村艺术节举办给许村带来了众多艺术家和学者，让许村走出了大山，知名度提高，游客纷纭而至，还有很多艺术家在艺术节后又重新返回许村小住。许村由一个传统农业小村变成了文化艺术引导的文化旅游村，村民既是表演者又是观众，既从事传统农业，又开办农家乐接待游客，相比于旅游公司或企业投资的开发模式，许村村民在艺术乡建中有了更大的利益空间。许村艺术介入以前，村民以农业种植和外出务工维持生计，随着艺术节的举办，村民或开办农家乐提供食宿服务，或开办小商品铺及手工艺品店，积极主动参与艺术节，经济收入翻了几番。2016 年，许村成立了"农家乐接待中心"，农家乐接待档次和服务水平不断提升，全村农家乐可一次性容纳450 人住宿，1 000 余人就餐。

（3）艺术赋能文化旅游产业发展

艺术乡建给许村产业发展带来了机遇。首先是艺术节举办带来了国内外游客。每一届国际艺术节，都有来自十多个国家的艺术家参加，2011 年的第一届许村国际艺术节，渠岩邀请到了英国皇家美术学院前院长保罗·赫胥黎，以及美国、丹麦、澳大利亚等 10 多个国家的艺术家，许村成为能接待外国游客的乡村旅游地。其次，艺术公社及其一些乡建活动、建筑、设施等改变了小山村的村容村貌，文化得到进一步挖掘利用，许村成为一个名副其实的乡村旅游地，获得了社会和市场的认可，许村先后获得中国美丽休闲乡村、中国乡村旅游创客示范基地、山西省旅游示范村、旅游扶贫示范村、国家乡村旅游扶贫工程、农家乐先进村等多项荣誉。再次，文化浸润促进了旅游发展，许村模式成为全国乡村旅游乃至乡村振兴经验模式的研究探索的范例，特别是当代文旅融合、研学旅游跟新业态背景下，许村成为国内大学社会实践和研学旅游的基地，文化旅游研学、研讨的需求，必将进一步带动许村文化和旅游产业发展。目前，许村拥有艺术家渠岩工作室、酒吧、许村美术馆、艺术涂鸦廊道、明清古街、传统建筑戏台、老井等重要景观，新建了农耕文化大院、太行民俗展廊，配置了旅游接待中心、公共星级厕所，农家乐、民俗接待初具规模；艺术介入还激活了社火节、民间工艺、民俗表演活动，一些古老的手艺如雕刻、铁艺、泥塑、手工刺绣等也在艺术节中被重新激活。艺术介入有效地促进了古老与现代文化融合，艺术乡建的许村模式，旅游业蓬勃发展。艺术活动与文化旅游成为许村致富的主要产业。

"许村计划"通过艺术文化来保留住原生态的历史，用艺术行动与古村落进行互动式建构，是许村旅游最核心的资源与优势，艺术将会让许村以非景区化形态延续再生。古老与现代、民族与世界的融合，为许村增添了更多的动感和活力。

依托于艺术乡建平台，许村的乡村旅游业得到快速发展，乡村旅游的迅速发展带来了良好的就业机会，人们从第一产业中解放出来，部分村民也因此重返乡村，主动参与乡村建设，积极融入艺术节庆，艺术乡建与乡村旅游之间形成了相互促进的良性循环，产业结构也实现了优化调整和更新升级，许村从曾经落后贫困的小山村到今天通过艺术与国际接轨的新农村，从泥泞不堪，行走艰难的山中土路到今天光亮宽阔的康庄大道，也将在文化、艺术、旅游中找到属于自己的乡村游模式。

五、许村艺术乡建的成功及局限性

渠岩、范乃文为首的艺术家、乡贤们经过近十年的探索实践，摸索出了一条较为成功的艺术乡建许村模式，对乡村文化传承、功能再生与乡村振兴具有重要的借鉴推广价值。为了深入学习了解艺术乡建的许村模式，2019年第五届国际艺术节期间，太原师范学院旅游管理研究生进行了为期一周的社会实践与调研，本案例就是在社会实践调研基础上形成的总结报告。

2019 年在许村美术馆广场与范乃文主席合影　　2019 年在许村美术馆内与外国艺术家合影

（一）许村艺术乡建成果明显

从 2011 年开始，在当代艺术家渠岩的筹备和倡导下，许村每两年举办一次国际艺术节，邀请世界知名的艺术家参加，用艺术的方式帮助许村延续传统，修复乡村，助力许村文化与旅游融合，为许村及村民带来良好的就业机会，2011 年以来，许村外出人口回流并积极参与艺术活动，实现了经济收入增加，生活品质提高；乡村公共空间通过重新设计与合理改造，赋予传统建筑艺术性，实现了空间功能的转化与升级；更为重要的是，艺术节的举办使地方文化再次被重视，文化内涵激活，文化功能复兴，使村民文化认同增强，文化自信重塑，社会秩序恢复，群体情感凝聚。许村国际艺术节是艺术家们创作的盛宴，也的确使许村成为国内外艺术家们聚会交流的载体，但许村却不仅仅是艺术家们的创作的画板，渠岩说"我不想把许村艺术节办成一个名流的乡村派对"，还是要让村民也参与进来，成为艺术节的主角。调研发现，许村国际艺术节举办给许村及其村民带来丰厚的贡献。比如按照许村计划，每一届艺术节上，艺术家们创作的作品中都会留下两幅作品在许村，连续举办 5 届艺术节，许村共留下 200 幅当代艺术作品，完全支撑了许村美术馆的展陈，形成了永久的国家美术作品展。澳大利亚中国当代艺术基金会跟许村合作，建立艺术创作基地，每年选择 5 位中国艺术家和 5 位外国艺术家在许村创作和交流。澳大利亚艺术家 Jason 连续两次参加国际艺术节，与山西大学美术学院的硕士生张昕一起给许村小学的留守儿童上美术课，孩子们的作品被带到澳大利亚拍卖，所得再用来帮助许村。澳大利亚中国当代艺术基金会还给许村捐赠了一架钢琴，渠岩朋友的孩子从上海来村里给小朋友上钢琴课。台湾大学城乡建设研究所组成了一个 10 人的志愿者团队，帮助村民改造和装修祖传的老房子，做优设计感民宿。村民们经过短期培训后连同他们居住的房子成为艺术家创作的模特。艺术节期间的中外艺术家都住在村民的房间里，还有许多游客，农家乐成为村民们的重要收入来源。在手工艺集市上，村民们可以将世代相传的绣花、剪纸等手工艺品、土特产品进行销售。随着研学与社会实践市场需求的增加，许村居民的旅游收入将有望继续增加。

（二）许村乡建成功的条件

艺术介入推动许村复兴的在地实践，之所以取得一定成效，是政府支撑、乡贤与艺术家共同合作构成的多元主体协调联动的结果，是社会公益组织、艺术家等外部力量驱动与县、乡政府和村委等内部因素共同作用的结果。

国家战略与机遇。许村艺术乡建源于本世纪初，当时许村与其他村落一样，面临着村落文化流失、乡村衰落的困境。在中国美丽乡村战略背景下，开启了艺术乡建之路。2018年许村被列入山西省乡村旅游扶贫重点村。国家乡村振兴战略的实施以及山西省旅游扶贫、文化旅游产业发展等战略方针始终是许村复兴发展的助推器。党的十九大报告提出乡村振兴战略，实施产业兴旺、生态宜居、乡风文明、治理有效、生活富裕，使乡村保留有中国五千年历史传承的乡村农耕文明，同时又能体现具有现代工业化、城乡化发展和特征的现代文明。这将是许村艺术乡建乡村振兴的战略指引。

政府政策是许村艺术乡建成功的重要支撑，和顺县政府为许村艺术乡建提供了政策、资金和平台支持，负责审核乡建规划、艺术活动，策划乡建项目，并对乡建活动实施监管，协调乡建活动各利益主体利益诉求，为许村艺术乡建提供坚实的保障。

多元主体联动融合是许村艺术乡建的特殊模式。除县政府外，松烟镇、许村村委以及村民都是积极参与者。政府许村国际艺术公社社长，时任县政协主席范乃文的乡贤情怀，起到了外部社会组织介入与村落村民关系协调"穿针引线"的作用。村委与村民高度参与是艺术乡建活动开展及其成功的重要内力。当地村民全程参与乡村建设并及时表达观点主张并给予意见反馈，为自身权益代言。一般而言，公共艺术的公共性和艺术性的根植，是许村艺术乡建成功的关键。而公共性成功的表现主要为村民认同和参与。许村艺术介入乡建的过程使村民重新认识传统文化价值，并以自己的方式参与乡村建设。艺术性成功表现为本地文化以当代艺术形态向外输出，使许村社会影响扩大，乡村外部吸引力恢复。

艺术家渠岩是许村艺术乡建的主要倡导者和实践者。作为外部力量的艺术介入，他不仅制定艺术乡建的"许村计划"和具体的实施策略，利用个人资源筹办国际艺术节，宣传推广许村国家艺术公社，而且与村委干部、村民深度接触讨论，告诉村民保护传统建筑、传承文化的价值和意义，他的言行得到了村委干部、村民的认可，这是当前乡村建设文化振兴的重要环节。

许村艺术乡建受益于国家及山西省乡村建设及旅游扶贫等战略政策，也得益于地方政府、艺术家团体及乡贤等多元主体的融合支持。"许村计划"不仅是艺术适当介入的产物，也是市场的需要，社会关注对艺术介入乡村文化融合与乡村复兴也具重要作用。

（三）问题与讨论

许村艺术乡建对国际艺术节具有明显依赖。调研发现，尽管许村目前乡村旅游景观、业态，旅游服务与接待设施均具有了一定规模，但文化交流与乡村旅游客流主要在两年一度的许村国际艺术节期间，而在非举办国际艺术节的时间里，整体的游客量较少，以和顺县周边游客为主，旅游观光为主，游客停留时间短，旅游消费不足。如何把许村国际艺术公社品牌充分利用，延长许村旅游产业链，提高非艺术节举办时期的游客量和旅游消费值得进一步探索。

艺术乡建主体利益诉求协调。尽管"许村计划"开始便考虑了村民在艺术乡建与村落复兴中的核心地位，村民参与与受益得到认可，但从实践看，政府、艺术组织、许村村委及村民之间的利益诉求关系仍存在不协调现象。总体上，村委、村民的核心主导意识尚未突出，政府与艺术家组织在文化艺术植入中的话语权较多，处于强势主体；村民参与程度尚属被动。由于村民个人素质能力以及居住房子位置有异，有些村民不能完全参与艺术乡建活动中，艺术乡建带来的红利也没有通过组织管理相对均衡，导致部分村民感知较差。因此，许村艺术乡建带来的文化旅游效益需要不断深化、延续且通过有效管理，扩大受益村民群体，让艺术乡建惠及更多的村民。最后，艺术乡建活动中，艺术家承担了较多的社会责任，一定程度上村落可能承担因个人主观决策带来的风险。许村模式中，艺术家渠岩及其艺术组织的态度显示了相对的客观和理性，许村的艺术乡建表现为适当的艺术植入，并没有出现对传统文化的割裂和对传统建筑的破坏；他们更多的是引导村民接受艺术语言，鼓励村民的自我表达，许村也没有被沦为艺术家的个人画板，这是艺术乡建许村模式探索的成功之处。

未来，在许村艺术乡建与乡村旅游发展进程中，围绕乡村建设、利益主体关系协调、规避发展局限等进一步开展理论与实践探索，而这些问题讨论与探索也是剖析本案例的关键。

参考文献

[1] Clark T.Alternative Modes of Co-operative Production[J]. Economic and Industrial Democracy，1984，5（1）：97-129.

[2] Clark T. The stakeholder corporation： a business philosophy for the information age[J].Long Range Planning，1998（2）：182-194.

[3] Freeman R E. Strategic Management： A stakeholder Approach[M]. Boston：Pitman，1984：46.

[4] 王莉，陆林，王咏，等.古村落旅游地利益主体关系及影响研究：世界文化遗产地西递、宏村实证分析 [J]. 资源开发与市场，2006（3）：276-279.

[5] 刘英明. 基于扎根理论的乡村旅游社区参与的障碍因素探究 [D].济南：山东大学，2015.

[6] 车慧颖. 基于增权理论的海岛社区参与旅游研究 [D].青岛：中国海洋大学，2013.

[7] 左冰，保继刚.从"社区参与"走向"社区增权"：西方"旅游增权"理论研究述评 [J].旅游学刊，2008（4）：58-63.

[8] 唐顺铁.旅游目的地的社区化及社区旅游研究 [J].地理研究，1998（2）：34-38.

[9] Tosun C. Limits to community participation in the tourism development process in developing countries [J].Tourism Management，2000（6）：613-633.

[10] 孙九霞，保继刚.从缺失到凸显：社区参与旅游发展研究脉络 [J].旅游学刊，2006（7）：63-68.

[11] 贾艳芬. 基于旅游地生命周期理论的乡村旅游可持续发展研究 [D]. 石家庄：河北师范大学，2016.

[12] 张宛彤. 中国艺术乡建的基本模式——以"许村计划"为例 [J]. 大众文艺，2020（10）：141-144.

[13] 渠岩. 许村国际艺术公社 [J]. 公共艺术，2015（4）：46-48.

[14] 黄灵均. 许村艺术公社艺术区域的空间营造设计研究 [D]. 广州：广东工业大学，2019.

[15] 渠岩. 许村国际艺术公社，和顺，山西，中国 [J]. 世界建筑，2015（2）：100-105，131.

[16] 谭若芷. 从情感共同体的重构到乡村社会秩序的修复 [D]. 广州：广东工业大学，2018.

[17] 渠岩. 艺术乡建 从许村到青田 [J]. 时代建筑，2019（1）：54-59.

[18] 周梦. 公共艺术视角下的山西和顺许村乡村建设研究 [D]. 北京：中央美术学院，2019.

[19] 杨璐，韩阿润. 许村复兴，用艺术的力量 [J]. 三联生活周刊，2013-07-10.

案例使用说明

一、教学目的与用途

（一）适用课程

本案例主要适用于旅游目的地开发与管理、乡村旅游、旅游规划与战略管理等相关联课程。

（二）教学目的

本案例主要分析许村如何通过艺术植入成为一个被艺术激活的村落，旨在为当前乡村振兴战略实施中的乡村复兴提供理论与实践指引。

案例教学目的主要是帮助学生充分理解在乡村建设、文化复兴与功能再生的模式与路径。了解艺术乡建与乡村旅游发展的关系，艺术植入如何为乡村旅游发展注入了活力？同时，帮助学生理解和掌握乡村建设和乡村旅游相关联的理论知识，并能运用相关理论指导乡村建设与乡村旅游发展中诸如利益主体结构及其利益诉求协调，艺术乡建的内容与路径，乡村风貌整治、传统文化传承与艺术融合等如何实施？使学生认识到在乡村建设与乡村旅游发展过程中，要处理好传统与现代、文化与旅游、艺术家与村民等关系，充分考虑艺术乡建利益系统中村落、村民利益诉求和需要，将其作为文化艺术植入与旅游发展的核心主体，建立各利益主体之间的利益协调与合作机制，促进乡村振兴和乡村旅游可持续发展。

二、启发思考题

①请结合案例的相关内容介绍，思考许村艺术乡建涉及哪些利益主体？这些利益主体分别扮演什么角色以及这种艺术介入模式有哪些优势？

②请结合案例内容及相关资料进行思考，艺术家团体是如何通过艺术介入的方式复活许村的？他们的具体做法有哪些以及这些做法产生了怎样的实际效果？

③请结合案例内容及目前许村实际发展状况进行思考，许村艺术乡建如何实现

传统文化与当代艺术融合？形成了哪些许村景点？

三、分析思路

教师可以根据自己的教学目标灵活使用本案例，这里提出本案例的分析思路，仅供参考。

①从村落环境、资源赋存、社会环境等方面分析许村选择艺术乡建的原因。

伴随着撤销并镇浪潮，许村由一个乡镇所在地变成了"普通"村落，原有的行政、商业、社会公共设施闲置，许村面临着传统文化丢失、村落"空心化""老龄化"以及经济下滑、村落衰败等困境。许村地处太行山区，山水风光秀丽，又是一个历史悠久古村落，保留有丰富文化遗产资源，但因为集体经济力量薄弱，自身开发利用文化遗产与自然资源的能力不足，在这种情况下，借助外部力量实现村落复兴与功能再生便成为许村的不二选择。21 世纪以来，艺术介入乡村的实践逐渐成为时尚。许村为什么能吸引艺术家渠岩的到来？这里既有政府支持，更有乡贤范乃文家乡情怀与责任，"许村计划"是许村艺术乡建模式的行动方案。

②结合许村艺术介入的历史脉络分析许村艺术乡建的多元主体联动模式的内涵与优势。

许村乡贤范乃文邀请当代艺术家渠岩前往许村为摄影爱好者讲课，许村计划便从此开始。最初，渠岩是以一名独立的古村保护志愿者的身份介入许村的，他号召村民保护并修复传统建筑，向村民渗透艺术，基于自身艺术家的身份背景以及对于许村深厚的家园情怀，以一己之力推动许村计划落地实施。时任和顺县政协主席的范乃文是村里的乡贤精英，在村内具有一定的威望和名声，出于对自己家乡的责任和热爱以及对艺术家渠岩能力的肯定和信任，与艺术家渠岩合力推动国际艺术公社的建设。和顺县政府出于摆脱贫困、促进乡村经济振兴的目的，以实际行动大力支持艺术乡建，为"许村计划"的实施扫除障碍。政府、艺术家和许村村民三大利益主体形成合力，逐渐形成多元联动的艺术介入模式。该模式综合考虑各利益主体的利益诉求，形成动态、稳定、持续的合作关系，实现了艺术与乡村的有机结合，是许村艺术乡建良性发展的重要保障。

③结合案例内容及许村实际，分析艺术介入给许村带来了哪些方面的变化。回答许村艺术乡建是艺术家创作的画板，还是村民共融的乐园。

许村的艺术乡建给许村带来明显且持久的影响，使许村发生了翻天覆地的变化。首先是乡村空间功能更新。许村艺术机构大多是由闲置和废弃的公共建筑改建而成，这些传统建筑经设计师之手实现功能置换，使旧建筑焕新生机，功能得以再生。其次是乡村文化重塑。非遗融入现代节事为传统文化复苏增添新的动力，也扩大了地方文化的社会影响力。村民自发参与艺术创作、艺术助学等活动，找寻自己在艺术节中的角色，文化认同感增强。最后，村民生活品质提升。许村国际艺术节举办，带动许村村内道路硬化、下水设施完善，村容村貌整治，村民开办农家乐或手工艺品店，积极参与艺术节活动，经济收入提高。艺术介入带动了许村乡村旅游业的发展。

④对许村艺术乡建过程进行梳理，分析其成功经验和发展局限，并对艺术介入乡村振兴提出建议。

许村艺术乡建的成功是多种因素综合作用的结果。首先，政策支持是保障。和顺县政府的大力支持是许村艺术乡建的助推器，当代艺术家渠岩深厚的家园情怀以及许村乡贤范乃文对自己家乡的责任和热爱亦是乡建的有力推手。其次，许村有发展公共艺术的土壤。艺术乡建是连接公共艺术和乡村的纽带，赋予了乡村公共艺术的属性，村民认同并接受公共艺术介入乡村的策略。最后，许村选择了适合自身特点的艺术介入模式。多元联动的介入模式实现了当代艺术与传统文化的成功嫁接，有利于建立艺术与乡村之间稳定的社会关系。但是许村也存在艺术乡建过分依赖艺术节、艺术乡建主体参与程度不同等问题，在以后的发展中，许村可借助艺术介入培育更多新业态，并创新多元主体联动的合作机制，规避发展局限，实现艺术乡建良性发展。

四、理论依据与分析

（一）利益主体理论

利益主体理论指出任何一个企业的发展都离不开各利益相关者的投入或参与，企业追求的应该是相关利益主体的整体利益，而不仅仅是某些主体的利益。利益主体理论强调利益共享、责任共担，尤其关注弱势群体的利益诉求，同时强调旅游地的和谐、健康发展尤其需要与旅游业密切相关的各利益主体彼此之间的协调与合作。许村艺术乡建主要涉及当地政府、艺术家团体、许村村民等利益主体，这些利益主体之间形成了多元联动的合作模式。在该模式中，当地政府主要发挥宏观调控与统筹协调的作用；艺术家团队充分发挥艺术魅力与个人资源优势，结合实际提出乡村营造方案与计划，构成了许村艺术乡建的智囊团；许村村民参与营造过程，给予反馈意见，享受艺术乡建红利，各利益主体各司其职又互联互通，形成动态平衡的利益分配机制，推动艺术乡建稳步发展。

（二）社区参与理论

乡村旅游发展的社区参与，重在强调社区参与在旅游发展中的重要性。社区参与是指在旅游发展过程中，将社区居民作为主要的参与主体，充分考虑他们的意见和需要，以便实现社区的全面发展与旅游的可持续发展。社区居民的主动参与是社区旅游发展的内在动力，许村国际艺术节的举办带动了许村乡村旅游业的发展，当地村民或开办农家乐或开办手工艺品店，自发地以各种形式参与其中，找到自己在这场节日庆典中的角色。许村村民认可艺术乡建的方式并积极融入其中，不仅实现了经济收入的增加、生活品质的提升，更为重要的是，因人口流失而逐渐失去活力的当地文化借助艺术节平台再次焕发生机，许村村民也因地方文化被重视而使文化认同感得到增强、群体情感得以维系。但同时我们也看到，许村艺术乡建过程中，村民的参与程度较弱，艺术家则承担了太多的社会责任，以后乡村建设中应注意规避这一风险。

（三）可持续发展理论

可持续发展理论缘起于环境及其资源保护利用问题，因其符合人类社会健康发展的需要，其早已超越了原有的理论范畴，成为指导经济社会发展的全面性战略。可持续发展理论强调经济、社会和生态三个方面的协调统一，最终目的是实现协调高效发展。对于许村乡村旅游而言，艺术介入文化旅游环境打造和旅游主导产业培育是实现乡村复兴可持续发展的重要一环。许村国际艺术节带动了乡村旅游业的发展，村民纷纷开办农家乐或商品店，改变了原来以农业种植为主的生活方式。许村还成立了独有的农产品品牌，并结合民俗传统文化，进行文创产品设计。此外，依托于国际艺术节，还衍生了其他与艺术相关的新业态，如开展研学旅游，体验乡村生活，学习传统文化；开展艺术教育培训，国内外艺术院校、机构等与许村进行合作，许村成为艺术写生与教育培训基地；开展艺术助学项目，重塑乡村文化艺术教育，进行艺术启蒙等。这些产业、项目与活动的开展都是许村在艺术介入下可持续发展的重要体现。

五、课堂安排建议

本案例可作为专门的案例讨论课来进行。以下是按照时间进度提供的课堂计划建议，仅供参考。

整个案例课的课堂时间控制在 90~100 分钟。

（一）课前计划

将案例素材、启发思考题提前发给学生，让学生在课前完成阅读，并结合理论与案例内容展开思考。要求学生自由组成学习讨论小组，每个小组选择其中的思考题（也可以根据所掌握国际国内相关案例材料自拟主题），撰写一份案例分析来回答这些思考问题。

（二）课中计划

①教师进行案例背景、讨论主题的回顾，明确案例分析讨论主题。（10 分钟）

②小组讨论，并发言（鼓励采用 PPT 演示）。（30 分钟）

③针对小组发展的问题，各小组之间针对发言展开提问、答辩与交流。（30 分钟）

④针对问题，教师进行引导、深化，并进行归纳总结。（15~20 分钟）

（三）课后计划

①指出许村模式实施应该关注的问题与局限性，请同学们给出艺术乡建与乡村旅游发展的具体解决方案。

②收集整理国内外艺术乡建与乡村旅游的案例，选择家乡或实习实践基地，撰写一份艺术植入乡村振兴策划案或建议。

传统村落旅游发展如何能引得来游客，留得住村民

——以榆次后沟古村为例

案例正文

摘要：传统村落是我国珍贵的历史文化遗产，也是生活着的聚落遗产。作为遗产，传统村落需要保护传承；作为村落社区，传统村落需要功能再生与发展。旅游是兼顾传统村落遗产保护和社区发展的理想产业选择之一，但由于传统村落遗产的特殊性，在传统村落旅游开发利用中，总会面临遗产保护与过度商业化，旅游景区化与村落功能弱化，原住民利益边缘化等诸多矛盾与纠结，尤其是大部分传统村落旅游发展中普遍存在对村落原住居民的去与留的抉择。住房和城乡建设部关于加强传统村落保护发展意见中，明确提出传统村落保护要"见人见物见生活"，那么，传统村落旅游发展中如何践行"引得来游客又留得住村民"，进而实现旅游促进传统村落遗产保护与村落发展共赢？本案例以山西省晋中市榆次区后沟古村旅游发展为例，讲述在不同开发主体经营下传统村落旅游发展是如何处理古村原住民"去与留"，如何协调村民与游客的主客共享，探究传统村落旅游开发中多方利益主体的利益诉求，传统村落遗产保护与旅游可持续发展的路径与模式，以期为我国传统村落保护与旅游发展提供参考。

关键词：传统村落旅游；原住民利益；开发主体；后沟古村

一、引言

传统村落因其独特的历史文化遗产和原生态景观具有较强的旅游吸引功能。2000 年宏村、西递列入世界文化遗产，传统村落旅游发展迅速，成为我国重要的旅

---

* 作者简介：1. 邵秀英 (1963—)，太原师范学院教授，研究方向：旅游规划与旅游管理、遗产保护与遗产旅 ;2. 崔丽敏 (1993—)，太原师范学院硕士研究生，研究方向：旅游地理与旅游规划。

游地。传统村落是乡村振兴的重要组成部分，旅游发展可以促进传统村落遗产保护与优秀传统文化传承，有助于传统村落产业兴旺和功能再生，也有利于村落人居环境改善，推进传统村落实现生活富裕乡村振兴的目标。但是，伴随着我国传统村落旅游发展，传统村落遗产过度商业化，村落过度景区化，村民边缘化等日益突出。一些传统村落旅游开发中，为了强化景区功能，满足旅游需求，将原住民搬出村落，加剧了传统村落"空壳化"，与传统村落"见人见物见生活"的遗产保护要求相悖。与此相反，一些留住原住民发展旅游的传统村落，则面临着诸如村民私自拉客，在自家院落乱搭乱建，产权纠纷等困扰景区经营管理的问题。

由于传统村落遗产的特殊属性，在发展旅游过程中如何解决原住居民的去与留，以更好地协调景区发展与原住民权益，是传统村落旅游开发与经营管理者普遍面临的困境，也是学界值得思考的问题。本文选取的研究对象为山西省晋中市后沟古村4A级旅游景区，后沟古村是首批中国传统村落，旅游开发利用起步早，目前后沟古村景区原住民采取自觉的方式，部分留在古村，部分产权置换选择在新村，且新村选址与景区相连，村民生产生活与景区相关。因此，以后沟古村为例探讨传统村落旅游发展中原住民去留问题，具有一定的典型性和示范性。

二、行业背景

传统村落，也叫古村落。2012年9月，经传统村落保护和发展专家委员会第一次会议决定，将习惯称谓"古村落"改为"传统村落"。我国古村落旅游概念最早源于20世纪80年代浙江省"楠溪江风景名胜区总体规划"，楠溪江流域众多的古村落作为楠溪江风景名胜区的一部分纳入到旅游规划中。20世纪90年代始，在快速工业化和城市化背景下，原生态"青山绿水"和"农耕文化遗产"成为吸引城市游客的亮点，名镇古村旅游开始发展。2000年宏村、西递成为世界文化遗产，更是掀起了我国古村旅游的浪潮。然而，伴随着越来越多的传统村落成为旅游地，古村落旅游发展中出现了村落景区化，使传统村落的功能弱化；遗产过度商业化，使传统村落遗产面临消失；更为严峻的是旅游开发中原住民搬迁，传统村落成为"赶走主人后的狂欢地"，传统村落变成毫无生机的"博物馆"等诸多引人关注的问题。

原住民及其生产生活是传统村落旅游的核心资源，传统村落中的老房屋、旧宅院是传统村落显性吸引物，原住民的生活习惯和方式、传统文化和民间工艺是传统村落旅游的隐形吸引物，没有了原住民，传统村落旅游吸引物将大打折扣。皮之不存，毛将焉附？传统村落是"生活着"的遗产，传统村落旅游不是文物陈列，旅游开发要避免传统村落空心化和过度景区化；传统村落旅游业不是一般的乡村旅游，传统村落悠久历史文化、原生态景观风貌、街巷肌理、传统建筑、农耕文化均较一般的乡村更具历史文化价值、科学价值和艺术价值，所以要避免旅游开发中的大拆大建。传统村落旅游开发是旅游要素的少量、有序植入，是传统村落文化遗产的适度旅游化。

传统村落"活态"遗产的属性，也决定了其旅游开发利用中涉及开发商、政府、社区、原住民、游客等诸多利益主体，各利益主体利益诉求既有趋同也有差异。就目前传统村落旅游开发中景区与村落的关系而言，可以归纳为景区与村落社区分离的封闭式景区形式、景区与村落社区叠置的半封闭收门票形式以及不收门票的开发式等类型。不同的开发主体、不同的旅游开发形式，面临的问题有所不同，归纳起来主要有：①景区与村落社区分离的景区化，原住民被动搬迁，传统村落功能弱化，传统村落遗产属性不足，与传统村落旅游可持续发展对文化遗产"原真性"要求相悖；②景区与村落社区叠置模式，保留了原住民的生产生活，传统村落文化遗产吸引功能明显，但开发者与社区、游客与原住民等各利益主体的利益诉求最难协调。一方面，原住民缺少参与旅游开发利用与分红受益的决策，传统村落旅游"只使少数人受益"。在一些传统村落旅游地，游客往往"随意"进入原住民宅院参观，原住民生活受扰，隐私保护未受重视，却得不到相应的经济收益，导致原住民的不满。同时，对于旅游开发者而言，生活在村落的原住民也存在私自拉客、逃避门票，以及原住民传统生活习惯带来的管理成本。正因如此，传统村落旅游开发利用中，大部分投资商倾向于原住民搬迁。旅游是较好地实现传统村落遗产保护与社区功能再生、村落振兴发展兼顾的理想产业，那么，在旅游发展中，到底能不能协调、平衡各方利益诉求，实现既能引来游客，又能留住村民呢？山西省晋中市榆次区后沟古村旅游发展是一个较好的案例。

三、后沟千年古村，农耕文明的活化石

后沟古村位于山西省晋中市榆次区东赵乡，是一个地处黄土塬上的小山村。村内沟、坡、塬、滩等黄土高原丘陵地貌类型齐全，村落依崖就势建造了各式窑洞，龙门河绕村而过，自给自足的生活方式浓缩了黄土旱塬农耕文明的传统经典。后沟古村没有明确的建村历史记载，村内观音堂的石碑上刻有"年代替远，不知深浅"8个字。2003年12月文物大普查中，村内出土的一块墓志铭记载为唐朝元和十四年，即公元819年，张氏祖先张春晖因躲避战乱，由山东清河迁来此地，由此推断古村至少有1 200余年的历史。

后沟古村选址与村落格局因地制宜、顺应自然。村落东西有黑龙和黄龙两道黄土梁，龙门河顺山势而下，环村而过，对岸的小山丘取名蜘蛛山，有"四十里龙门河正当中，二龙戏珠后沟村"的说法。

后沟古村民居建筑以窑洞为主，依崖就势，随形生变，错落有致，浓缩了天人合一的传统建筑理念。现保留的窑洞民居多为清朝、民国年间所建，按建筑材料有土窑、石窑、砖窑，从窑洞建筑形式上有明券窑、土挖窑、独立窑、山窑等类型，按照民居院落布局，多以窑洞式三合院、四合院为主，其中三合院、四合院32处，还有窑中窑、串联窑，类型丰富。

后沟古村面积不大，但庙宇宗教建筑数量多，体系非常完善。古村坐落着13座庙宇。庙宇分布在村落各个方位，村西关帝庙，村南观音堂，村北真武庙，村东文昌阁，村中玉皇殿。庙宇系统基本涵盖了儒释道传统宗教，儒家寺庙有文昌阁、魁星楼，佛教寺庙有观音堂，道教寺庙有关帝庙、真武庙、三官庙、玉皇庙、山神庙和五道庙。神庙建筑规模宏大，雕刻精致，装饰图案和建筑构造独特，具有极高的艺术价值和文化价值。造型各异的神龛是后沟民居院落的标配，神龛或置于大门外或照壁，或设置于正房坐北朝南的墙中央，神龛与建筑融为一体，砖石结构的神龛图案，庄重典雅，惟妙惟肖。

完整而科学的排水系统是后沟古村的传统建筑的精华。后沟古村坐落在黄土丘陵，相对高差67米，黄土丘陵土质受潮易塌陷。因此，先人们在村落设计了一套纵横3 000余米的古排水系统，遍及全村各个角落，上至山峰极顶，下至河床出口，

参差错落，主干相连，遍及家家户户，既实现了防洪排水功能，又体现了北方"明走暗泄"的民俗讲究。排水系统有上百年的历史，至今仍功能完好，成为后沟古村独有的古代建造吸引物。后沟古村保留着古朴的农耕文化、纯正的黄土文化、传统的信仰文化，构成了完整的民间文化体系。

2002年中国民协主席冯骥才先生来到后沟古村，称赞"山西的古村落不仅美，而且又奇又妙"，后沟古村是浓缩保存了千百年来黄土旱塬农耕文明的传统经典，"农耕黄土文化的化石"。2003年，中国民协确定后沟古村为中国民间文化遗产抢救工程的古村落农耕文化遗产保护采样地。2004年，榆次政府先后投资6000多万元，在中国民间文艺家协会、中国民间文化遗产抢救工程专家委员会以及山西民协的指导下，制订合理的修复方案，按照整体性、风貌性和原真性保护原则对后沟传统民居、庙宇、祠堂、戏台、酒坊等历史建筑，以及碑刻、雕塑、绘画、传统生产工具、手工艺等修复和完善。之后，央视等多家媒体争相报道。2012年后沟古村入选首批中国传统村落。

四、旅游开启了后沟古村遗产保护与发展之路

伴随着后沟古村丰富的文化遗产和珍贵的遗产价值被社会关注，其文化旅游价值也受到政府和社会各界重视。2005年开始，后沟古村在政府的支持、企业租赁、高校介入等多方主体开发下，开启了遗产保护与旅游发展之路。在不同开发主体和旅游发展不同阶段，后沟古村旅游开发与村民参与及其受益的协调也一直贯穿其中。对于旅游后古村村民的去与留，让我们来探寻后沟古村的经验做法。

（一）政府先导，居民参与旅游开发

2005年9月9日，"中国民间文化遗产抢救工程——后沟古村落调查保护示范基地"揭牌，后沟古村正式对外开放。这个时期后沟古村旅游开发是政府主导，村委以土地和古村资源作价按照约定比例联合开发。他们在借鉴国内传统村落旅游开发案例中，发现为数不少的村落将村民集体搬迁，统一保护修复和旅游开发，但在实施居民搬迁后又出现了同质化、过度商业化和文化消逝等弊端。因此，围绕村民要不要留在村里，展开激烈争论。

来自村民的意见：村里的年轻人认为村子地理位置偏僻，经济基础薄弱，农业收入较低，生活条件差，搬迁出去不仅生活条件好，经济收入也高。老人们则不同意搬迁，舍不得祖祖辈辈生活的地方，舍不得厚重的黄土地，况且也不适应城市里的生活。还有一部分村民表示担忧，不搬迁还能种田，靠农业收入勉强糊口。要是搬迁后生活仍没改观，自己没文化不能打工挣钱，该怎么生活？

来自政府人员的意见：他们普遍认为村民的文化遗产保护意识不足，经商能力不强，留在村里无法适应旅游活动，应该整体搬离村子，古村收归政府进行统一保护和旅游开发；或者引入社会资本，出专业团队开发，政府负责把控。

来自专家的声音：专家们普遍认为村民搬迁不妥，因为传统村落不仅拥有丰富的文化与自然遗产，而且是至今仍为人类服务的"生活着"的村落，原住居民及其生产生活方式以及沿袭至今的乡风民俗、民间艺术等非物质文化，构成了传统村落重要的旅游物，这使得传统村落景观既不同于一般文物，也有别于普通乡村。村民搬迁将使得传统村落丢失了灵魂，成为毫无生机的展览物或者售卖门票的观光点，村民是古村文化遗产的创造者和传播者，作为房屋建筑的拥有者和民俗文化的呈现者，村民不可避免地参与到旅游活动中，成为旅游中的一员。调研发现，游客更愿意看到具有生活气息的传统村落。

村民参与旅游开发与经营，从旅游中受益，是政府实施公共管理，保障村民在古村旅游开发中的权益和利益的路径，也是满足人民对美好生活向往的基本需求。村民更是传统村落的重要守护者，世世代代生活在古村的人们，比任何人都更愿意守护心灵寄托的家园，守住传统村落的根与魂。经过多方协商，政府选择将村民留在后沟古村，充分发挥村民在旅游开发中的核心利益主体作用，保持古村落呈现鲜活的生命力，也有利于促进传统村落旅游的可持续发展。

2005—2007年，政府完善通往后沟的交通道路，村内安装互联网通信和照明设备，清理河道，新增绿化项目，垃圾处理站等等，这些措施改善村落基础设施、完善公共服务，提高村民的生产生活品质。同时，为了适应旅游发展需要，政府投资设置旅游标识标牌，新建九曲黄河阵、后沟农耕博物馆等旅游项目，修建了旅游厕所、停车场、步游道等旅游游览设施，规划生态果园，乡村旅游条件基本具备。同时，政府支持鼓励村民参与旅游活动，培训村民的旅游技能，为开办农家乐、窑洞宾馆、购物店等提供优惠政策，村民也可以出售自家种的大枣、小米、酥梨，手工制作的酒、醋、香油以及布老虎、剪纸、鞋垫等手工艺品。可以说，旅游发展为后沟村民提供了就业机会，也促使部分打工村民回流。村民在参与旅游活动提高收入的前提下，自豪感增强，传统村落保护意识和自觉性提高。

政府主导坚持保护者开发，村民生产生活和村落形态整体保护，旅游设施小体量植入，传统建筑得到修复维护，加之后沟古村的对外宣传，其原汁原味的古村风貌和农耕文明，吸引大量游客前来观光游览。在政府主导经营管理的三年里，共接待游客9万多名，旅游收入逐渐提高，旅游规模初步形成。

（二）企业介入，原住民利益冲突初现

2007年8月中宇集团介入，同榆次区政府、后沟村村民委员会共同成立晋中榆次后沟古村文化旅游开发有限公司，经营开发后沟古村旅游，股份占比为企业60%，区政府26.7%，后沟村委13.3%。

中宇集团接管了后沟古村旅游经营管理之后，加大了旅游景区项目开发，如酒坊、醋坊、油坊、豆腐坊等后沟古村传统四大作坊，聘用村民按照传统工艺向游客现场展示酒、醋、油、豆腐的制作过程，深受游客的青睐。收购当地已经停产的一家酒厂，并以后沟古村传统酿造工艺和当地盛产的优质高粱为主要原料，重新研发了曾受慈禧夸奖的"堡子酒"，成为当地重要的旅游纪念商品。景区的吸引力和接待能力不断提升，游客接待量突破年5万人次。2009年，后沟古村获得中国景观村落的称号。同时，企业也雇佣少量村民参与保洁、保安等景区日常工作。

按照晋中榆次后沟古村文化旅游开发有限公司合约，古村开发经营权利归企业所有，政府只享受相应的收入分红，这就使原本政府、企业、村委三方管理格局变成企业与居民的二元格局，容易导致利益诉求相悖而发生冲突[7]。按照双方签订利益分配协议，即使在公司收益不佳时，也要保障村委和村民的利益。但是由于村委、村民在旅游开发中基本上不参与决策，企业经营管理监管不足，村民得到的分红少，经济效益无法得到保障。同时，随着旅游的不断发展，企业为了进一步提高效益大量雇佣专业人员，村民工作机会减少，村民自己开设的农家乐也无法与专业经营的餐馆竞争，村民对旅游开发的支持率开始下降，对企业经营管理开始抱怨、不满，甚至采用私自拉客等方式与企业对峙。

同时，由于后沟景区和社区叠置，生活在村里的村民需要"自由出入"，后沟古村旅游无法实行全封闭管理，这种半开放的景区加大了企业的管理成本。因为门票是企业获取经济收入的主要渠道，也是后沟村民与企业发生冲突最多的地方。享受到旅游红利的村民纷纷创办农家乐，为了招揽更多的游客，一些经营餐饮、农家乐的村民让游客冒充亲戚，逃避门票，损害企业经济利益。同时，为了严堵村民私自拉客，又给真正的村民亲属进入后沟带来不便，村民与企业的冲突日渐加剧。随着游客的大量进入，他们"随时随地""参观"村民居住的院落房间，企业不能给予村民相应的经济补贴，有些村民便在自己院落私自挂牌收费或者谢绝游客的参观。这种二次收费的现象又影响了游客的观光体验，景区形象受损。随着企业与村民矛盾的不断加剧，加之旅游项目创新不足，游客多以半日游为主，游客停留时间短，经济效益无以维持。后沟古村旅游陷入困境。

（三）高校入驻，探寻旅游发展新出路

2010年4月，在政府的牵头下，中宇集团与太原旅游职业学院合作，将后沟古村的经营权委托其管理，为期四年。中宇集团与村民最明显的问题在于利益分配不均衡，导致双方冲突加剧，难于维持景区的日常管理。为了更好地平衡双方经济分配，缓解双方矛盾，高校与政府、村民的协议，村民拥有股权由13%增加到近20%的股权，即每户村民在年终将得到景区门票收入的五分之一。针对村民私拉游客，逃避门票的问题，提出了红票制度。为了保障村民正常的社会交往活动，对于古村村民的回乡以及外乡人的来访，一旦有村民认出，将免收门票。同时，给村民发放若干红票，凭借红票可免费进入景区。村民可自由散发或售卖红票，也为村民创收提供另一种方式。这些措施的实行，暂时缓解了村民与景区管理者的利益冲突。

对于后沟古村旅游项目升级优化上，太原旅游职业学院派出由教师和学生组成管理团队，挖掘后沟古村景区农耕文化的产品内涵，强化农耕文化品牌特色。优化原有的农耕博物馆，利用声光电科技手段再现民俗事象；开辟生态采摘园，改造传统农业结构；以住宿院落为依托，开办篝火晚会，增强夜间经济。整治景区旅游环境，维持建筑的协调性，拆除有损风貌的现代化建筑。此外，学校利用自身专业知识，通过对原员工开展职业技能培训，培养员工服务意识，提升旅游服务技能。同时将后沟古村作为实习基地，为景区储备一批优质导游，并积极加入文旅联盟，开展联合营销。因保持良好的黄土高原的历史风貌，抗战奇侠、大槐树等电视剧在后沟取景拍摄，一定程度提升了后沟的知名度。多样化的农耕活动，高效优质的服务，深受游客的青睐。2010年，景区门票收入120万元，接待游客约5万人次；到2012年，景区门票收入180多万元，接待游客10万人次。

原住民对旅游的态度是随景区发展阶段而变化的。随着后沟古村旅游的发展，村民的商业经济意识不断增强，村民的利益诉求与景区经营者之间出现了新的矛盾。比如：从事农家乐、参观的村民之间因争客源而发生冲突或是恶意竞争；为了争取更多的客源，村民在无红票的状态下依然在景区外直接拉客人，为此多次与高校管理人员发生冲突，并被媒体曝光。

客观上，传统村落旅游发展中，多方利益主体的利益诉求存在相背，村民与开发经营主体之间，因思维方式、认知价值等差异，往往导致双方之间的互不理解、互不信任。高校接手后将后沟古村景区作为实习基地，实习生的入职进一步挤压了村民的就业空间，也加剧了部分回流的村民再次选择外出打工。旅游开发带来市场经济和外来文化，古村传统的民风民俗、文化信仰受到冲击，特别是商业的竞争，古村村民传统的互帮互助的邻里关系逐渐弱化。2013年4月，太原旅游职业学院提前一年终止合作，将经营管理权归还给中宇集团。

五、"与民共生"，古村旅游焕发新生

太原旅游职业学院退出后，中宇集团再次无奈接管后沟古村景区的经营管理，为了继续做大旅游，企业适应市场需求，策划体验性旅游项目，同时为了避开与村民的"接触"，修建企业自己经营的酒店，满足游客吃住和休闲需求。因为村民担心景区酒店垄断游客，挤占村民的农家乐客源，村民一致抵制，该项目无法上马而草草关闭。新策划的旅游体验项目，也因与村民的意见不合，无法实施。随后，企业便缩减了对后沟景区的投资，古村旅游日渐萧条。

2016 年 11 月，山西振鹏置业公司从中宇集团接管了后沟古村的旅游经营管理。面对后沟古村景区与社区叠置带来的管理问题，如何化解景区与村民利益冲突？如何实现后沟古村遗产保护与旅游可持续发展共赢？振鹏置业公司李总进行了实地走访调研，面对村民的利益诉求，与政府协商，请教专家学者，最终形成了一个全新的后沟古村旅游发展方案，即选址建设新村，村民自主选择去留，保持部分村民在景区的生产生活，推进传统村落遗产保护和旅游提档升级。

（一）与古村相连的新村建设

振鹏置业公司李总对传统村落独有情怀，认为后沟古村是黄土塬农耕文明的活化石、活标本，应加大保护力度。但与此同时，他也发现后沟村民对生存空间和生活质量的要求随着城镇化发展而不断扩大。一些村民在维护修复自家宅院中难免出现人为破坏，从而使古村失去特有的文化价值。为了满足村民对现代生活的向往，同时破解后沟古村旅游发展的瓶颈，又不能因古村保护利用而"肆意"赶走村民，在政府的支持鼓励下，振鹏置业公司在距离后沟老村 1200 米的地方（与景区游客中心相邻）选址建设"新村"，投资 6800 万元，建设 114 套合院式二层别墅，村民采取自愿原则，将古村老院落的产权与新村房屋进行置换。后沟新村建筑风貌与古村落协调，房子里水电暖、宽带、WIFI 等现代化设施一应俱全，并配备了活动广场供村民开展健身和社区活动。新村与原汁原味的古村交相辉映，成为后沟古村景区中一道亮丽的风景线。

（二）古村文化传承与传统建筑保护

后沟古村里的原住民自愿选择在后沟古村的去与留。调查发现，约 2/3 的村民选择新村，留在古村的 1/3 主要是直接从事农家乐等旅游活动的村民或者是自家院落建筑价值较高的村民。即使选择居住在"新村"的村民，因为与老村距离近，他们依然保留了传统农作生产。同时，振鹏置业公司将后沟古村龙门河桥传统的商业街区保留，鼓励村民居住在"新村"，"活动"在老村，以出售后沟土特产品为主的街市成为后沟古村景区的重要吸引物，也是村民灵活参与旅游的重要载体。

对于置换出来的传统院落和传统民居，振鹏置业公司秉承修旧如旧的原则，投资 500 万元进行修缮，保障传统村落风貌的原真性、村落的完整性和延续性。对老村里闲置的院落建筑进行适度开发利用，如立体串联窑洞观光展览，引进专家、民间艺人入驻，鼓励宅院主人返村居住等，为游客展现出一个完整的古村原有的生产生活方式和民风民俗。这种"离村不离景"的做法，使传统村落保护和旅游适度开发获得"双赢"。一方面部分原住村民外迁给古村传统建筑维护和旅游利用提供了空间，部分村民留住在老村则延续了传统村落应有的烟火气，为游客展示了一个具有景区特色的生活着的传统村落；另一方面，村民的生活条件得到改善，参与旅游活动的机会没有受限。由于采取自愿选择的原则，村民满意度较高，古村风貌的修缮和旅游发展，也进一步加强了村民对传统村落保护的意识，使其真正意识到村落原真性的重要性。

（三）古村旅游提档升级

振鹏置业公司接手后沟古村旅游经营管理后，致力于古村旅游的提档升级，实施 A 级景区创建战略。在后沟新村项目动工的同时，启动了景区旅游总体规划编制、游客中心与旅游标识系统建设以及中国民间文化遗产抢救工程纪念馆、龙门河景观等景区提档升级项目。后沟景区民宿、民艺、民乐、民俗、农博旅游产品丰富起来，观光小火车、网红民俗街、影视剧拍摄、研学等新业态增加。与此同时，企业开展后沟古村文化遗产的收集整理，形成完整的后沟文化体系，满足游客对高品质、强体验、重服务的消费需求。2020 年，后沟景区成功创建国家 AAAA 级旅游景区。

（四）村景一体，与民共惠

旅游是兼顾传统村落遗产保护与村落发展的理想产业，但传统村落遗产属性也决定了其旅游开发利用较一般景区面临更为复杂的利益主体及其利益诉求，尤其是企业开发经营中游客与村民、景区与村落之间的诸多矛盾冲突往往成为制约旅游可持续发展的障碍性因素。山西振鹏置业有限公司入股后沟古村景区 60% 的股份，并且坚持"扩资不扩股"的理念，自己出资建设新村，改善了村民的生活居住条件，保留了村民在古村从事传统农作生产，鼓励村民参与旅游，得到了村民的好评，同时也为游客提供了较为完整的传统村落遗产旅游地。成为传统村落旅游景区与社区叠置、游客与村民共融的典型案例，较好实现了传统村落旅游开发引得来游客、留得住村民的共赢局面。在政府主导协商下，企业流转土地 400 余亩地，开展瓜果蔬菜种植，村民既可以凭借土地收取租金，又可以参与景区田园种植挣工资，后沟古村的"小百梨""无核红枣"等林果产品很快进入市场，为村民增收。同时企业积极扶持村民发展农家乐、民宿，原有的醋坊、酒坊、油坊等特色产业恢复经营，村民在景区的就业岗位进一步扩大，全村约有20%的村民在景区就业，增加收入渠道。后沟古村100多户村民中，依托景区劳务收入每人每年两三万元，村民开办农家乐、民宿每年每户约10万元收入，村民销售农特产品、土地租赁及参与旅游公司股份分红，每年人均收入1.8万元以上。

村民收入增加、人居环境改善，大大增强了村民对旅游开发的满意度和对传统村落遗产保护的自觉性。企业因此减少了经营管理中的诸多困境，有更多的精力和信心投入到后沟古村旅游型业态的开发，特别是4A景区创建成功之后，旅游市场需求旺盛，据不完全统计，后沟古村年游客接待量约50万人，门票收入年增长30%以上，企业也进入了旅游盈利轨道。景区与村民利益诉求的协调，使后沟古村旅游进入良性循环，传统建筑维护、文化遗产的挖掘，村民利益的保护，也是后沟古村旅游可持续发展的生命力所在。

参考文献

[1] 廖军华.乡村振兴视域的传统村落保护与开发[J].改革，2018（4）：130-139.

[2] 范任重.山西后沟古村现状和保护[J].科技情报开发与经济，2008（26）：114-116.

[3] 孟玲娜，王慧.我国传统村落旅游开发经营模式探讨[J].合作经济与科技，2020（19）：45-47.

[4] 赵辰钊，邵秀英，柳帅.多元主体开发的后沟古村落旅游[J].城市地理，2017（2）：246-248.

[5] 邵秀英，沈睿哲.不同旅游开发主体下古村落居民受益状况分析：以晋中后沟古村为例[J].中国名城，2017（10）：79-84.

[6] 周玲.旅游规划与管理中利益相关者研究进展[J].旅游学刊，2004（6）：53-59.

[7] 纪金雄.古村落旅游利益主体博弈行为研究[J].科技和产业，2017（12）：51-

56.

[8] 张江涛，段颖.旅游院校托管景区管理模式初探：以榆次后沟为例 [J].太原城市职业技术学院学报，2011（5）：3-4.

[9] 曹易，翟辉.对传统村落保护与发展模式的几点思考 [J].小城镇建设，2015（5）：41-43.

[10] 陈梦媛.传统村落旅游发展的社区参与研究 [D].贵阳：贵州大学，2019.

[11] 孙九霞.社区参与旅游发展研究的理论透视 [J].广东技术师范学院学报，2005（5）：89-92.

[12] 张朝枝.旅游与遗产保护——政府治理视角的理论与实证 [M].北京：中国旅游出版社，2006：12.

[13] 黄金火，陈秀琼.我国公共资源类旅游景区悲剧的博弈论探讨：从使用者角度剖析 [J].资源科学，2005（9）：181-187.

案例使用说明

一、教学目的与用途

（一）适用课程

本案例主要适用于旅游目的地的开发与管理、古村落遗产保护与遗产旅游等MTA 的课程。

（二）教学目的

本案例的教学目的在于帮助学生理解传统村落遗产属性，认识传统村落旅游开发过程中景区与社区叠置的特点所产生的管理问题，特别是多方利益主体的博弈过程，传统村落旅游发展与村民利益诉求协调问题。本案例的阐述，让学生思考在传统村落旅游发展中，如何正确处理好企业景区管理与村民搬迁的问题，通过案例分析，正确认识村民搬迁是不是传统村落旅游开发的必然？企业旅游开发经营中，如何建立起适应传统村落遗产保护与多方利益诉求平衡的模式，实现真正意义上的传统村落遗产保护和旅游可持续性发展共赢？

二、启发思考题

①传统村落旅游地属性及其核心利益主体是谁？

②传统村落进行旅游开发中，你认为原住民是否应该整体搬迁？为什么？

③对后沟古村旅游不同阶段进行分析，原住民对旅游产生哪些影响？

④如果你是后沟古村旅游开发与管理的负责人，你会采取哪些措施解决景区与村民利益诉求的困境？

⑤结合国内传统村落旅游发展，说说传统村落旅游有哪些模式，你认为哪种管理模式更为好？为什么？

三、分析思路

教师根据教学内容、教学目标，在遗产旅游地、旅游利益主体、名村古镇古城等聚落型遗产保护与旅游开发、旅游目的地开发管理模式等方面选择运用该案例进行教学。基本思路包括：

①明确选择该案例教学的目标、解决的核心问题，引导学生熟悉了解案例背景。

②基于传统村落遗产属性及其旅游开发特点的角度，从后沟古村旅游发展不同阶段，了解不同开发管理主体对村民去留的态度和做法，为什么政府选择村民留村里？

③从后沟古村旅游开发案例，说明传统村落旅游发展中面临的村民利益纠纷和管理困境问题。

④振鹏置业公司采取了哪些措施来处理传统村落旅游发展中面临的困境？

⑤通过案例分析总结，说明振鹏置业公司引得来游客、留得住村民的做法是否可复制？

四、理论依据

（一）遗产资源公共属性与"公地悲剧"理论

1968年英国学者哈丁（Hardin）教授提出了"公地悲剧"理论。"公地悲剧"假设有一片公共牧场供牧民自由放牧，在缺乏使用限制机制的情况下，每个牧民总是会尽量多地放牧，使放牧总数超过牧场的承载力，最终导致草地消耗，牧场质量下降，牧民无法继续在该公共牧场放牧，于是"公地悲剧"发生。

这里的"公地"实为公共资源或者叫公共物品，即这类资源或物品有许多拥有者，他们中的每一个都有使用权，但没有权力阻止其他人使用，从而造成资源过度使用和枯竭。这就是公共资源或公共物品的非排他性和非竞争性属性。Hearly 将此概念引入旅游领域，他认为，牧场并不是最重要的旅游景观，当地居民的持续耕作才是关键所在。当旅游者渐增、当地居民逐渐放弃既有维生方式而转营旅游业后，旅游者将却步，居民也会丧失既有的维生方式与资源，结果与"公地悲剧"相同。

文化遗产属于公共资源，作为文化遗产重要组成的传统村落，因为其"生活着"的特点，原住民及其生活居住空间则具有竞争性和排他性，因此，聚落型遗产属于准公共资源或准公共物品的属性。当传统村落成为旅游地，必然面临着"公地悲剧"现象的出现。比如，许多传统村落旅游发展中为了"保证"传统村落旅游环境的"清洁型"而将原住民迁出，传统村落遗产的"原生态"景观被终结消失，传统村落旅游的核心吸引力也大打折扣。这就是传统村落旅游开发利用中被关注的"公地悲剧"现象，正如 Hearly 认为的"公地悲剧"现象中，牧场并不是最重要的旅游景观，当地居民的持续耕作才是关键所在一样，传统建筑并不是传统村落最重要的旅游核心景观，原住民生活生产持续及其构成的场景才是关键。试想，将原住民搬迁后的传统村落旅游地无异于一座"生机的博物馆"，传统村落生活着的遗产属性荡然无存，也就不能称为传统村落了。所以，从公共资源治理和公共选择的角度，规避传统村落旅游开发中的"公地悲剧"，是传统村落遗产保护传承和旅游可持续发展的核心。

（二）利益相关者理论

利益相关者理论是由西方学者提出的最早适用于公司治理的理论。该理论认为任何一个组织的发展都离不开各利益相关者的投入或参与，企业追求的是其组织整体利益，而不仅仅是某些主体的利益。利益相关者是指任何能影响组织目标实现或被该目标影响的群体或个人，如企业股东、债权人、雇员、消费者、供应商、政府、居民、社区等。不同利益主体利益诉求不同对企业生产经营活动产生直接或间接的影响。因此，企业经营管理需要协调不同利益相关者的利益诉求，才能实现企业长久发展。

20 世纪 90 年代末期，利益相关者理论被世界旅游组织运用。随着旅游业的快速发展，利益相关者理论逐渐引入旅游产业发展与管理中。国内旅游业对利益主体理论的关注，开始于区域旅游规划。如吴必虎等提出以规划师为中心利益主体图谱（图1）。

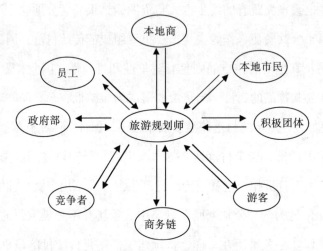

图1 以规划师为中心的旅游利益主体图谱

对于旅游地而言，利益主体理论的贡献在于明确核心利益主体基础上的利益诉求的界定与协调。也有学者提出以旅游者为中心的旅游地利益主体图谱，强调旅游业活动应从游客及其利益诉求出发，通过满足游客需要，创造最大消费，获得企业长远利益（图2）。

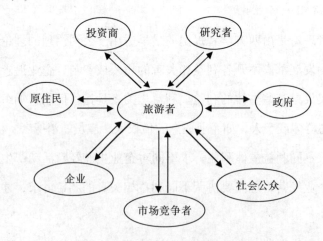

图2 以游者为核心的利益主体图谱

　　传统村落旅游地利益主体结构多元复杂，各利益主体诉求是一个复杂的动态系统。作者在分析传统村落遗产属性的基础上，提出了传统村落旅游地利益主体图谱[1]，该图谱突出了传统村落旅游发展中原住民的核心利益主体，反映了传统村落"活态"遗产和准公共资源属性，也体现了传统村落旅游地"生活区与景区叠置"的特殊性（图3）。按照利益主体理论，传统村落遗产保护与旅游发展是各利益主体诉求博弈的过程，在实际旅游发展中，企业（投资商）、政府、社区的利益诉求往往不能兼顾，社区原住民的利益最易被忽视，且原住民的利益诉求随旅游地发展而变化，原住民的利益诉求满意度不仅直接影响旅游的好客度，同时也关乎传统村落文化传承遗产保护与村落的演进，因此，协调、平衡各利益主体的关系是传统村落旅游可持续发展的关键。

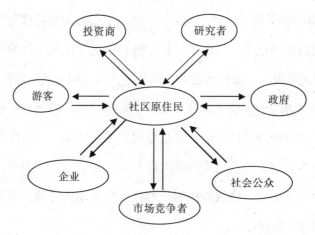

图3　以社区原住民为中心的传统村落旅游利益主体图谱

（三）社区参与理论

　　社区参与源于20世纪60年代国外学者对传播学的研究，强调社会公众尤其是普通公民享有对传播媒介的参与权。社区参与理论倡导的社区对生产经营活动的参与和旅游业发展与社区关系不谋而合。随着旅游的发展，旅游目的地的社会生活发生变化：一方面，政府及非政府组织越来越多加入到旅游地社区，社会资本也进入

1　邵秀英.古村落旅游地旅游开发与公共管理问题研究 [J].国家旅游局规划课题，2009.

旅游地社区，使得旅游地社区获得更多的发展机会，旅游带来社区的"繁荣"，社区居民也较非旅游地社区获得更多参与旅游的机会。社区居民参与旅游的路径、模式成为学者和业绩关注的重点。另一方面，旅游活动给社区带来了环境压力，冲击了社区传统的生活秩序，社区居民利益诉求得不到充分保障，进而使社区居民产生对旅游活动的抵制和敌对情绪。社区居民对旅游的态度可能由旅游发展初期的期盼、欢迎到旅游发展中后期的不满、敌对情绪的变化，进而影响旅游发展。这体现社区居民对所在社区发展的责任和担当以及对社区发展所获取结果的分享。因此旅游业要想长久稳定地发展，要想取得社区的支持，就要在旅游开发中重视社区的参与和地方社区居民的利益。

旅游发展使旅游目的地社会生活的各个方面都发生了变化，这个问题从20世纪60年代开始就引起了国外学者的关注。由于旅游的兴起给社区带来了环境压力，冲击了社区传统的生活秩序，打破了往日宁静，引起了社区文化的变迁等等，致使居民利益未得到充分保障，抵制和敌对情绪随之产生，引起社区居民的怨恨和对抗。所以，学者从旁观者的角度描述和批评旅游业发展对社区的负面影响。同时，社区既具有实施可持续发展的综合功能，又是可以把握的实体，从社区角度来思考旅游开发问题有可能为实现旅游业的可持续发展找到可行的途径。因此，如何从生态环境和当地居民的角度出发，将旅游作为一种社区的活动来管理，争取获得更大的效果，成为学界关注的焦点之一。

后沟古村一直都有居民居住，纵观后沟古村旅游开发中经营管理者与社区原住居民的利益冲突，根本缘由在于社区原住民在旅游开发中社区增权处理不好，村落村民较少有参与旅游决策、管理的权力。运用社区参与理论，协调传统村落景区开发中原住民的利益诉求，有利于促进传统村落旅游业可持续发展，促进传统村落保护与社会公平，案例的论述正是结合这一理论开展充分的研究与分析，形成有实践指导价值的理论分析成果。

（四）可持续发展理论

可持续发展理论是人类社会由农耕文化向现代社会工业化转型的过程中，人类的生存环境和社会发展面临着生存的危机提出来的。可持续发展理论在 1992 年环境与发展大会上的《里约热内卢环境与发展宣言》正式确定。可持续发展是既满足当代人的需要，又不影响后代人的需要和发展。其反映了社会经济发展从传统的无序开采向代际公平的价值原则转变，被提出以后得到全世界范围的广泛认同，渗入到各个领域。

旅游产业的不断发展也带来了一系列的生态环境问题，于是可持续旅游发展概念也应时代要求而生。可持续旅游其本质是保持环境资源和文化的完整性，并能给旅游区居民公平发展的机会。具体而言，就是要增进人们对旅游所产生的环境效应与经济效应的理解，强化其生态环境保护意识；促进旅游业的公平发展；改善旅游接待地居民的生活质量；向旅游者提供高质量的旅游生活，以及保护未来社会旅游资源或产业开发赖以存在的生态环境等。

传统村落是历史的产物，在工业化的时代，通过对传统村落的保护和发展，不仅可以改善传统村落的人居环境，保留乡村的原始风貌，唤醒乡愁记忆，还可以为传统村落的村民提供就业机会，增加经济收入，促进乡村经济发展。做好传统村落保护工作，充分利用民俗文化、生态环境、农耕文明和建筑艺术等，建立传统村落保护新模式，持续激发传统村落的发展活力，以传统村落的可持续发展促进乡村振兴。后沟古村在旅游发展过程中采取一系列保护措施正是印证这一点。

五、背景信息

（一）后沟传统村落遗产保护与旅游开发利用获得的荣誉称号

2003 年 1 月，中国民间文艺家协会宣布后沟为中国民间文化遗产抢救工程的古村落农耕文化遗产保护采样地。

2005 年 7 月，亚洲太平洋组织、中外旅游品牌推广峰会组织委员会、世界华侨华人联合总会推荐后沟古村为"中国最具旅游价值古村落"。

2006 年 6 月，山西省人民政府授予后沟古村"山西历史文化名村"称号。

2006 年 12 月，中国国家旅游局、农业部授予后沟古村"全国农业旅游示范点"称号。

2007 年 1 月，山西省农业厅、山西省旅游局、山西省观光农业协会授予后沟古村"山西省最佳观光农业示范点"称号。

2007 年 4 月，晋中市环保局、晋中市外事旅游局授予后沟古村"绿色景点"称号。

2008 年 11 月，山西省人民政府授予后沟古村"山西省旅游名村"称号。

2012 年 12 月，住房和城乡建设部、文化部、财政部三部门联合公布后沟列入首批中国传统村落名录。

2014 年，后沟古村被命名为第七批中国历史文化名村。

2015 年 6 月，中国民间文艺家协会授予后沟古村"中国古村落代表作"称号。

2017 年，在农业部组织开展的中国美丽休闲乡村建设现场会上，榆次后沟古村荣获"历史古村"称号，成为晋中市唯一入选的乡村。

2017 年 12 月，"2017 中国最美村镇"评选发布，后沟古村获评"中国最美村镇传承奖"。

2020 年 12 月，后沟古村景区评为国家 4A 级旅游景区。

（二）中国传统村落名录资料

2012 年，我国政府启动了传统村落名录全面调查工作，公布首批中国传统村落646 处。同年，经传统村落保护和发展专家委员会第一次会议决定，将习惯称谓"古村落"改为"传统村落"，以突出其文明价值及传承的意义。传统村落成为我国继物质文化遗产、非物质文化遗产之后的第三类文化遗产。

目前，全国公布五批中国传统村落共 6 819 处。其中，贵州省、云南省、湖南省、浙江省、山西省中国传统村落数量名列前五位，合计约占全国 1/2（图 4）。

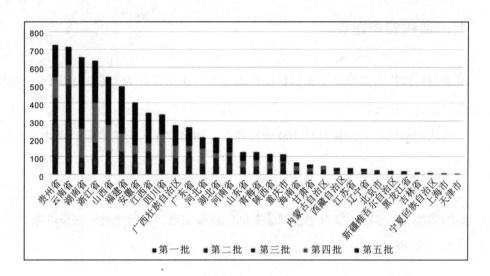

图4　中国传统村落分布图

备注：图片来自"图说五批 6 819 个中国传统村落"，弯刀书斋，2019–06–20.

六、关键要点

①认识并理解传统村落旅游地利益主体结构，明确社区居民在旅游开发建设中的重要主体地位和社区村民在旅游开发利用中的增权价值，强调社区居民在传统村落遗产保护传承和旅游开发参与的重要性，理性分析社区居民主体利益诉求。

②秉承见人见物见生活的传统村落保护理念，正确理解旅游对于传统村落遗产保护利用和功能再生的作用，不同开发利用主体背景下，鼓励旅游对传统村落遗产的活态利用，旅游让村落社区功能再生，尽可能让村民在传统村落旅游地能够延续和谐的生产生活，使得传统优秀文化得到传承。

③传统村落旅游开发要协调保护与发展二者关系，协调各方利益主体利益诉求，实现以旅兴村、以游保村，主客共享，不断增进传统村落旅游生命力，实现传统村落可持续发展。

七、课程安排建议

本案例可以作为课堂教学案例讨论课来进行，也可以作为专题讨论案例。作为课堂教学案例，建议如下。

案例的课堂讨论时间控制在 100 分钟左右（两节课），分为课前、课中和课后 3 个部分。

（一）课前计划

给出案例与思考题，要求学生阅读案例，查阅文献，对问题进行初步思考。

（二）课中计划

包括 5 个环节。

①阐述案例信息，明确案例教学要求，针对案例思考的主要问题，确定案例分析主题，阐明观点（10 分钟）。

②根据实际情况将学生分组，针对思考题让学生展开充分讨论，并选派代表阐述本组观点（如果学生总人数在 10 人左右也可以不分组）（20~30 分钟）。

③小组代表（或每个学生）选择案例思考题进行发言，每题 5 分钟左右（30~40 分钟）。

④教师根据学生发展，引导全班学生展开讨论，并进行归纳总结，提炼共性问题，发现创新观点（10~15 分钟）。

⑤总结。针对学生回答问题及其讨论焦点，给予答疑解惑，引导学生运用相关理论知识理解问题，鼓励学生提出对案例认知、理解的创新观点（10 分钟）。

（三）课后计划

指导学生对案例讨论结论形成报告或者论文；针对案例讨论情况，引导学生继续深入地调研并通过报告等形式提出解决方案，深化案例教学成果。

后疫情时代的旅行社：是倒闭还是再出发

——一个中小旅行社的创新赢得市场发展之路

案例正文

摘要： 近年来文化旅游产业的迅速发展，为旅行社带来良好的发展机遇。而2020年突如其来的新冠肺炎疫情，给全国旅游行业带来了沉重的打击，作为旅游发展重要载体的旅行社更是遭受疫情重创，国内旅行社纷纷倒闭或转向经营。后疫情时代，文化旅游行业面临转型重组，旅行社发展该何去何从呢？本案例描述了山西一家中小旅行社（A旅行社）在同行竞争的情况下，通过分析市场，找准定位，创新产品，树立品牌，制定战略，合理营销，科学管理，稳步发展，实现营业额持续快速增长。即使在2020年新冠肺炎疫情突发，各旅行社遭到重创，尤其是出境旅行社几近崩塌的情况下，A旅行社仍然做到给游客退款、员工发薪、地接社结账的有序管理。其经营理念与行业管理为后疫情时代国内旅行社发展提供了很好的借鉴。

关键词： 后疫情时代；中小旅行社；创新品牌；经营理念

一、引言

2020年新冠肺炎疫情突发，1月24日，文化和旅游部向各文化和旅游厅（局）发文要求全国旅行社及在线旅游企业暂停经营团队旅游及"机票＋酒店"产品，给正处于春节旺季的旅游业按下了暂停键。旅行社可谓是"一片哀嚎"，尤其是出境旅行社受到了重创。之后尽管各地政府相继出台政策对文化旅游行业给予扶持，但诸多旅行社仍因业务停止，资金中断，甚至倒闭关门也没处理完游客退款。

2020年3月底的某一天，在山西A旅行社办公室，汪总退完了最后一笔2020年春节期间被迫停止出行的游客团款之后，接到了省文化和旅游厅工作人员的电话，

---

* 作者简介：1邵秀英（1963— ），太原师范学院教授，研究方向：旅游规划与旅游管理、遗产保护与遗产旅；2.南蕾（1984— ），太原师范学院MTA硕士生，山西大庭商务服务有限公司旗下商务之旅品牌运营总监，定制旅行师。

为有效应对疫情，出台了支持文旅企业共渡难关的五项措施，其中之一便是向旅行社暂退部分旅游服务质量保证金，支持旅行社应对经营困难的问题。汪总听明电话的来意之后，却礼貌地拒绝了文旅厅的质保金退款……不仅如此，A旅行社在春节放假后因疫情一直没有正常上班的情况下，依然给每一位员工坚持发放工资，给每一位一线领队退还了押金，让他们能够在特殊时期有收入来源以维持生活……面对新冠肺炎疫情突发事件，诸多旅行社或关门歇业或另谋出路，那么，后疫情时代旅行社是倒闭还是再出发呢？A旅行社案例值得旅游行业企业界探究。

二、行业背景

改革开放以来，随着国民经济的好转，我国旅游业取得了长足的发展，成为中国经济发展的支柱产业之一。但随着互联网的发展，信息透明化，人们对自己常驻地以外的事物有了更多的了解渠道，再加上旅游行业OTA平台的发展，使得传统旅行社面临着巨大的挑战，尤其是中小型旅行社逐步陷入发展困境。虽然旅游人次增长速度也很快，但跟随旅行社出游的游客比例却逐年降低，旅游市场竞争日益激烈。再加上旅行社产品创新不足，各旅行社产品雷同，同质化竞争激烈，导致旅行社之间大打价格战，零负团费频频出现。

一般而言，传统旅行社市场业务可以分为以下几种：①为各旅行社提供产品批发的同业旅行社。他们一般不直接零售，只针对各大旅行社做批发；②主要业务为零售，自己没有产品。只做零售，可以是散客，也可以是团队，收到客人后交给同业去操作，赚取中间利润；③既有产品又有零售的综合性旅行社，这种旅行社一般规模较大，组织机构全，人员较多，产品也比较丰富；④只做当地的接待业务（行业内称为地接社），主要接待境外（省外）来当地旅游的团队或者散客。

2020春节前的新冠肺炎疫情，对旅行社产生了很大的影响。2020年1月文化和旅游部下发通知，要求全国旅行社及在线旅游企业暂停经营团队旅游及"机票+酒店"旅游产品。按照文旅部统一要求，国内旅游团队业务和机加酒服务于1月24日起停止，对于部分出境团队，在保证安全的情况下27日之前还可以继续出行，但27日之后包括出境团队在内的所有团队游业务和机加酒服务将全部暂停。游客和旅行社可根据合同和相关法律协商解决后续问题。疫情带来旅行社连续几个月没有业务、没有收入、复工无望，大部分旅行社纷纷开启了靠副业自救的模式，有的在快手、抖音等自媒体平台做自拍自导的景区直播，有的在网上售卖地方土特产品，期待旅游业复苏。

时间推移到 2021 年，国内旅游业复苏，疫情带来了国内旅游市场新变化，如预约旅游成为旅游标配，周边游 C 位出道，私人定制旅游流行……对旅行社国内市场经营带来新机遇新挑战。但疫情不断反复，国内跨省旅游中等尺度线路"时好时坏"，大尺度的跨境旅游市场更是"恢复无望"。2021 年 9 月 29 日，文化和旅游部组织召开了全国文化和旅游假日市场工作电视电话会议，对文化和旅游行业的疫情防控、安全生产等工作进行了再动员、再部署。要求严格实施跨省旅游经营"熔断"机制，对出现中高风险地区的省（区、市），立即暂停旅行社和在线旅游企业经营该省（区、市）跨省团队旅游和"机票＋酒店"业务。暂不恢复旅行社和在线旅游企业出入境团队旅游和"机票＋酒店"业务。后疫情时代的旅行社业务是全面"休眠"还是升级复苏，对于旅行社个体而言是倒闭还是再出发，都值得探索。

三、A 旅行社概况

A 旅行社创立于 2009 年，是由省市文旅部门批准，经省工商局登记注册，并足额缴纳质量保证金的一家旅游企业。经营范围包括入境旅游业务、出境旅游业务、国内旅游业务、会议接待及机票、酒店预订等，主营业务为出境旅游线路产品批发。旅行社设人事部、计调部、外联部、导游部、财务部、票务部，2019 年底在职行政员工 12 人，导游及领队 18 人，是一支年轻的团队，充满了朝气和创新精神。旅行社经理汪总是一位年轻的旅游管理专业人士，在汪总带领下，公司以"规范化""人性化""特色化"为发展方向，以品质为王、产品为王为经营理念，立志在满足顾客需求的基础上追求卓越、精益求精，并且不断加大人力及技术等方面的持续投入，培育锻炼了一批训练有素、经验丰富、服务热忱的高素质团队和高素质导游队伍，为游客提供可靠周到、品质优良的全方位旅游服务，探索和发展品质与享受相结合的专业旅游服务道路。

A 旅行社成立于出境旅游市场竞争激烈的环境，但业绩逐年增长。即使在 2020 年新冠肺炎疫情对旅游市场产生巨大冲击，尤其是对以出境市场为主要业务的旅行社的重大打击，A 旅行社仍然能够坚守，不拖欠任何一方一分钱。在 2021 年开始的时候又开始为回暖市场做规划。是什么让 A 旅行社在面对困难依然能够稳步前进呢？

四、A 旅行社经营管理之道

（一）细分市场，找准定位，规避盲目竞争

进入本世纪初，随着我国旅游业的快速发展，出境旅游政策逐步放松，出境旅游目的地逐年增多（图 1），出境旅游人数逐年增长。2005 年，我国公民出境旅游人数达 3 103 万人次，中国公民出境旅游人数实现第一个 1 000 万人次用了 17 年，第二个 1 000 万人次用了 3 年，第三个 1 000 万人次只用了 1 年，中国出境旅游人数增长迅速。

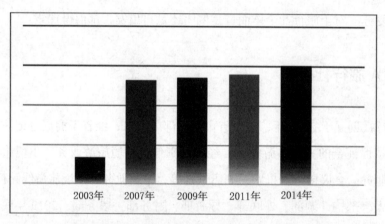

图 1　中国公民出境旅游目的地国家和地区数量直线上升

从国内组团社来看，港澳出境旅游市场占比高，也就意味着出境旅游市场竞争激烈。以山西为例，2009 年山西港澳游市场，太原出发香港、澳门双飞五日游，含吃住、往返机票和景点门票等内容价格 1 380 多元，还有的旅行社卖价 999 元，甚至更低。而这个价格仅仅够太原往返香港的机票费用，也就是说游客到了香港、澳门后在当地所产生的费用均由当地旅行社补贴。旅行社要盈利，就只能通过增加购物或者自费项目来赚取，这也就是行业俗称的所谓零负团费操作。在香港、澳门旅

游市场竞争激烈背景下，A 旅行社成立，创始人汪总也将旅行社的主营产品定为港澳游。与其他旅行社不同的是，汪总深知同行恶性竞争后果，没有盲目跟风做低价产品，而是做了认真的市场分析，为自己的港澳出境产品找准定位。

结合当时国内出境市场形势，尤其是山西港澳市场背景，对 A 旅行社现状及其发展定位做出了五个研判。第一，A 旅行社刚刚成立，属于初创阶段，在竞争激烈的市场和同行低价竞争背景下，如果选择跟风低价港澳市场，只有死路一条；第二，港澳游出境旅游市场面临盲目低价竞争乱象，旅游产品负操作，购物店占据了客人大部分的出游时间，且购物店所售产品质量不保，对不了解内情的游客是一种欺骗，况且低价旅游产品，长此以往必定面临游客不满，客人投诉概率高，后患无穷，不是企业良性发展之道；第三，做企业要有长远打算，面临同一市场竞争，不能选择短期盈利或盲目跟随，企业要挖掘自身优势，寻找自己的定位；第四，港澳游出境旅游产品虽然市场竞争激烈，但 A 旅行社汪总熟悉该出境旅游产品特点，掌握通行证、办签、当地的接待等环节，对于 A 旅行社创办初期，从最熟悉的产品开始最容易打开市场，选择港澳出境成本较低；第五，做专线旅游产品的关键在于品质，把产品做精做好，唯有产品质量过关，才有长足发展。A 旅行社汪总反复思考了这 5 点研判后，为 A 旅行社定下了发展方向，那就是研发港澳出境旅游高品质，从开发山西港澳高品质出境旅游线路入手，避开市场低价盲目竞争，实施立足长远、产品为王的经营理念。

（二）树品牌，善定价，业绩"暴增"

2009 年年底，A 旅行社汪总首先率领成员深入了解市场，分析竞争对手的同类产品、价格等信息，研究现有港澳出境旅游产品的优劣势，在此基础上研发出了 A 旅行社自己独有的港澳双飞 5 日游品质产品。

旅游产品定价是旅游线路设计的重要内容，也是旅行社市场营销与经营管理的关键。旅游线路定价普遍存在低价徘徊、购物旅游、定价不准、大同小异、缺乏个性等问题，导致旅游产品千篇一律，缺乏吸引力和竞争力。A 旅行社汪总在对山西港澳双飞五日游品质产品的价格定位上，采取了参考行业"主导价格"和"品牌维持"相结合的办法，所谓主导价格，是指旅游业界规模大、实力强、信誉好的老牌企业或起步早的企业对市场旅游产品的定价，中小旅行社可以参考行业主导价格，对自己主推的旅游线路的价格进行适当调整（调高/调低）。所谓"品牌维持"，是指旅行社根据市场需求，对自身旅游线路进行定价——"特线特价、高标高价"。

根据上述旅游产品定价方法，A旅行社汪总将自己研发的"山西港澳五日游品质游"产品价格定在了当时品质游产品市场最高价和最低价之间，同时还补充了市场同类产品没有明确零售价格的不足，统一了产品的市场指导零售价，明确规定旅行社门店零售商的利润范围，使门店销售员销售时有了价格参考标准，一定程度上避免了价格恶性竞争乱象。

"山西港澳出境双飞五日游品质游"线路定价之后，便开始市场营销。汪总带领4人团队明确分工，各司其职，在他们的共同努力下，2009年山西港澳出境双飞五日游品质线路迅速进入市场。2010年A旅行社营业额达到322.3万，2011年360.45万，2012年429.5万，营业额三年连续增长。A旅行社在当时港澳出境旅游市场竞争激烈的情况下，不仅迅速进入市场，被市场认知，而且业绩暴增，A旅行社在山西港澳出境旅游市场站稳了脚跟，这让汪总与各位员工信心大增。

（三）长远规划，精准营销，管理促效益

业绩暴增的意外惊喜让汪总更加坚信了A旅行社品质为王的发展理念，但他并未对这意外暴增的业绩沾沾自喜，而是反思发展过程，对A旅行社未来做出了系统的规划。

汪总仔细研究山西港澳游的市场数据，分析行业对手旅行社数据情况，发现A旅行社市场占有率不是最高，但利润率最高。于是他做了详细的分析以及成本计算，发现公司人员管理、成本控制、工作效率以及如何充分发挥员工工作能力等均是提高利润率的关键因素。为此，汪总制定了A旅行社10年发展规划，将2014—2016年定为三年市场拓展年。A旅行社3年发展规划的详细安排：一是招兵买马，壮大企业力量；二是制定公司章程、规章制度、人员薪资标准、奖惩制度等一系列公司制度；三是开展全面、系统的培训。

精准营销是汪总贯彻A旅行社"品质为王"理念的重要环节，主要针对A旅行社与零售门店的营销管理。一方面，对旅行社零售门店的经理或老板不销售产品，只销售公司。向他们销售公司"品质为王"的经营理念，展示公司短时间内进入市场、迅速占领市场的年递增销售数据。另一方面，针对门店的前台一线销售人员销售产品，详细讲解港澳出境线路产品的特点，帮助他们提升对游客讲解产品与销售答疑的能力。

这种精准营销策略，使很多旅行社零售门店对 A 旅行社产生了好感，建立了友好合作的信心，一些零售门店老板即便是暂时没有收到客人，也会在后续工作中碰到有要求品质的客人立即想到 A 旅行社。汪总成功地将 A 旅行社的高品质品牌树立在了各个旅行社零售门店的印象中。汪总始终相信只有肥沃的土地才能长出参天大树，A 旅行社就是他苦心经营的肥沃土地，山西港澳品质五日游就是这片土地上培育的第一棵大树。

（四）审时度势，再育产品，保持利润稳定持续

2013 年《中华人民共和国旅游法》出台，其中第三十五条明确"旅行社不得以不合理的低价组织旅游活动，诱骗旅游者，并通过安排购物或者另行付费旅游项目获取回扣等不正当利益。"旅游法的颁布，对旅行社产生了重要影响。以山西港澳出境游为例，之前众多的 999 元的港澳游低价产品被迫下架，而品质游出境线路爆发。A 旅行社长期坚持"品质为王"理念下，拥有 2010 年到 2012 年 3 年的品质游铺垫，以及通过精准营销在各旅行社门店培育的良好合作关系。因此，在 2013 年旅行社纷纷受到打击的情况下，A 旅行社迎来大好发展机遇，业绩暴增。2013 年年底到 2014 年春节假期 50 天的时间里，A 旅行社"港澳双飞 5 日品质游"的营业额达到了 2012 年全年的水平。如果不是机票资源有限，A 旅行社的营业额会更高。A 旅行社营业额增长如此之快，汪总在高兴激动之余，又陷入了对旅行社盈利与可持续发展深深的思考。

面对竞争日益激烈的旅行社行业，汪总深知一个旅行社要立足于市场而发展壮大，仅靠一个产品是远远不够的，于是汪总开始了挖掘山西出境旅游新市场，研发新产品。A 旅行社在总结前期发展经验时发现，品牌是企业的核心，但关注国家战略，紧跟时代步伐是发现市场拓展市场的重要因素。汪总团队开始 A 旅行社新产品选择和研发之路。首先，汪总团队做了深入的出境旅游目的地市场分析，发现日本是我国最大的出境旅游目的地，与我国互为旅游目的地且互为客源地，在我国出境旅游市场中份额占比较高，日本又是发达国家，市场环境乐观。于是汪总团队决定探索日本出境旅游产品，研究竞争对手产品，最终决定研发日本出境品质旅游 7 日游线路、

价格以及销售策略。

2017 年，国家推出一项新的政策。2017 年 8 月 5 日起经所有口岸来香港的团队游的电子卡港澳通行证，已经不再经旅行社团签过关，持卡者可选择自助过关。这就意味着公司以往的自由行游客要缩减，同时出关自由，团队的业务量也会受到一定的影响。汪总审时度势，认为这是 A 旅行社推出日本品质出境 7 日游的大好时机。于是 A 旅行社迅速上线日本出境旅游 7 日游品质产品，同时邀请日本地接社、日本专线领队等，给 A 旅行社所有员工培训。由于有了港澳游的销售经验、销售渠道，以及多年经营起来树立起来的市场口碑，日本出境 7 日游品质线路迅速进入市场，2018 年底的数据显示，全年日本出境游线路的营业额达到 1 019.2 万元，2019年达到 2 256.8 万元，日本游产品占到了公司总营业额的 70%。审时度势，把握政策，发现市场，再一次给 A 旅行社提供了成长机会。

A 旅行社的日本品质 7 日出境游产品使 A 旅行社旅游产品多元化，按照旅游产品生命周期理论，A 旅行社通过丰富旅游产品，延长了企业产品生命周期的成熟盈利期，拓展了出境旅游市场，也为自己在山西出境旅游市场中找到了较为持久的销售地位。

（五）面临挑战，妥善处理，稳步前行

2020 年春节假期之前，汪总信心满满，因为 A 旅行社的日本 7 日游线路、港澳 5 日游出境线路团期均已客满。但是突发的新冠肺炎疫情，给旅行社业务按下了暂停键，以出境旅游为主要业务的 A 旅行社面临开业以来最大的困境。面对困境，汪总没有焦虑，没有恐慌，没有欠游客、地接社、员工任何一分钱，而是有序地处理完退款后离开了办公室。因为，他的脑海里想的是他的 10 年规划。2020 对他对 A 旅行社而言只是少了一年的营业。他知道自己的那片土地依然还在，也许疫情防控期间他的快速退款又给他的土地施了一剂好肥，疫情也许是给他和团队的一次休息思考选择的机会，他相信施肥修整过的土地会更加有营养，更加肥沃。

2021 年元宵节过后，A 旅行社开始复工，汪总开始制订市场回暖的产品研发与营销计划。根据疫情发展趋势，A 旅行社联合航空公司制定了澳门一地机票＋酒店的半自由行产品，每周两班。截至收稿日期，该产品收客稳步上升。与此同时，A 旅行社的汪总和他的团队又开始了定制小团和山西地接定制团的规划……

五、小结

旅行社可持续发展深受同行竞争和突发事件影响，A旅行社之所以能在同行竞争中立于不败之地，面对新冠肺炎疫情冲击能坦然度过危机，与练好"内功"分不开。A旅行社十几年的经营管理表明，细分市场，找准定位是旅行社良好发展的基础，品质化、个性化经营是核心，审时度势抓机遇、精准营销重管理是A旅行社经营必不可少的"技巧"。当然，A旅行社的经营管理是旅游产品生命周期理论、旅游市场营销、管理决策等理论的实践运用，对旅行社具有一定借鉴。

参考文献

[1] 孙浚哲，李滨.中外旅行社经营管理模式差异比较 [J].长春教育学院学报，2013（9）：36-37.

[2] 杨静.互联网时代中小旅行社经营策略 [J].农家参谋，2017（23）：271-272.

[3] 吴迪.分析旅行社低价竞争的原因和对策 [J].旅游纵览，2015（12）：54-55+58.

[4] 郝钰泽.传统旅行社在新经济形势下的挑战与对策探讨 [J].经济师，2017（3）：159-161.

[5] 程金林，刘根固.疫情影响下中国游客赴澳旅游市场分析 [J].合作经济与科技，2021（2）：85-87.

[6] 刘倩倩，刘祥艳，周功梅.中国出境旅游研究：一个文献综述 [J].旅游论坛，2021（3）：95-112.

[7] 中国旅游研究院.中国出境旅游发展年度报告 2019[R].2019.

[8] 陈兴安.杭州 GJ 公司出境旅游产品营销策略研究 [D].长春：吉林大学，2021.

[9] 耿娜娜，王建秀，刘亮娇.山西省旅游市场发展态势分析 [J].开发研究，2016(3)：53-57.

[10] 陈志辉.我国旅行社旅游线路创新设计的思考 [J].商场现代化，2010（13）：100-101.

[11] 张力.后疫情时代旅行的进化 [EB/OL].（2020-06-18）[2022-03-11].腾讯网.

[12] 姚延波.我国旅行社业发展历程回顾与展望 [N].中国旅游报，2017-10-16.

案例使用说明

一、教学目的与用途

（一）适用课程

本案例主要适用于旅游营销、旅行社管理、服务管理、战略管理等相关课程，重点探讨旅行社管理、战略管理、旅游产品生命周期、市场营销等相关理论在旅行社企业中的应用。

（二）适用对象

本案例适用于 MTA、MBA 专业学生以及本科高年级学生的课程教学。

（三）教学目的

通过案例分析和教学，使学生了解旅游法律法规及旅游相关政策，掌握旅行社管理、旅游产品生命周期、战略管理、市场营销等相关理论知识；培养学生对旅行社经营管理理念、市场细分与旅游产品设计创新的思考；引导学生掌握旅行社产品设计、营销策略与方法，认识市场定位、经营理念、制度化管理等在旅行社经营管理中的作用；通过新冠肺炎疫情对旅游业尤其是旅行社影响分析，让学生深刻认知突发事件对旅行社行业的影响与应对，激发学生对后疫情时代旅行社行业企业发展的思考。

（四）主要知识点

本案例涉及的主要知识点包括旅行社市场竞争、市场研判；旅行社产品定位与差异化发展；旅游产品定价与营销策略；旅游产品生命周期与旅行社线路创新设计；旅行社管理者的决策与管理能力。

二、启发思考题

①一个新上市的旅行社，如何研判市场，确定发展理念和目标定位？

②面对激烈的市场竞争和压力，A 旅行社汪总是如何避免出境旅游盲目跟风和

低价竞争的?

③A旅行社从2010年开始到2019年营业额连续增长，你觉得最关键的因素有哪些?

④A旅行社汪总运用了哪些销售策略和定价策略?

⑤面对新冠肺炎疫情，A旅行社汪总为什么能坦然面对且信心满满?

⑥你认为后疫情时代旅行社的应对策略是什么?

三、分析思路

授课教师可根据自己的教学目标灵活使用本案例，本文提供的分析仅供参考。

本案例描述了A旅行社在旅游市场尤其是出境旅游市场快速增长，市场竞争激烈的背景下成立。在众多的恶性竞争、低价产品、零负团费层出不穷的市场环境下，A旅行社作为一家刚刚成立的中小旅行社面临着各种挑战，没有选择跟风低价旅游产品，而是通过分析市场、创新产品、品质定位，再加合理的营销管理，实现业绩"暴增"并十几年稳步发展。希望通过对案例的学习和研讨，帮助学生了解旅行社旅游产品设计、营销与旅行社管理相关知识，从A旅行社的发展之路认识影响中小旅行社经营管理发展的因素。从市场角度去思考旅行社产品创新、产品制订的方法，从决策者的角度去思考旅行社的营销、管理以及发展之路。在案例中认识旅游产品销售、定价策略，旅游产品生命周期理论、波士顿矩阵法等相关理论基础。

本案例分析思路为：从中国旅游业特别是中国出境旅游发展现状、特点等数据分析切入，让学生了解旅游行业发展背景与现状，引导学生思考在旅游业快速发展，新冠肺炎疫情突发事件对旅行社行业的影响与冲击，拓展OTA平台、各种自媒体时代对旅行社行业的影响，思考传统中小旅行社的应对策略和经营理念。通过案例分析，让学生掌握旅行社旅游产品线路创新的重要性，了解旅行社产品销售方法与策略。帮助学生认识旅游产品生命周期理论、波士顿象限理论、旅游营销策略等在旅行社经营管中的应用。组织学生头脑风暴，分析A旅行社迅速进入市场、业绩持续增长以及面对疫情不等不靠政府、不欠款、整装再出发的原因。最后，启发学生去探讨后疫情时代传统中小旅行社的发展思路和方向。

四、理论依据与分析

（一）旅游产品生命周期理论

产品生命周期理论最早源于西方市场，学者戈德曼和马勒认为产品经过开发、引入、成长、成熟、衰退等时期。遵循产品生命周期规律，产品开发营销的理想状态是保证产品具有较长的成熟期、较短的开发和引入期，才能实现企业赢利。

与其他产品一样，旅游产品也具有生命周期规律。1980 年，加拿大旅游学者巴特勒提出旅游地生命周期理论，认为旅游地的演化经历探察、发展、巩固、停滞、衰落或复活 6 个阶段（图 2）。

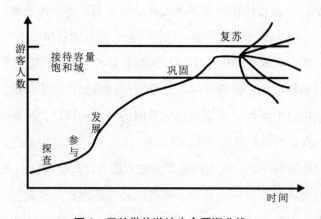

图 2　巴特勒旅游地生命周期曲线

旅游产品生命周期理论告诉我们，旅行社旅游产品由研发探索到进入市场，需要探察、参与和发展不同阶段，旅行社旅游产品开发设计要遵循产品生命周期规律，保证其开发运营的旅游产品处于巩固阶段，即尽可能延伸自营旅游产品的成熟期，让旅游人数处于饱和接待域，并在这个饱和域，通过高度的重复购买造成一个稳定的销售额。也即旅游产品保持有较长的成熟期，较短的开发、引入期，才能实现企业的赢利。同时，旅游产品生命周期理论说明了旅行社经营的旅游产品需要多元组合，因为不同属性的旅游产品之间具有一定的关联度，旅行社应该拥有面向不同市场的旅游线路，才能适应产品生命周期规律，使其产品分别处于成熟期、成长期等不同阶段。事实也证明，只做一条旅游线路或产品的旅行社无法应对多元市场需求，更不能应对突发事件。

（二）波士顿矩阵法

波士顿矩阵（BCG Matrix）又称象限法，是企业用来分析和规划企业产品的战略方法。由美国著名的管理学家、波士顿咨询公司创始人布鲁斯·亨德森于 1970 年创作。旅游行业常用来研判旅游产品的市场增长率和占有率，以确定旅游企业产品组合及其营销战略规划。

波士顿矩阵认为市场引力与企业实力是决定产品结构的基本因素。市场引力是市场销售量（额）的增长率、竞争对手强弱及利润高低的总和，其中，销售增长率是反映市场引力的最重要指标，是企业产品结构合理与否的外在表达。企业实力的核心指标是市场占有率，是决定企业产品结构的内在要素。技术、设备、资金利用能力等也反映企业的基本实力。销售增长率与市场占有率是相互影响、互为条件，又相互转化的，形成四种类型的产品。销售增长率和市场占有率"双高"的产品即明星类产品，显示了该产品具有良好的发展前景，企业也具备相应的适应能力；销售增长率高但市场占有率低的产品即问题类产品，销售量高意味着需要增加投入，以满足市场需要，才能超越竞争对手，但该类产品投资高，有风险；销售增长率低、市场占有率高产品即金牛类产品，市场销售稳定意味着不需要增加太多投入来扩展市场，市场份额高意味着产品属于盈利的成熟期，企业可以获得现金来源，需要维持该产品成长，但该需要并及时维护培育，避免由成熟期走向衰退期；当销售增长率和市场占有率"双低"时，处于衰退期产品即瘦狗产品，企业多亏损或微利，需要培育转化，促使该产品复苏，避免退出市场（图 3）。

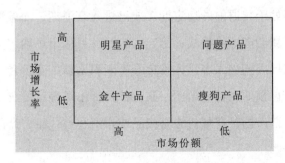

图 3　波士顿象限示意图

按照波士顿矩阵法，旅行社要根据市场需求，研判自身运营旅游产品所处的象限，遵循扶持猫类产品，收缩狗类产品，维持明星类产品，保持并延续奶牛类产品的经营营销策略。

（三）旅游市场定位策略

旅行社或企业，不可能也没必要把所有客源市场都作为自己的目标市场，不可能在同一时间面向全部市场去开发设计产品。所以，旅游企业需要市场细分，了解有哪些市场（需求），有哪些市场竞争，根据企业自身的状况，充分发挥企业优势，确定本旅游企业的目标市场，然后，研发面向目标市场需求的差异化、个性化、特色化旅游产品和服务，在目标市场形成最佳竞争力。

市场细分的目的在于发现市场（需要），是了解市场需求的必要手段。但市场细分不一定越细越好，要考虑细分出的市场是否有规模，是否有发展潜力和获利能力。在细分市场的基础上确定目标市场是旅游企业经营战略规划决策的重要内容。旅游企业目标市场一般应该具有 3 个特质，一是目标市场应具备一定的规模和发展潜力，要考虑现存的其他竞争对手是否也准备进入该市场，该市场能否容纳这么多竞争者；二是目标市场要具备可开拓、能获利的特点；三是目标市场与旅行社自身能力相匹配，要考虑这个目标市场的需求，旅行社自身的主观、客观条件能否提供相应的产品和服务。

旅行社目标市场甄别是一个战略决策的过程。首先要善于识别企业自身的竞争优势，准确的目标市场定位，准确首先是符合本旅行社经营理念、公司特点和特色的，只有选择与目标市场需求相符合的产品与服务，才会有市场独占性；第二，旅行社目标市场确定要识别所选目标市场是否存在激烈竞争的威胁，如果该市场的竞争对手多，或该市场处于衰退前的稳定期，或已进入衰退期，而旅游产品的供应能力还不断扩大。就可能会产生价格战；第三，旅行社目标市场确定要善于识别新竞争者的威胁，有些市场可能进入容易，难免会不断引来新的竞争者，这种目标市场将可能使企业难以获得预期利益；第四，旅行社目标市场确定要善于识别替代旅游产品的威胁，如果旅游市场存在替代旅游产品或者潜在替代旅游产品，可能会抑制现有产品的销售。

旅游市场定位还需要系统的方法支持。

①初次定位，旅游企业初入市场或旅游新产品进入市场前，为适应目标旅游消

费群的需要，进行市场营销组合，为目标旅游消费群所接受。

②重新定位，为改变目标旅游消费群对原有旅游市场定位的认识，旅游企业重新塑造旅游产品特色，并被市场接受认知。

③针对性定位，旅游企业为了争取与竞争者同样的目标旅游消费群，需要开展有针对性的旅游产品市场营销。

④创新性定位，旅游企业为规避竞争对手，开发旅游市场上没有的特色旅游服务或产品，进行差异化市场定位。

五、背景信息

（一）出境旅游信息

出境旅游是一个国家的公民到其他国家或地区进行的跨国旅游活动。我国出境旅游的定义，是指中国大陆居民因公或因私出境前往其他国家、中国香港特别行政区、中国澳门特别行政区和中国台湾地区进行的观光、度假、探亲访友、就医疗病、购物、参加会议或从事经济、文化、体育、宗教等活动。因此，我国的出境旅游包括出国游、边境游、港澳台游。

我国的出境旅游目的地随着时间的变化而变化，改革开放初期，我国出境旅游目的地主要以港澳为主；随着旅游业发展，以"新马泰"为代表的东南亚市场成为我国最早的出国旅游目的地。21 世纪以来，我国公民出境旅游目的逐步增多，日本、韩国、澳大利亚、新西兰等中短程旅游，欧美国家远程旅游成为重要的出境旅游国家。但港澳台在我国出境旅游目的地中一直排在前列。

2019 年度全国旅行社入境旅游营业收入 269.20 亿元，占旅游业务营业收入总量的 5.21%；国内旅游营业收入 2 750.96 亿元，占总量的 53.25%；出境旅游营业收入 2 145.56 亿元，占总量的 41.54%，出境人数持续增长。但相关数据显示从 2015 年开始，出境旅游目的地中，港澳游的市场占比开始呈现负增长，而亚洲其他地区市场占比显著提升，其次是欧洲。

（二）旅行社信息

我国最早的旅行社诞生于 20 世纪 20 年代。中华人民共和国成立后，政府主导成立了中国旅行社和中国国际旅游社，旅行社业务基本为行政事业属性。1978 年改革开放后，伴随着旅游业的快速发展，我国旅行社数量增加，旅行社也进入了多元开放的市场化经营阶段。1996 年《旅行社管理条例》出台，标志着我国旅行社行业步入制度化管理轨道。1997 年 7 月 1 日，《中国公民自费出国旅游管理暂行办法》发布，标志着我国旅行社业开始从入境和国内的二元市场转向出境、入境和国内游三大市场。旅游市场的蓬勃发展，吸引了多种投资主体进入旅行社行业，我国旅行社的数量迅速增长，从 1997 年的 4 986 家发展到 2009 年的 21 649 家（见图 4）。1998 年发布《中外合资旅行社试点暂行规定》，同年，我国第一家合资旅行社——云南力天旅行社成立，到 2009 年，我国有外商投资的旅行社 38 家，其中外商独资旅行社 21 家，外商控股合资旅行社 8 家，中方控股合资旅行社 9 家。与此同时，20 世纪 90 年代，我国旅行社开启了在线服务模式。1999 年，携程、艺龙两家公司成立，标志着我国正式开启了在线旅行服务业，随着众多在线旅行社的迅速发展，传统业态旅行社优势受到严峻挑战，许多旅行社选择"线上线下"经营业务，这是我国旅行社业发展的新的里程碑。

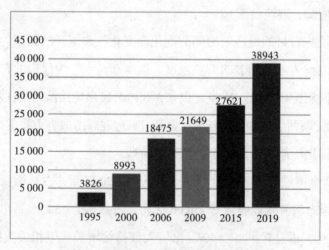

图 4　1995—2019 年我国旅行社数量

2020 年新冠肺炎疫情暴发，对我国旅行社业发展按下了暂停键。旅行社企业普遍亏损，许多传统旅行社关门倒闭。事实上，随着旅游业发展和旅行社对内对外的开放，游客需求不断变化，旅游市场竞争日趋激烈，传统旅行社行业产品同质化、产品创新能力不足、恶性竞争、零负团费操作等现象已经对旅行社行业产生了重大影响。业界普遍认为，新冠肺炎疫情加速了旅行社业态的转型发展。新冠肺炎疫情暴发之前，国内旅行社的经营范围主要集中在出入境业务、国内组团业务、省内周边业务、地接业务等板块。随着疫情防控的常态化，旅行社的业务范围也发生了变化，以山西为例，截止到 2021 年第三季度，业务范围主要集中在省内周边业务、国内组团业务、地接业务、定制旅游、研学旅游等。其中地接业务占 17.5%，国内组团业务占 19.3%，省内周边业务占 26.2%，定制旅游占 10.6%，其他占 26.4%。

六、课程安排

教学案例时间：宜安排 2 小时左右，依研究生、本科生教学计划适当调整。

（一）课前准备

课前要求学生自由组成学习讨论小组，2~4 人一组，在案例分析前一周发布案例与思考题。思考题可以根据需要从本案例使用说明的"启发思考题"部分中针对性地选择，也可以自行提出有意义的思考题。要求学生阅读案例，每个小组要求撰写一份案例分析来回答这些思考问题。

（二）课中计划

①案例回顾，明确案例分析讨论主题。

②小组讨论，发言（鼓励采用 PPT 演示）。

③深入讨论，重点关注后疫情时代旅行社面临的机遇、挑战，围绕后疫情时代旅行社创新发展，提出启发性路径选择。

④教师进行归纳总结。

（三）课后规划

学生以报告形式，围绕旅行社市场定位、旅行社管理理念、旅游线路研发、旅游产品定位、销售策略等内容，提出后疫情时代旅行社创新发展路径，阐述旅行社旅游产品、市场定位等经营管理中的相关理论基础。

工业旅游景区如何进行文旅融合

——以汾酒文化景区为例

案例正文

摘要： 工业旅游是以工业生产技术、工艺流程、车间厂房、厂区风貌环境以及企业文化、工业产品等产业资源为吸引物，组织游客开展参观游览、研学体验为主的旅游活动。在文化与旅游融合发展背景下，如何挖掘工业文化，培育旅游新业态，打造工业旅游新 IP，不仅是旅游市场多元化消费的需求，更是工业旅游可持续发展的重要路径。本案例以山西省汾酒文化景区为对象，梳理案例地工业文化特色与工业旅游发展现状特点，运用文旅融合高质量、体验旅游、旅游地生命周期理论等理论知识，剖析汾酒文化景区旅游与文化融合路径手段，找寻汾酒文化与旅游融合的业态、酒文化创意产品，旨在为工业旅游景区的文化挖掘与旅游活化利用提供借鉴。

关键词： 文旅融合；工业旅游；沉浸式体验；IP 文创；汾酒文化景区

一、引言

文化是旅游的灵魂，旅游是文化的重要载体，两者相辅相成，具有天然的共生互融性。关于文旅融合研究的文章第一篇出现在 1987 年。2018 年文化部和国家旅游局职责整合正式组建文化和旅游部，揭开了文旅融合新篇章，与文旅融合相关的学术成果也大量涌现。通过对文献的归纳和梳理，发现现有文旅融合的研究主要集中在文化与旅游关系研究、文化旅游资源开发研究、文旅融合意义及影响研究、文旅产业融合研究以及文旅融合模式研究等几方面。在文化与旅游的关系研究中梁月（2005）论述了旅游和文化的关系非常密切，文化是旅游业的灵魂。在文化旅游资

* 作者简介：1.刘丽娜（1990—　），太原师范学院讲师，研究方向：旅游目的地管理；2.邵秀英（1963—　），太原师范学院教授，研究方向：旅游规划与旅游管理、遗产保护与遗产旅；3.殷仙花（1997—　），太原师范学院硕士研究生，研究方向：旅游地理与旅游规划。

源开发方面，刘凤梅（2011）、刘白（2015）等学者都做出了研究。在文旅融合意义及影响研究中刘少和、李秀斌（2009）提出文旅融合有利于文化的交流与传播，有助于形成文化认同从而形成文化吸引力。在文旅产业融合研究方面，张海燕、王忠云（2010）提出了文旅产业融合的路径。在文旅融合模式方面，文旅融合模式方面，刘永生（2009）、刘芙蓉、朱强（2018）、邵明华、张兆友（2020）等学者从不同角度提出了文旅融合的多种具体模式，如原地浓缩、主题附会、直接利用、复原历史等。近年来，文旅融合的产品不断涌现，但多见于非遗进景区，非遗转化为旅游演艺、节庆等，工业文化挖掘研究与实践尚未得到充分关注。

在文旅融合高质量发展的背景下，深入挖掘工业文化内涵，发展工业旅游新业态，打造工业旅游新 IP，不仅是旅游市场多元化消费的需求，更是工业旅游可持续发展的重要路径。目前工业旅游中文化挖掘与利用不够，存在展示方式传统，讲解形式比较单一，游客体验感不足，文创产品千篇一律，缺乏特色等问题。汾酒文化景区位于山西省汾阳市杏花村镇，景区自建立以来就一直大力推进汾酒文化与旅游的融合，先后开发了汾酒文化博物馆、汾酒工业生态园林、复古生产线等文旅融合的业态，极大地提升了景区的吸引力，具有重大参考意义，为工业旅游景区的文化挖掘与旅游活化利用提供借鉴。

二、汾酒文化与汾酒工业旅游资源

汾酒文化源远流长，据考证，仰韶文化时期杏花村就开始了白酒酿造。汾酒拥有 6 000 年的酿造史，1 500 年的名酒史，800 年的蒸馏酒史，300 年的品牌史，在漫长的历史长河中形成了独具特色的汾酒文化。作为晋商文化的重要一支，汾酒文化源远流长，与黄河文化血脉相连。总结起来，汾酒有着历史上的四次辉煌时刻。公元 561—564 年，北齐武成帝隆重推荐汾州美酒"汾青"，此事被载入二十四史之一的《北齐书》十一卷，是迄今发现的关于杏花村美酒的早期最重要的文字记载。唐代诗人杜牧于春天由并州南返，路过汾州杏花村，写下了脍炙人口的《清明》诗，"借问酒家何处有？牧童遥指杏花村"使汾酒老少皆知；1915 年，汾酒在巴拿马万国博览会上一举荣获甲等金质大奖章，让汾酒再度出名；2007 年，汾酒继续蝉联国家名酒，竹叶青酒成为中国名牌产品。汾酒文化景区也因汾酒文化发展起来，景区最大的优势体现在其拥有历史悠久的汾酒文化。

汾酒文化景区作为典型的工业景区，工业旅游资源丰富。按照中华人民共和国国家标准 GB/T 18972—2017《旅游资源分类、调查与评价》将汾酒文化景区的工业旅游资源进行梳理，包括了 E 建筑与设施、F 历史遗迹、G 旅游购品、H 人文活动四大主类，EA 人文景观综合体、EB 实用建筑与核心设施、EC 景观与小品建筑、FA 物质文化遗存、FB 非物质文化遗存、GB 工业产品、HA 人事活动记录、HB 岁时节令八大亚类和 11 个基本类型。如下表：

主类	亚类	基本类型	名称
E 建筑与设施	EA 人文景观综合体	EAE 文化活动场所	汾酒博物馆
		EAF 康体游乐休闲度假地	汾酒工业生态园林
		EAD 建设工程与生产地	汾酒生产参观线、中国汾酒城
	EB 实用建筑与核心设施	EBO 特色店铺	汾酒特色商品部、酒都宾馆
	EC 景观与小品建筑	ECA 形象标志物	牧童骑黄牛
		ECE 雕塑	李太白醉卧、八仙醉酒、运酒工等
F 历史遗迹	FA 物质文化遗存	FAA 建筑遗迹	杏花村遗址、汾酒老作坊
	FB 非物质文化遗存	FBD 传统演艺	汾酒传统酿造技艺
G 旅游购品	GB 工业产品	GBA 日用工业品	老白汾酒、竹叶青酒、玫瑰汾酒、白玉汾酒等系列酒
H 人文活动	HA 人事活动记录	HAB 地方事件	1915 年汾酒成为唯一的巴拿马万国博览会甲等大奖章的白酒品牌、玫瑰汾酒获国际烈酒大赛金奖等
	HB 岁时节令	HBC 现代节庆	汾酒杏花节、封藏大典

（一）酿造工艺

汾酒文化景区 2009 年开设了酿造车间，位于景区的东侧，主要是展示汾酒酿酒的流程，游客可以亲眼看到粮食在工人的操作下怎样一步步演变成汾酒的。景区在 2015 年又建立了联合成品包装车间，位于景区北侧，展示了先进的白酒灌装生产线和智能化的物流管理体系，让游客感受自动化的包装技艺。汾酒文化景区的酿造车间、器械设备、生产包装过程等都是重要的工业旅游资源，现代化生产流水线、自动化的机械设备与历史悠久的汾酒文化相结合，游客可以亲眼看到粮食在工人的操作下怎样一步步演变成汾酒，了解先进的白酒灌装生产线和智能化的物流管理体系。

（二）工业遗产

工业遗产是人类文化遗产中不可分割的一部分，有着深厚价值对社会发展具有重要意义。汾酒传统酿造技艺于 2006 年成功入选国家第一批非物质文化遗产名录。汾酒老作坊是全国唯一一座现存仍在使用的集酿酒、贮存、销售为一体的古代酿酒遗存，2012 年被国家文物局列入世界文化遗产预备名单。汾酒工业遗产的历史文化内涵促进汾酒文化景区工业旅游实现可持续发展。

（三）其他景观

汾酒文化景区于 1999 年开始建造汾酒工业生态园林，由汾酒厂废水处理站智变而成。生态园林位于汾酒文化景区的中心，占地 20 万平方米，是一个融自然景观和人文景观为一体的现代化园林。生态园林中心是醉仙楼，醉仙楼周围有十二组与汾酒有关的名人塑像，如傅山、华罗庚、金庸等。此外园林中有几十组酒文化雕塑，如李太白醉卧、八仙醉酒、运酒工等等，为员工和游客提供了一个休闲游览的好去处。

汾酒文化景区 1984 年建立了全国第一家以酒为专题的博物馆。博物馆位于景区的东南角，馆内收集了酒器文物 1 300 多件，书画珍品 3 000 多件，是全国同行业中建设最早，馆藏最丰富的专题博物馆。该博物馆将汾酒的历史、汾酒厂的发展历程、酿酒知识、汾酒的种类等等结合实物，图文并茂等进行讲解，让游客对汾酒有更加深刻直观认识，展示了汾酒悠久的文化，同时展示了汾酒集团的实力，树立了良好的企业形象。

三、汾酒文化景区发展概况

汾酒文化景区位于山西省汾阳市杏花村镇，隶属于汾酒集团，是集工业旅游、酒文化旅游、休闲观光旅游一体的旅游景区。将景区的发展历史进行梳理，可分为以下三个阶段。

（一）探索开创阶段（1984—2001 年）

汾酒文化景区 1984 年建立了全国第一家以酒为专题的博物馆，并于 1999 年开始建造汾酒工业生态园林。1994 年 8 月正式对外开放，开放初期只是简单的汾酒展览馆。

初期展览品大部分是以简单的陈列、单纯的文字介绍为主，缺乏现代化高科技元素，不够新颖。博物馆讲解形式也比较单一，内容千篇一律，虽然可以了解汾酒历史，但较为枯燥，对游客的吸引力较少。

（二）快速发展阶段（2002—2011 年）

2002 年以来，汾酒集团倾力打造酒文化旅游基地。2004 年对汾酒博物馆进行了第一次扩建，2007 年进行了第二次大规模扩建。汾酒工业园林、汾酒文化广场、醉仙楼等新景点重建完成。2004 年被评为首批全国工业旅游示范点，是国家文物保护单位，国家酒文化学术研究基地。汾酒酿造工艺于 2006 年入选国家首批非物质文化遗产名录。2009 年开设了酿造车间，主要是展示汾酒酿酒的流程。2011 年汾酒文化景区被评为国家 4A 级旅游景区。

这一阶段，汾酒文化景区目前仍以观光游览为主，游客参与性较差，重游率低。景区是门票和导服费捆绑销售，游览形式主要以导游带领游客游览为主，虽然导游非常热情地讲解很多知识，但是很多时候游客不想只是听听，更想自己亲手试试，游客参与度低，体感差。其次，景区的产品设计以观光型为主，缺乏特色，没有将汾酒文化的特点表现出来，影响旅游体验，游客不能深刻地了解汾酒文化的内涵和底蕴，不能形成长久的旅游吸引力。汾酒文化景区虽然是国家 4A 级景区，但大部分游客只知汾酒，却不知汾酒文化景区，景区知名度较低，从网络媒体中搜索得到的景区的信息很少，游客的关注度低。

（三）文旅融合升级阶段（2012 年至今）

2012 年开始，景区更加注重汾酒文化与旅游的融合发展。2012 年 11 月 17 日，杏花村汾酒作坊遗址被国家文物局列入"世界文化遗产预备名录"。为切实保护和传承汾酒传统酿造技艺，汾酒文化景区开设了复古生产线。景区在 2015 年又建立了联合成品包装车间，展示了先进的白酒灌装生产线和智能化的物流管理体系，让游客感受自动化的包装技艺。为了弘扬和传承汾酒文化，汾酒文化景区每年都会举办系列节庆活动。自 2016 年起，每年三四月份杏花开放时节，景区都会举办汾酒杏花节。此外，景区每年还会举办以酒文化为主题的国际展会，展会期间举办一系列酒类文化专业论坛和大型活动，包括酒祖大典、世界酒文化高峰论坛、"一带一路"酒业国际合作高峰论坛、世界酒类采购商大会等，2017年被国家旅游局评为"国家工业旅游示范基地"。2021年，汾酒企业文化手册正式发布，近10万字是企业文化建设的纲领性文件，此外还成立了汾酒文化图书专柜，让汾酒文化更加深入人心。

四、文化赋能汾酒工业旅游升级

（一）旅游市场需求特点

首先，随着经济的发展和人们的生活水平的提高，人们对旅游的需求越来越个性化，走马观花式的旅游已经无法满足广大游客的需求，人们对旅游的需求更倾向于拥有独家的旅游记忆。很多时候游客不想只是听听，更想自己亲手试试。

其次，我们已经进入以信息技术为中心的智能化时代，随着5G实践应用不断深入，新兴科学技术不断涌现，VR、AR等沉浸式技术越来越受到游客的欢迎。这些沉浸式的技术不仅丰富了景区的展示方式，还可以增加游客参与兴趣，给游客一种身临其境的感觉。

此外，随着市场的变化，传统的旅游纪念品、工艺品销售逐年下降，而文创商品、创意生活用品、文创体验产品等成为主流发展方向。文创产品蕴含着深厚的文化底蕴，深受广大游客的欢迎。故宫文创通过不断的创新掀起一次又一次的时尚热潮，比如，故宫朝珠耳机、"奉旨旅行"行李牌、"正大光明"充电器等。景区只有深入开发挖掘汾酒历史和文化，通过多样化的方式与游客进行深度沟通，创新汾酒文创产品，满足游客多样化需求，才能延长景区的生命周期。

（二）汾酒厂工业旅游业态文化赋能

1.汾酒文化博物馆

汾酒博物馆通过参观的形式展示了汾酒4 000多年的发展历程，让游客在参观博物馆之时便能感受到汾酒文化如其酒似绵长、醇厚的历史。对于汾酒文化博物馆这类的人文旅游资源，游客比较注重的是其历史文化内涵或技术发展。虚拟旅游可以为游客提供更全面、更准确的解释，人工智能还可以根据个人需求从不同角度进行分析。在汾酒文化博物馆内结合陈列的物件，模拟当时酿造汾酒的场景，让游客感受当时的酿造技术，体会到当时劳动人民的智慧；对当时的场进行复杂环境设计，加以灯光烘托渲染当时的气氛，例如当时酿酒时的天气、周围植被、酿造师傅的服饰等等，或者增加一些音乐背景，给游客一种身临其境的感觉。在讲解的过程中利用高科技进行智能讲解、语音导览、个性化讲解，用现代化的技术让博物馆为自己发声，让广大的旅游观光者体验到现代科技的同时，能够更好地了解中国汾酒文化，感受到汾酒文化博物馆的功能价值。

2. 沉浸式生态园体验

汾酒工业生态园林是一个融自然景观和人文景观为一体的现代化园林，通过导游讲解的形式让游客了解到与汾酒有关的故事传说以及名人事迹，更加深入地了解汾酒文化。浓浓的汾酒文化氛围让游客除了看风景，还能展开丰富想象。汾酒工业园林除了营造出汾酒文化空间外，还根据广大游客的实际需求，在汾酒工业生态园内开展系列的活动，如汉唐礼制祭酒神仪式、醉仙楼品汾酒、杜牧问路、民国婚礼情景剧等活动。一方面可以增加游客的游览时间，另一方面可以提高游客的参与度，让游客更加深入地了解汾酒文化，进一步了解汾酒品质，体验到汾酒文化的深刻内涵。

3. 活态化传承汾酒酿制技艺

从1 400多年前的黄酒到如今的清香白酒，杏花村汾酒酿制技艺由口传心授、师徒相教的方式代代相传。2012年11月17日，杏花村汾酒作坊遗址被国家文物局列入"世界文化遗产预备名录"。为切实保护和传承汾酒传统酿造技艺，汾酒文化景区开设了复古生产线。复古生产线全部恢复明清时期的手工操作，展示了粉碎、润糁、装甑蒸料、扬冷加大曲、入缸发酵等全部生产工艺。游客可以在复古生产线亲自参与装甑、和糁、接酒等酿酒工序，亲自体验酿酒的乐趣，并且可以品尝纯手工酿造的原浆汾酒。这样不仅提升了游客的参与度，而且弘扬和传承了国家非物质文化遗产。复古生产线通过静态参观加动态体验的形式为景区文旅融合发展提供了新路径。

4.汾酒文化文创 IP

IP 形象只是外在的形式，IP 本身包含的文化底蕴才是创新文创产品的基础和元素。故宫"猫主题"文创通过创新，将皇帝与猫的形象进行组合，设计成 IP，并以此 IP 形象作为基础，衍生出文具、茶杯、冰箱贴等一系列的文创产品，吸引游客目光。故宫猫身上浓缩的千年历史文化和猫本身的可爱、呆萌形成了强烈反差，拉近了游客与故宫的距离，让故宫变得更加生动活泼。汾酒文化景区挖掘自身的历史，结合游客以及市场的需求，打造出具有汾酒文化特色的 IP 形象为景区代言，并为文创产品注入新的活力，从而衍生出系列文创产品，提高产品的附加值，吸引更多的旅游者关注，进一步加强了人们对汾酒文化的认知。景区的老白汾酒、竹叶青酒、玫瑰汾酒、白玉汾酒等系列酒深受广大群众喜爱，尤其是它们独具特色的酒瓶包装。富有汾酒文化的书签、钥匙扣、手机壳、背包等实用性较强的产品也深受游客欢迎。

（三）汾酒工业旅游设施与要素的文化植入

1.道路、标识系统

汾酒文化景区在设施上添加一些汾酒文化元素，给游客留下专属记忆，处处都在诠释着汾酒的故事。如景区的标识系统设计成酒瓶的形状，让游客陶醉于浓浓的汾酒氛围中；景区道路的名字由来都是和汾酒有关的人和物，如傅山路、杜牧路、巴金路等，走在道路上就可感受到汾酒悠久的历史；道路周围还有系列展示汾酒文化的宣传标语和名人雕像，将汾酒的渊源简单做了介绍，大家在走路的同时对汾酒有了初步了解；广场中心牧童骑黄牛的经典雕塑，更是唤起人们内心深处对汾酒文化的了解。

2.景区要素与环境风貌

汾酒文化景区环境风貌也处处体现了浓浓的汾酒文化。汾酒接待中心将汾酒文化植入创新发展，打造具有汾酒特色的接待中心，仿古庭院式建筑，刚进门映入眼帘就是酒罐池子，接待人员也穿着古代的着装，给游客留下了汾酒文化的源远流长的最初印象。独具特色的汾酒主题的餐具，将汾酒与美食相融合，打造汾酒主题特色菜谱，让游客在吃的过程中了解汾酒文化。汾酒文化商品部也体现出了汾酒悠久文化，有不同时期的各种类型的汾酒产品以及汾酒旅游文创纪念品，满足了游客把汾酒文化带回家的需求。

参考文献

[1] 郑克兴.试谈旅游与文化的关系 [J].福建论坛（经济社会版），1987（12）：55-56，21.

[2] 梁月.试论旅游和文化的关系 [J].北方经贸，2005（9）：63-64.

[3] 刘少和，李秀斌.大型节事的文化展示与文化传播 [J].旅游学刊，2009（3）：6-7.

[4] 张海燕，王忠云.基于产业融合的文化旅游业竞争力评价研究 [J].资源开发与市场，2010（8）：743-746.

[5] 王艳.数字 VR 技术在古建筑保护与旅游发展中的应用设计研究 [J].艺术品鉴，2018（29）：210-211.

[6] 叶银宁.文旅融合下文化遗产类景区体验型产品开发研究——以大明宫国家遗址公园为例 [J].现代商贸工业，2017（35）：43-44.

[7] 李安.泸州酒业文创产品开发与设计研究 [J].今古文创，2020（43）：37-38.

[8] 蒋波.博物馆数字化建设发展趋势刍议 [J].科教导刊-电子版（上旬），2018（1）：285.

[9] 申军波，张毓利，张玲玲.基于文化旅游融合的博物馆创新发展路径 [N].中国旅游报，2018-08-21（003）.

[10 申茂平.非物质文化遗产的教育传承及其实现途径 [J].教育文化论坛，2009（1）：49-53，77.

[11] 陈泽恺."带得走的文化"——文创产品的定义分类与"3C 共鸣原理" [J].现代交际，2017.

[12] 刘白.文旅兴邦：文化与旅游资源开发刍议 [J].建筑与文化，2015（5）：197.

[13] 刘凤梅.开封市文化旅游资源开发研究 [D].开封：河南大学，2011.

[14] 刘永生.论文化旅游及其开发模式 [J].学术论坛，2009（3）：108-112.

[15] 刘芙蓉，朱强.国内文化与旅游融合的八种模式 [J].广西广播电视大学学报，2018（1）：83-86.

[16] 邵明华，张兆友.国外文旅融合发展模式与借鉴价值研究 [J].福建论坛（人文社

会科学版），2020（8）：37-4.

[17] 熊正贤.文旅融合的特征分析与实践路径研究：以重庆涪陵为例 [J].长江师范学院学报，2017，33（6）：38-45+141.

[18] 邹统钎，张一帆，晨星.国外文旅融合经验值得借鉴 [N].中国旅游报，2018-08-17（003）.

[19] 杨群.深圳古村落文旅融合保护与开发模式探究 [J].特区经济，2021（1）：99-101.

[20] 温嘉颖，张黎，钟琦.文旅融合背景下休闲旅游特色小镇建设探讨：以清远市部分休闲旅游特色小镇为例 [J].清远职业技术学院学报，2021，14（1）：33-37.

[21] 何诗莹.创意旅游视角下广州市莲麻村文旅融合发展的策略研究 [J].农村经济与科技，2020（21）：84-86.

[22] 范周.文旅融合的理论与实践 [J].人民论坛·学术前沿，2019（11）：43-49.

案例使用说明

一、教学目的与用途

（一）适用课程

本案例主要适用于旅游目的地开发与管理、旅游规划与战略等相关课程。

（二）适用对象

本案例适用于 MTA 专业学生以及旅游本科高年级学生的相关课程教学。

（三）教学目的

通过案例分析和教学，使学生了解文旅融合的内涵与景区文化植入价值，掌握在文旅融合背景下工业旅游业态升级、文化赋能路径，引导学生运用体验旅游、地方感知、旅游地生命周期等理论分析问题，激发学生对工业旅游特色文化挖掘、文旅融合发展路径和模式的进一步思考。

二、启发思考题

①文旅融合背景及其对工业旅游的影响是什么？

②工业旅游景区如何实现文化赋能？

③汾酒文化景区的文化特色和工业旅游资源有什么特点？

④你认为汾酒文化景区在文旅融合方面有哪些经验？

三、分析思路

在本案例的使用中，授课教师可根据自己的教学目标进行灵活使用，本文提供的分析思路，仅供参考。

①文旅融合的内涵、价值与背景。

②工业旅游景区现状、特点与问题（国内或山西工业旅游类景区情况，工业旅

游特点、主要问题）。

③文旅融合是工业旅游特色化、差异化、可持续发展的助力器。

④汾酒文化是汾酒工业旅游的灵魂。

四、理论依据与分析

（一）文旅融合高质量发展

文旅融合是新时代背景下我国践行中国特色社会主义思想的新目标和新使命，其目的在于推动文化和旅游的转型升级、满足人民美好生活需要。文化和旅游的融合既赋予旅游产业以文化内涵，推动旅游高质量发展，实现旅游产业转型升级，又为文化产业带来源源不断的内生动力，实现文化高效能传播，促进文化产业繁荣发展，推动文化产业与旅游产业的共赢。国家《"十四五"旅游业发展规划》明确以文塑旅、以旅彰文，文化和旅游深度融合。

汾酒文化景区自建立以来就一直大力推进汾酒文化与旅游的融合，将有历史悠久的汾酒文化赋予工业旅游中，充分将历史底蕴与企业文化有机融合到现代化的旅游产品中，促进了汾酒文化景区提质升级。

（二）旅游地生命周期理论

旅游地生命周期理论：任何一个旅游地的发展过程一般都包括探查、参与、发展、巩固、停滞和衰落或复苏6个阶段。旅游地生命周期理论应用于旅游目的地研究，能够为旅游的长期繁荣提供宏观指引，有助于旅游地政府部门制定合理的产业政策，也有助于旅游投资者做出正确的决策。

隶属汾酒集团的汾酒文化景区的发展经历了从初期的探索阶段到后期发展巩固阶段。由于景区缺乏足够吸引力，游客减少，出现了停滞期，景区积极探索汾酒文化的内涵，赋予汾酒工业旅游更多的温度和文化底蕴，为工业企业开展工业旅游提供新的发展思路，景区又开始蓬勃发展。

（三）体验旅游理论

体验经济凸显消费者的个性化消费和生产者据此采取的量身定制生产法则。旅游的本质是一种体验活动，是一种有别于熟悉生活的特殊经历和感受。体验经济时代，旅游者的旅游需求发生了变化——强调感受、体验、经历的个性化需求增加。西方关于旅游体验理论的模型可以分为四种：一是层级式体验模型，如享受自然、摆脱紧张、学习、价值共享和创造（产品形式）；二是类型理论模型，如消遣、转移注意力、获取经验、试验、存在（消费方式）；三是畅爽理论模型，如畅爽是高峰体验，最快乐、最满足体验（因人因时间而异）；四是剧场理论，演员、观众、场所（舞台）和表演构成的一种动态体验产品。

体验旅游背景下的旅游产品强调"感受"和"体验"，在传统旅游产品基础上，设计能使游客参与、体验、回忆的活动。表现在旅游景区的旅游产品及业态方面，有娱乐体验、教育体验、逃避体验、审美体验、移情体验等。

汾酒工业旅游景区，汾酒文化历史悠久，酒工业文化丰富多彩，从体验旅游视角，实施文旅融合有益于旅游业态的升级和旅游产品的丰富。

五、课程安排

教学案例时间：宜安排 2 小时左右，依研究生、本科生教学计划适当调整，也可安排实地考察调研。

（一）课前准备

①案例分析前发送案例与思考题给学生（有条件的可安排到汾酒文化景区进行教学实践）。

②课前要求学生自由组合学习讨论小组，2~4 人一组，思考题可以根据需要从本案例使用说明的"启发思考题"部分中有针对性地选择，也可以自行提出有意义的思考题。要求学生阅读案例，每个小组选择思考题进行问题解答。

（二）课中计划

①教师主持进行案例背景介绍，明确案例讨论主题。

②学生分组讨论并发言（鼓励采用 PPT 演示）。

③各小组针对发言进行深入讨论，聚焦文旅融合背景下工业旅游创新发展，开

展发散式讨论。

④教师总结评价。

（三）课后规划

学生以报告形式，围绕文化赋能工业旅游发展、汾酒文化景区文旅融合路径等主题，撰写汾酒文化景区文旅融合发展对策建议，并阐述相关理论基础支撑。

博物馆如何搭上研学旅行的快车

——中国煤炭博物馆的研学旅行实践

案例正文

摘要： 中国煤炭博物馆作为国家级行业博物馆，是一所集各种标本、展品、文献等为一体的宝库。2003 年开始积极创新旅游产品，开发研学旅行项目，于 2017 年入选为国家教育部首批全国中小学生研学实践教育基地，实现了传统行业博物馆的创新发展。本案例对中国煤炭博物馆研学旅行产品的开发、研学旅行市场的开拓、研学教育基地的建设进行了经验总结，并结合相关理论分析了旅游产品的创新开发和旅游市场定位，旨在为其他同类行业博物馆在研学旅游背景下实现转型发展提供案例参考。

关键词： 中国煤炭博物馆；工业旅游；研学旅游；博物馆旅游

一、引言

如何提高中小学生的综合素质一直是社会各界备受关注的话题，研学旅行成为中小学生家长及学校近年来进行校外第二课堂的重要选择之一，研学旅游市场发展火热。2016 年教育部、国家旅游局等 11 部门联合出台了《关于推进中小学研学旅行的意见》，各部门联合推动"研学旅行"的开展，各地积极响应国家政策，积极研究和开发研学旅游活动，与此同时，许多旅游机构也转向研学旅游产品的研发。

博物馆作为一种重要的旅游资源，丰富着各地的旅游产品，随着我国社会经济的发展，博物馆的数量不断增加，但其旅游吸引力并未随之高涨。传统意义上的博物馆因其旅游产品单一、展示内容和手法陈旧，已经无法适应社会和公众的精神文

---

* 作者简介：1. 刘丽娜（1990— ），太原师范学院讲师，研究方向：旅游目的地管理；2. 邵秀英（1963— ），太原师范学院教授，研究方向：旅游规划与旅游管理、遗产保护与遗产旅游；3. 郭海胜（1962— ），高级工程师，山西中煤文化传播有限责任公司执行董事、全国工业旅游联盟副秘书长，研究方向：研学旅游、工业旅游。

化需求。博物馆作为集中收藏、保护、展示、研究和宣传历史文物和行业文化的场所，具有开展研学旅行的资源优势和科学文化价值。在研学旅行市场持续增长的背景下，博物馆如何借机实现转型发展？中国煤炭博物馆的研学旅行实践经验为行业博物馆扭转清冷市场局面、拓展旅游深度、实现创新发展提供了参考模式。

二、中国煤炭博物馆基本概况

中国煤炭博物馆是根据 1982 年 11 月 10 日全国人大五届五次会议提案，国务院批准建设的唯一的国家级煤炭行业博物馆，是由原煤炭部创建的山西省境内唯一的中字头国字号行业博物馆，为副厅级建制公共文化公益事业单位。中国煤炭博物馆收藏有我国煤炭行业从古到今与煤的生成、发现、开发、利用相关的文物、标本、史料、文献数千件，并以其精美的陈列叙述着华夏民族煤炭开采几千年的历史，讲述着煤炭本身的许多奥秘，其永久性展览内容包括"煤海探秘"及山西古代壁画精品展。

经过多年的建设与发展，中国煤炭博物馆已树立起了集参观游览、文化体验、社会实践教育，煤炭教育基地等多功能博物馆形象，以其鲜明的煤炭文化特色和优质的服务成为体现山西煤炭工业文化特色的山西省重要旅游亮点，在全国煤炭工业的两个文明建设中发挥了重要作用，在全国行业博物馆的建设和发展中走出了一条全新的道路，也为山西省转型跨越发展做出了积极贡献。

图 1　中国煤炭博物馆

三、中国煤炭博物馆的工业旅游发展

（一）文旅融合，开发精品旅游项目

2003年，中国煤炭博物馆投入巨大的财力、物力历时两年精心打造的永久性大型煤炭科学技术科普展览——"煤海探秘"全部建成并对外开放。作为山西省文化体制改革的试点单位，中国煤炭博物馆适时调整思路，明确了"利用现有资源开发文化旅游产业"的设想，推出了独具特色的"煤海探秘"文化旅游体验项目。目前中国煤炭博物馆共有7个展厅和1个模拟矿井：煤的生成馆、煤炭与人类馆、当代中国煤炭工业馆、煤炭开发技术馆、煤炭艺术馆、煤炭文献馆、中外交流馆、模拟矿井。

图2　中国煤炭博物馆主要旅游项目

（二）开拓市场，提升品牌影响力

中国煤炭博物馆积极应对旅游市场变化，充分利用浓厚的山西工业特色和煤炭文化的独特魅力，将模拟矿井、四维电影作为大力发展旅游产业的切入点和资源优势，打造对游客具有独特吸引力的煤炭工业旅游产品。采取了多种有效的营销措施来开拓市场，提升"煤海探秘"品牌形象，扩大知名度和影响力，深层次地对外展示"体验煤炭科技，探索煤炭奥秘"的煤炭科普教育基地形象，逐步成为山西工业旅游的新亮点，深深地吸引着来自世界各地的参观者，已实现了台湾旅行团山西之旅全覆盖。

（三）搭建平台，打造研学旅行特色

中国煤炭博物馆充分发挥博物馆的教育职能，不仅是多所煤炭院校的教学基地，多年来还积极配合省、市教育系统举办大型煤炭科普宣传和演讲、知识竞赛、夏令营等活动，并作为首批单位积极参与到太原市教育局组织的社会实践育人共同体联盟创建工作中，立足煤炭特色开展了丰富多彩的科普教育实践活动，为学生们搭建了一个宽广、丰富的实践创新平台，实现了博物馆教育与学校教育的有效衔接，成为中小学生研学实践教育基地的带头单位。

研学团队充分挖掘"煤海探秘"基本陈列特色，不断推进研学产品和线路开发建设，构建标准化服务标准和服务体系，开发了系统的小学、初中、高中综合社会实践活动课程。学生们在导师及讲解员的指引下，参与煤炭文化、煤炭历史、井下工作等方面的学习及实地体验活动，使同学们在行走中阅读煤炭科普知识，在体验中感受煤炭科技成就，提升科学素养，提高学习能力，也进一步唤起了青年学生对煤炭工业精神和地位的认同感。

四、中国煤炭博物馆的研学旅游实践

（一）推动社会实践活动，促进研学基地建设

中国煤炭博物馆一直致力于学生社会实践活动的创新与开展，从 2012 年开始陆续同山西省教育厅和太原市教育局合作举办了内容丰富、形式多样的学生社会实践活动，取得了很好的社会效应。

中国煤炭博物馆历来注重利用自身条件与学校等教育系统的接轨，坚持以"一个博物馆就是一所大学校"为指引，以"让博物馆走进学校，让博物馆成为学校"为发展方向，开展适合大中小学生参与的各种活动，积极配合山西省、太原市教育系统举办了大型的煤炭科普宣传和演讲、知识竞赛、夏令营等活动，并长期开展以

煤炭为主题的夏令营、"我是小小讲解员"、"爱劳动、做公益"、"我爱小制作"、"我的生日小 party"、"小记者"等活动，实现了博物馆教育与学校教育的有效衔接。

2013 年开始与山西省教育厅合作举办爱我山西"乌金之旅"征文及网络大赛，多次配合太原市教育局开展"五个一"系列教育、微答题等活动，引导广大青少年了解山西、热爱山西，参与学校达千余所，遍布全省 11 个市，参与人数十多万人次，成为广大青少年的煤炭知识科普窗口。

2014 年，中国煤炭博物馆受省教育厅委托开发了省情教育微信公众平台——"乌金之旅"，每日坚持推送以煤炭知识、省情国情为主的信息，服务于全省中小学生。

（二）创新开发研学旅行课程，打造特色教育品牌

1. 中国煤炭博物馆的主要特色

主题突出，中国煤炭博物馆是我国唯一的国家级煤炭行业博物馆，煤炭资源既是国情又是省情，立足煤炭特色，通过对煤炭资源分布的学习激发学生热爱祖国、热爱家乡的情感。

参与方式多样，中国煤炭博物馆注重培养学生积极动手实践的能力，通过观察显微镜、操作煤电钻、观看四维立体动感电影等不同形式，真正以学生为主体，能够使学生参与其中。

体验方式独特，模拟矿井是中国煤炭博物馆的一个体验馆，以情景再现的形式浓缩了我国煤矿从古代到近代再到现代的发展历程，全面展示了煤炭的开采过程，还原了煤矿工人的工作场景。

2. 精品研学课程创新开发

中国煤炭博物馆立足煤炭特色，针对全市的中小学生研发出 5 个精品课程，分别为《植物是怎样形成煤炭的》《我是小小讲解员》《穿越千年去采煤》《一张特殊的地图》《穿越时空——煤炭与恐龙在哪里交集》。整个课程目标明确、活动丰富、体验性强，与物理、化学、历史、地理、生物、数学等校内课程充分衔接，变单调的博物馆参观为多感官游乐学习，富有实践性和教育性。

现有经过不断实践后完善的成熟课题 3 个：《原来你离我这么近——一吨煤的作用》《小小志愿者》《我是小小讲解员》；在研课题两个：《手拉手找朋友——煤炭与恐龙》《煤炭分布知多少》；新开发课题两个：《红色煤炭之安源煤矿工人

大罢工》《致敬矿工》。

在研学旅行方案设计方面，中国煤炭博物馆大胆尝试，突破以往传统的参观模式，将展厅内容分为不同版块，主要以学生自己研究、观察、总结的方式贯穿始终，再结合游戏的形式将研学内容融会贯通，最后通过完成任务书将所学内容提升巩固。针对不同学段学生的特点，制订了不同菜单，学校和学生可以根据需要自己选择内容进行专题专项学习。

2018年初，中国煤炭博物馆专门成立了研学部，主要负责研学课程的研发和实施，以及研学辅导员的培训，坚持"学而不研则浅，研而不学则空"的理念，不断完善配套设施，不断优化课程内容，致力于打造特色鲜明的研学旅行品牌。

（三）推进规范化管理，强化标准化建设

2021年5月，山西省人民政府发布《"十四五"新业态规划》，明确提出推动全国研学旅游示范基地中国煤炭博物馆提档升级。中国煤炭博物馆根据旅游市场需求不断加强标准化建设，研究探索"煤海探秘"项目标准化建设的新经验、新方法，提高职工的认识水平及先进意识。

参考文献

[1] 康凤萍.浅析博物馆文化创意产品现状与前景 [J].收藏界，2019（6）：85-86.

[2] 杨晓.研学旅行的内涵、类型与实施策略 [J].课程·教材·教法，2018（4）：131-135.

[3] 李军.近五年来国内研学旅行研究述评 [J].北京教育学院学报，2017（6）：13-19.

[4] 胡高伟，张华英.普及煤炭知识 传播煤炭文化：记中国煤炭博物馆科普活动 [J].当代矿工，2016（12）：13.

[5] 陶友华.基于文化旅游资源的研学旅行 [J].品牌（下半月），2015（10）：263-264.

[6] 滕丽霞，陶友华.研学旅行初探 [J].价值工程，2015（35）：251-253.

[7] 李希海，胡高伟，郭盖.关于中国煤炭博物馆发展定位的若干思考 [J].中国矿业大学学报（社会科学版），2012（1）：103-107.

[8]　陈桂洪，黄远水，张雅菲 . 国内博物馆旅游研究进展与启示 [J]. 乐山师范学院学报，2010（12）：74-79.

[9]　刘珺 . 中国煤炭博物馆旅游体验的思考 [J]. 科技信息，2010（16）：747.

[10] 康明章，温和平 . 中国煤炭博物馆"以馆养馆"运行模式浅析 [C]// 节能减排与发展循环经济——煤炭加工利用科学发展论文集（一），2009：360-365.

[11] 李瑛 . 我国博物馆旅游产品的开发现状及发展对策分析 [J]. 人文地理，2004（4）：30-32，90.

[12] 张敏 . 博物馆与旅游 [J]. 中国博物馆，2004（1）：24-28.

案例使用说明

一、教学目的与用途

（一）适用课程

本案例主要适用于全国 MTA 指导性培养方案中的核心必修课程：旅游规划与战略管理、旅游营销，也适用于旅游项目策划等选修课程的教学分析与讨论。

（二）适用对象

本案例难度适中，适合 MTA 学员、旅游管理类研究生、高年级本科生的专业课程教学。

（三）教学目的

本案例的教学目的在于通过对中国煤炭博物馆研学旅游实践的案例分析和讨论，使学生了解如何根据市场需求调整旅游功能定位；通过引入体验经济理论，使学生掌握在体验经济时代如何实现旅游产品的创新开发；通过案例，使学生掌握研学旅游的特点及研学旅游课程开发。

二、启发思考题

①中国煤炭博物馆开展研学旅游的背景和条件有哪些？如何实现旅游功能定位的调整？

②中国煤炭博物馆如何实现旅游产品的创新开发？

③中国煤炭博物馆如何进行目标市场选择？针对研学旅游市场如何开展市场营销和品牌建设？

④如何结合自身资源特点开展研学旅游产品开发和研学课程的设计？

三、分析思路

任课教师可以根据教学内容与目的灵活使用本案例，以下分析思路的建议仅供参考。

（一）政策背景和市场条件

国家相关政策的支持和推行研学旅行、教育及文旅相关部门的推动研学旅行发展、研学旅行市场需求增长。旅游功能定位的影响因素：①旅游资源特点；②旅游市场需求；③旅游发展目标定位。

（二）旅游产品创意设计的总体原则

旅游产品创意设计的总体原则："人无我有""人有我优""人优我新"；旅游产品创意设计的基本原则：因地制宜、协调统一、综合效益、品质优先和体验导向。从自己的资源特色出发，中国煤炭博物馆开发了全国唯一的"地下探秘"旅游体验项目，开发了一系列符合不同层次研学游客需求的研学旅游精品课程，在考虑经济效益的同时兼顾社会效益，重视旅游教育功能的实现。

（三）旅游目标市场选择

旅游企业在旅游市场细分的基础上，根据企业经营目标和自身条件，选择一个或多个细分市场作为自己的目标市场。中国煤炭博物馆结合自己的产品特点及发展目标，抓住作为旅游市场热点的"研学旅行市场"作为自己的目标市场，并对确定的"研学旅行市场"进行了进一步细分，以便有针对性地开发研学旅行产品和制定营销策略。

在研学旅游市场营销和品牌建设上，中国煤炭博物馆重点抓住了旅游产品策略和旅游渠道策略，提升旅游产品效能、积极开发新产品；重视营销渠道的选择，紧抓教育平台和社会实践，提升自己的形象和影响力。

（四）特色研学旅游产品开发

①挖掘资源特色，结合学生培养目标、学段特征，开发自然类、历史类、地理类、科技类、人文类等多种类型的具有自身特色的研学旅行课程；②开展主题教育，依托自身的特色资源，开发相关系列主题教育，如知识科普系列教育、爱国主义主题教育；③结合生活，寓教于乐，研学旅行的课程设计注重系统性、知识性、科学性和趣味性，为学生全面发展提供良好成长空间，使研学旅行真正达到"以研促学"的教育目的；④结合各方力量、资源，利用好社会资源，依托高等院校、科研院所、

博物馆、景区景点等本地资源,策划研学旅行路线,开发有趣有意义的研学旅行课程。

研学旅行课程设计内容包括课程主题、课程目标、对应学段、参与方式、项目地点、实施过程、课程教案以及预期效果。

四、理论依据与分析

(一)体验经济理论

体验与体验经济:1970年,美国著名未来学家阿尔文·托夫勒率先提出了体验业(Experience Industry)的概念,认为人类社会的发展在经历了农业经济、工业经济、服务经济等形态后,将进入体验经济时代。约瑟夫·派恩以及詹姆斯·吉尔莫将体验界定为一种新的价值源泉,是从服务中提炼出来的:在体验经济时代下,消费者更为关注的是消费过程中的情感需要,产品和服务的个性化,消费的过程(而非结果),以及消费者更加愿意加入产品及服务生产的过程中。

体验的内涵及实现:约瑟夫·派恩以及詹姆斯·吉尔莫进一步指出体验由四个部分组成:娱乐、教育、遁世和审美,如果某个产品或服务能够同时具备上述三个功能,则能够为消费者带来最为客观的体验满足。

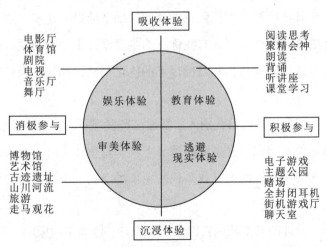

图3 体验的类型及相互关系(来源:《体验经济》约瑟夫·派恩)

旅游与体验:旅游与体验具有较多的相似之处,如都具有无形性的特点,强调一种经历或记忆,更关注消费的过程而非结果等。随着人们对体验经济的关注和重视，体验式旅游的概念应运而生：斯塔波利和斯凯尼斯（2002）认为体验式旅游是一种预先组织设计的、按照一定程序展开，需要顾客主动投入精力和时间参与的，寻求愉悦而特别体验的旅游方式；徐林强和黄超（2006）将体验式旅游的特点归纳为注重人性、体现个性、游客参与、快乐导向。

体验经济在旅游规划中的应用：能促进旅游规划更好地突出个性，避免规划的模式化；能为旅游项目的策划提供较为清晰的方向指引。

有效体验主题的标准研究：旅游体验主题应符合自身的特色和具有吸引力；旅游体验主题应在时间、空间和资源上协调，并能通过多种方式进行表现；体验主题还要能够彻底改变游客对现实的感觉（胡燕雯，2003）；好的体验主题应该首先应该选题新颖；其次，体验主题可从规划区的特色资源中进行挖掘；最后，体验主题的设计要与旅游地产业要素的核心竞争力保持一致（黄鹂，2004）。

（二）旅游项目创意设计

旅游项目创意设计的总体原则："人无我有，人有我优，人优我新。"

人无我有：从旅游项目的外观、内涵、功能等方面来看，旅游项目都属于全新的类型，其他旅游地从来没有出现过。这种旅游项目创意设计属于纯粹意义上的创新，也是创新的最高层次。

人有我优：在其他旅游地项目创意设计的基础上前进一小步，这一小步就成为该项目创意设计的创新之处。"人有我优"的主要设计手法有在现有的旅游项目的基础上做一些针对本地资源特色和目标市场的优化调整，如旅游项目形式创新、旅游项目功能拓展。

人优我新：当一个旅游项目在别的旅游地已经发展较为成熟，且在目前条件下，无法通过创新措施使本地在该类型旅游项目上获得竞争优势时，旅游项目创意设计者应该主动放弃这类项目，转而寻找其他的新市场空间。（既指新的市场空间，也指新的项目类型）

旅游项目创意设计的基本原则：因地制宜原则、协调统一原则、综合效益原则、品质优先原则、体验导向原则。

旅游项目创意设计的内容：①旅游项目体系：核心项目(引爆型项目)、支撑项目、服务支持项目等；②旅游项目策划思路：旅游项目全时化体验；旅游项目全季型设计；

旅游项目全产业拓展；旅游项目新业态创新；旅游项目全服务优化、旅游项目全区域覆盖。

（三）旅游市场营销相关理论

旅游市场细分：旅游经营者根据旅游者的需求、偏好、购买行为和购买习惯等方面的差异性，把一个整体旅游市场划分为若干个不同消费者群的市场分类过程。美国市场营销学家温德尔·斯密将市场分为"同质市场"和"异质市场"两类。任何企业受自身经营实力的制约，都不可能占有所有异质市场，满足所有消费者的所有互有差异市场需求，因此需要进行市场细分，从中选择符合自身经营目标和企业条件的目标市场。

目标市场选择的一般程序：确定市场范围、进行市场需求调研、分析可能存在的细分市场、确定市场细分的依据、划定市场细分的基本框架、进一步分析各细分市场的需求、分析各细分市场的规模和潜力、分析占领市场的可行性、选定目标市场。

旅游市场的 PEST 分析：指宏观环境的分析，P 是政治（Politics），E 是经济（Economy），S 是社会（Society），T 是技术（Technology）。

旅游市场营销 4PS 组合：旅游产品策略、旅游价格策略、旅游产品销售渠道策略和旅游促销策略。

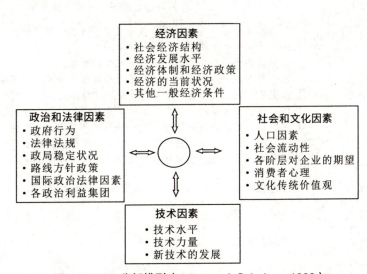

图 4　PEST 分析模型（Johnson & Scholes，1999）

五、背景信息

（一）中国煤炭博物馆旅游发展效益与荣誉

2003 年至今，中国煤炭博物馆已向近 300 万来自世界各地的参观者广泛传播煤炭科技知识，宣传煤炭行业先进技术成果及其突出成就，实现了经济效益和社会效益的双赢。独特的煤文化魅力得到社会各界的广泛认可，先后获得全国科普教育基地、全国工业旅游示范基地、煤炭行业科普教育基地、山西省青少年教育基地、山西省爱国主义教育基地、山西省直文明单位标兵等荣誉称号。2008 年 5 月被国家文物局评为首批国家一级博物馆；2008 年 5 月被国家旅游局授予国家 AAAA 级旅游景区；2016 年 1 月被国家旅游局授予首批研学旅游示范基地；2017 年 11 月被教育部授予首批全国中小学生研学实践教育基地；2019 年 1 月被国家留学基金管理委员会授予首批中国政府奖学金来华留学生社会实践与文化体验基地；2019 年 1 月中煤博镇馆之宝——模拟矿井首次被山西省文物局、山西广播电视台、山西省博物馆协会评为山西十大镇馆之宝。

（二）中国煤炭博物馆研学课程设计范例

实地参与课程

课程主题	原来你离我这么近——一吨煤的作用
课程目标	1. 培养善于理性思维，勇于探究发现，可以运用高新技术具有社会责任感，社会担当的新时代有为青少年。 2. 通过两个小时的学习，掌握一吨煤的作用。 3. 过程与方法。一是学生实地参观煤炭博物馆展厅，了解一吨煤的形成及发展历史。二是在"煤炭连连蹲""超强大脑"这两个游戏中增强团体协作、生生互动等能力，同时反复强调关于一吨煤的形成、分类等重点知识。三是通过 PPT 学习对一吨煤的作用做进一步深入，让学生在获得实践课程专业知识过程中培养学生热爱生活、热爱科学等情感，培养学生形成正确社会主义核心价值观及积极的人生态度
对应学段	小学低段√ 小学中段√ 小学高段 √ 初中√ 高中√
参与方式	实地参观学习
项目地点	中国煤炭博物馆
最多参与人数	20 人
所需学时（学时/小时）	2 小时

续表

课程主题	原来你离我这么近——一吨煤的作用
实施过程	对学生进行现场分组，参加游戏进行比赛。 实地参观煤炭博物馆展厅，了解一吨煤的形成及发展历史。 穿插两个游戏："煤炭连连蹲""超强大脑"。反复强调练习重点知识。 PPT 学习对一吨煤的作用做进一步深入，让学生在获得实践课程专业知识过程中培养学生热爱生活、热爱学习、富有社会责任感和社会担当性
预期效果	1.学生通过学习煤炭知识，了解一吨煤在衣食住行和工业中的作用，拉近煤炭在孩子们心中很遥远的距离，让孩子们认识到煤炭原来离我们生活这么近，丰富孩子们煤炭知识。 2.学生在游戏和团队合作中，锻炼学习专注力和团队协作能力。 3.通过煤炭热点话题，引导孩子从小培养社会责任感和社会担当性，共建人类美好家园需要从自己做起，从小事做起，爱护环境保护环境，践行社会主义核心价值观。 4.教师在评价、鼓励中引导学生今后自愿积极为解决煤炭相关难题尽自己最大能力

六、关键要点

整个案例分析主要把握的关键要点包括：

①博物馆研学旅游产品的开发，掌握旅游产品创意设计的原则和方法。

②博物馆研学旅游市场定位与研学旅游市场开拓，掌握旅游目标市场选择的方法和旅游市场营销策略。

③对比工业旅游、博物馆旅游和研学旅游特点，分析如何实现创新融合。

④注意分析在体验经济条件下的旅游产品开发与旅游市场营销的关注点。

七、建议课堂使用计划

本案例可作为专门的案例讨论课来进行。以下是按照时间进度提供的课堂计划建议，仅供参考。

整个案例课的课堂时间控制在 90~100 分钟。

（一）课前计划

将案例素材、启发思考题提前发给学生，请学生在课前完成阅读，并结合理论与案例内容展开思考。要求学生自由组成学习讨论小组，提前搜集案例相关背景资料（博物馆旅游、工业旅游、研学旅游），通过小组讨论得出主要观点，提前完成课堂展示 PPT。

（二）课中计划

①教师展示案例，介绍案例相关背景。（10 分钟）

②小组讨论，并分组进行 PPT 展示。（30 分钟）

③针对小组发展的问题，各小组之间针对发言展开提问、答辩与交流。（20 分钟）

④针对问题，教师进行引导、深化，引出理论知识进行讲解，并进行归纳总结。（25~30 分钟）

（三）课后计划

①搜集类似的博物馆研学旅游案例，进行对比分析；

②完善案例分析报告。

"空心村"如何变成"新庄园"

——榆次区生态庄园的旅游发展之路

案例正文

摘要： 乡村"空心化"是指在乡村聚落中年轻人大量外出，村落居住人口减少，老年人比例高，宅院大量空置，村落公共文化设施闲置等状态和现象。20世纪末以来的快速城镇化加剧了我国乡村"空心化"，乡村"空心化"也加剧了乡村农业生产的衰落和传统文化消失。因此，如何推进乡村"空心化"改善是乡村振兴战略必须正视的内容。庄园经济兴起于山西省晋中市，针对大量出现的空心化村庄，左权县率先采取鼓励社会资本以租赁、购买等方式投资山区村庄，开展生态绿化，发展乡村旅游。晋中市榆次区依托其独特的资源禀赋和区位优势，创新文旅产业发展，以"+旅游"为路径，以生态庄园为载体，发展都市休闲旅游，随之涌现出一批庄园式旅游地，在产业融合、统筹发展、乡村振兴等方面取得了突破，有效促进了乡村功能再生。案例介绍了榆次区生态庄园乡村旅游发展，探讨生态庄园为载体的乡村旅游与生态农业融合发展路径，推动乡村振兴战略实施。

关键词： 庄园经济；乡村振兴；"两山理论"；乡村旅游；榆次区

一、引言

榆次区位于山西中部，区域旅游资源丰富，共有 A 级景区 10 家，其中 4A 级景区 6 家（常家庄园、乌金山国家森林公园、九龙国际文化生态园、榆次老城、后沟古村、小西沟文旅小镇）、3A 级景区 4 家（明乐庄园、小五台、黄土农言、老西醋博园）及乌金山镇后沟村、北田镇张胡村两个 3A 级乡村旅游示范村，A 级景区拥有量位居全省县（区）第一。榆次区在全域旅游示范区创建过程中，统筹区域资源、

---

* 作者简介：1. 王红（1969— ），太原师范学院讲师，研究方向：旅游文化与旅游管理；2. 冯敬（1989— ），太原师范学院硕士研究生，研究方向：旅游地理与旅游规划。

城乡协调发展。首先是产业统筹，打通规划、部门和产业之间的关系，形成"多规合一、部门联动、产业融合"的一体化实施机制。其次是城乡统筹，通过创新生态庄园经济发展模式，促进城乡旅游公共服务均等化。最后是区域统筹，各地积极促进区内各行政区之间的合作，同时加强区域内和区域外的合作，形成现代农业庄园、共享农庄、田园综合体、家庭农场、家庭牧场、精品民宿、森林公园等新兴旅游产品，形成了定制农业、观光农业、众筹农业等新型农业业态，走出了一条农旅融合带动乡村振兴发展的新模式。

二、案例背景

城镇化背景下许多村落面临衰落，空心村现象普遍。乡村振兴战略的目标就是通过产业振兴衰落的乡村。发展乡村旅游，是乡村产业振兴的理想选择，但并不是所有的乡村都具备发展旅游的条件。生态庄园为载体发展乡村旅游是乡村振兴重要探索。

榆次之所以要大力发展生态庄园经济，有其特殊的背景。一是城镇化加速推进的背景。榆次和全国一样，正处于城镇化的加速发展期。在城镇化推进过程中，随着移民搬迁进程加快，出现了一些"空壳村"，几十年积累的水、电、路、房屋等资产被闲置、大量土地抛荒，成为推进城镇化过程中面临的新问题，仅在丘陵山区，就有近40个村已无人居住，有47个村常年居住人口在30人以下，且大多为老弱病残造成了1.1万亩耕地、3 000余亩宅基地，以及历年形成的水电路、房屋等资产长期闲置，亟待进行开发。二是资源资产闲置的背景。榆次现有的大量荒山、荒坡、荒丘、荒滩等"四荒"资源，仅靠农民自身或靠村集体，甚至靠财政开发，其所需的庞大资金量都难以为继，因而一直处于"沉睡"状态。据统计，榆次的荒山荒坡和宜林地就达22万亩。同时，因产业转型、撤乡并镇和教育布局调整，还有40余处废弃砖窑、近20万平米乡村办公场所和校舍闲置，亟待建立资源资产开发利用的新模式。三是农业生产关系发生变化的背景，土地家庭联产承包责任制，极大地解放了农村生产力，有效解决了农民温饱问题，在较长时期内推动了社会发展和经济进步。然而随着生产力水平的提高和社会的进步，农民单纯依靠农业很难实现致富的愿望，开始进城务工经商,不少人成为穿梭于城市和农村之间的"两栖人"。但是由于精力有限、疏于管理,大量土地经营效益较低、无序流转。榆次农村近3.5万人常年在外,致使2.5万亩土地疏于管理、效益低下,3.6万亩土地无序流转,亟待引入适应当前生产关系发展的有效机制。四是民营资本投资农业亟待引导规范的背景。随着农业比较效益的逐步提高和经济转型步伐的加快,农业领域成为了民营资本投资的重点领域之一。但是由于缺乏有力的引导和支持,这些资本进入困难重重,进入后仍处于无序低效的状态,甚至引发了不少矛盾和纠纷,严重挫伤了民营资本投资农业的积极性。特别是煤炭资源整合后闲置的雄厚资本"投农无门",亟待政府给予引导、规划、支持,营造民营资本投入农业发展的良好环境。五是都市农业发展的背景。发展都市农业的目的一方面是为广大市民提供安全、优质、特色的农产品,另一方面是为广大市民提供休闲娱乐好去处。榆次作为省城太原南大门,晋中市委、政府所在地,交通区位优越,地理位置特殊,直接服务太原晋中城市人口约500万,辐射全省乃至京津冀地区几千万人口,具备发展都市农业和休闲农业的独特优势,但尚缺乏一个有效的抓手和载体。

三、榆次区生态庄园旅游模式

榆次区有生态庄园162处,在"绿水青山就是金山银山"两山理论指引下,在全域旅游"旅游+""+旅游"背景下,区委区政府大力支持,出台帮扶政策,设立专项基金,推进生态庄园旅游发展,庄园式旅游发展类型多样,形成了生态庄园旅游发展模式。

（一）休闲度假型庄园旅游地

以餐饮娱乐、休闲观光为主要功能,休闲业态丰富。如明乐农业生态庄园,利用废弃的旧砖厂投资建设了生态马场、接待中心、高科技温室种植示范区、室内外垂钓池、儿童游乐园、百鸟园等休闲娱乐场所,成为都市客群休闲度假的好去处。

（二）休闲农业与观光旅游地

运用科技赋能,以新品种试验示范、现代农业展示、名优特产购物、农业观光与科普教育等为主要业态。如丰润泽现代科技农业园,以设施农业为基础,融合农业、工业、服务业以及文化产业，形成了四位一体的产业链条，打造了一个集现代农业展示、农业科技成果转化、高新技术研发、农业旅游观光和青少年科普教育等多种功能为一体的现代化农业示范园。

（三）田园综合体

以农业种植、科研观光、农产品加工、销售与购物等产业链为主。如乌金山镇的天地祥和蓝莓庄园和北田镇杨梁村富春红玉火龙果庄园，庄园都应用了大量的现代农业科技，"鱼菜共生"模式、水肥一体化、环流风机技术、智能运输车等，充分展示了现代农业的魅力，并依托田园综合体发展绿色采摘乡村游，平时的接待量300~500人，遇到节假日、国庆节，人数可能会增长3~5倍。2020年天地祥和蓝莓庄园收益突破300万元，其中园区樱桃产量达到3万斤，收益200多万元。蓝莓产量1万斤，产值达到100多万元。北田镇杨梁村富春红玉火龙果基地是目前晋中最大的农业设施热带水果种植基地，

（四）农文旅融合示范

集种、养、加、游、购、娱为一体的农文旅庄园旅游。如晋中老树天下谷生态庄园，不仅开设了吃农家饭、进采摘园、住窑洞房等休闲项目，还成立了农民合作社，发展生态有机种植基地3 000亩，注册了"天下谷"和"老树净枣"两个品牌，杂粮产品达到17个系列、42个单品。同时，挖掘知青时代代表人物蔡立坚的故事，开辟了杜家山"知青第一村"旅游专线，形成了休闲娱乐、红色旅游、杂粮种植、加工销售多位一体的综合经营模式，成为众多庄园借鉴发展的典范。

（五）景区式旅游地

游客中心、标识标牌、停车场、餐饮、住宿等旅游服务要素配置较为齐全，景观小品、农业采摘、农业田园、建筑景观等吸引物丰富，生态环境优良，景区要素完善，如小五台度假区、黄土农言等，旅游业态丰富，服务设施规范，分别被评为省级旅游度假区和3A级旅游景区。

四、榆次区庄园式乡村旅游的作用

生态庄园经济的发展，实现了"老板进村、资本进村、产业进村"，使荒山增

绿、荒地改良，使"空心村"变成"新庄园"，使闲置的资产变成"赚钱的机器"，全区162座生态庄园利用荒山荒坡16.4万亩，盘活废弃砖窑26处，闲置校舍和办公场所6万余平米，使农民走上了致富的道路，呈现出经济、社会、生态多重效益。

①从经济效益来说，随着生态庄园建设的加速推进，经济效益越来越明显。一是投入大。162处生态庄园投资总额达13.64亿元，相当于全区2010年各级财政支农总投资的11倍之多，其中，投资5 000万以上的庄园4个，投资1 000万~5 000万元以上的庄园26个，投资500万~1 000万元的庄园17个。二是效益高。全区生态庄园累计接待游客21.4万人，实现综合收入3.57亿元，如晋阳奶牛庄园，占地仅120亩，2019年总收入达900万元，亩均效益近8万元，高出普通种植收益上百倍，这在传统农业生产中是不可想象的。三是带动强。生态庄园的迅猛发展，不仅提升了农产品品质和附加值，而且示范带动了周边地区的产业发展。如乌金山南胡村在丰润泽科技农业综合示范园的带动下，万亩设施农业建设工程全面启动，全部建成后可带动周边近万名农民，人均增收2 800元。

②从社会效益来说，生态庄园经济开发体现了"能人带穷人、庄园带农民、企业带农村"的发展效应，出现了三个喜人现象：一是"土地搞流转，不种有钱赚"。生态庄园经济开发依托的土地使用权是从农民手里租赁或购买来的。在土地流转过程中，采取以耕地农作物年均亩产量折价的办法，确定补偿标准，确保农民利益随着庄园效益的增长逐步提高。二是"农民当股东，年年能分红"。生态庄园经济开发中创造了多种入股形式，农户的土地、林权、资金甚至饲养的畜禽都可以入股。三是"农民变'工人'，就近能打工"。生态庄园经济开发为农村剩余劳动力提供了大量的就业机会。如丰润泽现代科技农业综合示范园常年用工100余人，高峰时用工200多人，累计为当地农民发放工资400余万元。据统计，2020年全区生态庄园长期性雇工和季节性雇工达3 700余人，仅劳务收入一项就达2 400余万元。

③从生态效益来说，生态庄园大都建在荒山、荒沟，进行大规模造林绿化是多数庄园的首要任务。据初步统计，全区162处生态庄园累计造林已经达到4.5万余亩，占到全区林地总面积的16.7%，尚有2 000余亩未成林造林地和8 000余亩宜林地准备开发，特别是还有部分生态庄园以经济林和用材林为主导产业，如六台山生态庄园已经发展经济林1 000亩，还将发展核桃、枣等经济林2 000亩。天行若木庄园

已经形成 2 000 亩的白皮松种植基地。枝子岭生态庄园用材林和经济林规模已经达到 3 000 亩。

五、经验启示

通过资源、业态整合探索，生态庄园为载体的乡村旅游发展具有五个显著特点：一是生态庄园乡村旅游属于民营经济。生态庄园的投资主要来源于个人或民营企业，无论是个人投资、合伙投资或外商投资，其产权关系和利益关系都非常明确。由于具有产权明晰、经济利益独立的特征，庄园开发天然上具有谋求不断发展的动力和活力。二是生态庄园乡村旅游属于规模经营。生态庄园开发通过土地流转，实现了土地的集约使用和适度规模经营。这种规模经营比家庭式生产组织形式生产能力更强、相对成本更低、经济效益更高。三是生态庄园式乡村旅游属于公司经济。生态庄园大多采用公司化经营、企业化管理。先进的管理与过去农民靠天吃饭的粗放式经营有着明显的优越性。四是从产业形态上看，生态庄园旅游属于农文旅融合的"＋旅游"模式。生态庄园根据开发区域的条件，坚持从实际出发，宜农则农、宜林则林、宜牧则牧，突出了生态和农业为主导，但又拓展了农业的休闲旅游功能，实现了由传统农业单一功能向生态、旅游、文化教育等综合功能拓展。生态庄园为载体的旅游发展模式，将"生态品牌""两山理论"的理念注入农业休闲观光，使很多藏在深山荒沟的"闺秀"，变成市场的"宠儿"。实现了生态为底板，农业与旅游融合的多业并举。五是创新了农村经营体制。通过出租、转让、股份合作等形式流转土地，实现了土地的集约使用和适度规模经营，打破了过去以户分散经营的"小农"格局。"公司＋基地＋农户"等多种组织形式，解决了农村小生产与大市场、家庭化经营与社会化大生产之间的矛盾，实现了农村经营体制的又一次新变革，有力地推动了农村生产力的发展。六是增加了农民增收渠道。生态庄园式旅游发展，促进了生态农业、绿色农业、观光旅游农业、科技农业，增加了农民收入；通过延长农业休闲与旅游产业链，增加了农民工资性收入。除此以外，农民群众还通过土地等各类生产要素参与分配，实现了收入渠道的多元化，对于农民持续稳定增收具有重要意义。加强了农业科技推广。生态庄园经济广泛采用各种高新技术，吸收引进了大量农艺师、园艺师和农技专家,加强了新品种的研发和新技术的推广,普遍提高了农民生产技能,培养造就了一批具有一定科技水平的新型农民。

参考文献

[1] 刘彦随.中国新时代城乡融合与乡村振兴[J].地理学报,2018(4):637-650.

[2] 孙光堂.生态庄园经济的探索与实践[J].经济问题,2013(9):101-105.

[3] 邵秀英.基于产业经济理论对区域旅游产业定位的思考——以山西为例[J].生产力研究,2012(8):189-190,226.

[4] 王亚星,耿天鹏,王悦.山西生态庄园经济的战略创新探析[J].现代管理科学,2014(9):30-32.

[5] "两山"理论的晋中实践[N].山西日报,2018-04-17(011).

[6] 山西省委党校、前进杂志社课题组.生态庄园经济是实现农业发展方式转变的好形式——关于我省生态庄园经济发展的调查[J].前进,2013(9):9-13.

案例使用说明

一、教学目的与用途

（一）适用课程

本案例主要适用于旅游产业经济等相关课程，重点探讨两山理论在旅游资源开发与旅游目的地建设中的运用。

（二）适用对象

本案例适用于 MTA 专业学生以及本科高年级学生的课程教学。

（三）教学目的

通过案例分析和教学，了解庄园经济、生态庄园与庄园式旅游发展的相关概念，培养学生掌握两山理论、乡村振兴战略，以及理论与案例实践相结合分析问题、认识问题的能力，从空心村变庄园，从生态庄园成为旅游地的案例探讨中，得出生态庄园旅游开发的类型、模式和路径。

二、启发思考题

①晋中生态庄园发展的背景与两山理论、乡村振兴的关系？

②榆次区生态庄园为载体的旅游开发类型与模式有哪些？

③榆次区庄园式旅游目的地开发主体及其特点？

④生态庄园旅游发展是否有实践的可复制性？需要哪些内外部环境与政策支持？

三、分析思路

教师可以根据教学目的灵活使用本案例，以下建议仅供参考：

①明确案例主题，引导学生了解案例背景。

②引导学生进入案例分析的第一层次，主要让学生思考和回答：目前乡村旅游的发展情况是怎么样的？在乡村振兴背景下，如何因地制宜、差异化发展乡村旅游？

③引导学生进入案例重点：市场定位和战略选择，引导学生思考和回答：城镇化发展过程中城市和乡村区位与发展的联系？乡村如何根据不同区位和资源，在庄园经济建设中又好又快发展？

④讨论案例要点，即对榆次区庄园、经济内外部环境分析，引导学生思考：庄园经济的发展处于怎样的内外部环境中？有什么优劣势？

⑤教师对案例的重难点进行归纳总结。

四、理论依据与分析

民族要复兴，乡村必振兴。自党的十九大提出实施乡村振兴战略以来，经过全党全国各族人民共同努力，乡村振兴战略稳步推进，取得了历史性成就，既极大地增强了信心、鼓舞了士气，为接续奋斗、全面实施乡村振兴战略提供了强大精神动力，也扎实培育了乡村产业，有力发展了乡村经济，为实现战略目标奠定了坚实的物质基础。

高质量全面实施乡村振兴战略，是准确把握新发展阶段、深入贯彻新发展理念、加快构建新发展格局的重中之重。全面实施乡村振兴战略，有利于破除城乡"二元结构"，促进城乡协调发展，实现更高质量、更有效率、更加公平、更可持续、更为安全的发展，进而全面提升发展质量效益，保持经济持续健康发展；有利于推动各类经济要素在城乡之间自由流动，畅通国内大循环，促进国内国际双循环，形成强大国内市场，加快构建新发展格局；有利于支持革命老区、民族地区、边疆地区等欠发达地区加快发展，提升区域经济发展平衡性，优化区域经济布局，促进区域协调发展；有利于把改革开放推向广阔乡村腹地，提高城乡改革开放的协同性，持续增强我国发展动力和活力；有利于加强生态环境保护建设，实现乡村生态振兴，推动绿色发展，促进人与自然和谐共生；有利于缩小城乡差距，推动公共服务普惠普及，持续增进民生福祉，扎实推动共同富裕；有利于夯实乡村产业根基，实现产业振兴，提高粮食和重要农产品保障能力，统筹发展和安全，建设更高水平的平安中国。

五、背景信息

庄园起源于中世纪的欧洲，是当时贵族的居所，拥有豪华的城堡和美丽的田园风光，同时它也是一种自治的多功能的经济、社会、政治及文化的有机体。我国历史上的庄园形态以封建时代的皇室、贵族、大地主、寺院等占有和经营的庄园最为典型，大多雇用一定数量不占有土地和生产工具的贫农进行农业生产。可以看出，庄园从产生之初就是贵族阶级地位与财富的象征，是一个以农业生产为基础的经济社会有机体。

随着城市化和人们生活需求的发展，庄园开始走向现代化、专业化、多功能化，庄园综合体是一种以农业为基础，以旅游为核心，融合农业生产、观光休闲、科学教育、养生度假、商务会议等多种功能于一体，满足都市人回归自然、回归田园需求，强调游客体验的升级版乡村旅游发展模式。现代庄园经济的发展改变了农业与消费者关系，它提供了一个与消费者互动交流的平台，可以切入到消费者生活的方方面面。与此同时，现在农业庄园正在从单一的农业种植（养殖）向一个更加系统化的多功能有机体演变，其中包括依托于农业基础的农副产品加工、依托于自然生态景观的观光休闲、依托于优质生活环境的旅游度假、依托于健康生活方式的养生养老、依托于有机绿色农产品的生产基地和依托于文化内涵的交流平台，它同时是农业生产场所、农产品消费场所和休闲度假旅游场所。

晋中生态庄园经济发端于晋中左权县。在城镇化、工业化进程中，左权县也面临着大量"空壳村""荒芜村"和"萎缩村"的出现。山西省生态庄园经济协会名誉主席、时任左权县委书记孙光堂在深入调查研究的基础上，带领左权县委县政府创造性地出台政策，提出了发展生态庄园经济的想法。在政策的引领下，一批生态庄园经济蓬勃兴起，左权县发展了各类生态庄园257处。蠡森生态庄园、小二黑生态庄园、莲花岩生态庄园、日月星生态庄园等10个生态庄园颇具规模，且旅游产业发育，成为重要的生态旅游休闲度假地。随后，生态庄园旅游在晋中各县全面展开。榆次区兴起了诸如丰润泽生态庄园、九寨谷生态庄园、林果丰生态庄园、明乐庄园等生态庄园旅游地。晋中生态庄园发展在全国业界、学界受到广泛关注，生态庄园不仅染绿了山庄窝铺，绿化了荒山秃岭，而且助推生态观光、农业休闲、旅游度假等乡村旅游业态的发育，更重要的是使得昔日繁荣"空心村"功能再生。习近平总书记说"绿水青山就是金山银山"，晋中生态庄园旅游成为"两山理论"重要思想的生动实践[1]。

六、课程安排

教学案例时间：1~2 个学时，依研究生、本科生教学计划适当调整。

（一）课前准备

课前要求学生自由组成学习讨论小组， 2~4 人一组，在案例分析前一周发布案例与思考题。思考题可以根据需要从本案例使用说明的"启发思考题"部分有针对性地选择，也可以自行提出有意义的思考题。要求学生阅读案例，每个小组要求撰写一份案例分析来回答这些思考问题。

（二）课中计划

①案例回顾，明确案例分析讨论主题。

②小组讨论，发言（每组 5 分钟，控制在 30 分钟）。

③深入讨论，并进行归纳总结。

（三）课后规划

如有需要，学生可以通过报告的形式对乡村旅游、庄园经济提出更加具体的解决方案，包括乡村旅游资源的开发、景观的设置、目标游客群体的营销等。

1　晋中兴起生态庄园经济 [EB/OL]. 晋中新闻网，2018-04-09.

酒店发展态势良好的大环境下
文化型主题酒店如何抓住发展的机遇

案例正文

摘要： 近年来国内经济水平的迅速发展，人们对精神文化需求的增多为酒店行业带来了良好的发展机遇。相较于国外发展较为成熟的主题酒店行业，我国的主题酒店尚处于发展阶段，相关专业人才少、内部管理不够全面，在发展中可借鉴的研究资料和案例也不够充分，主题酒店的开展仍在摸索阶段。本案例选取了国内一家文化型主题酒店，通过分析其现有的市场定位、创意产品、品牌营销方案等，研究其经营理念与发展态势，对文化型主题酒店的整体经营设计产生一定的思考，为大多数主题酒店的发展和酒店管理的研究提供了很好的借鉴。

关键词： 主题酒店；汉文化；创新产品；营销策略

一、引言

随着社会经济的快速发展、人们生活品质的提高、第三产业发展的日趋成熟，人们已经进入了体验的时代。顾客入住酒店不仅仅是寻求基本的住宿服务，而且更想要获得独特的体验和经历。就像未来学家阿尔文·托夫勒在《未来的冲击》中所说的：服务经济的下一步是走向体验经济。在体验经济时代，舞台是由企业提供，产品和服务中要附着体验要素，消费者消费的过程会与产品一起结束，之后体验就成了记忆，长久地保存在消费者心里。这对于酒店产业来说，主题化是酒店加入体验要素的最好形式。主题酒店以它鲜明的主题、独特的氛围，能够带给顾客特别的体验，满足顾客自我实现和个性化消费的需求。同时，主题酒店独特的卖点也会使其在同业竞争中处于优势地位。那么，中国主题酒店目前的发展现状及发展趋势又

* 作者简介：1 席雯（1989—　），太原师范学院讲师，研究方向：酒店管理；2. 景一诺（1984—　），太原师范学院本科生。

是怎样的？

二、行业背景

随着我国社会经济水平的蓬勃发展，酒店行业始终保持着迅猛的发展势头。特别是人们生活品质的不断提升，对酒店行业的需求也越来越丰富，迫使酒店行业不断进行市场细分，衍生出各种类型的酒店更为精准地捕捉各类消费者，主题酒店应运而生。主题酒店这一概念最早出现是在 20 世纪中期的美国，即玛利亚旅馆，它有一百余间主题客房，每间都有独特的装修风格，带给当时的人们最新奇的体验。自此，主题酒店就凭借独特的新奇的体验和个性化的服务，获得了消费者的喜爱，逐渐在酒店行业中快速发展起来。在我国，主题酒店的发展历史不长，起步较晚，分布极为不均，同质化现象也较为严重，整体发展水平参差不齐，相关理论研究也较为不足。如何科学地进行酒店文化品牌建设、丰富产品供给、优化市场营销战略、克服同质竞争，是目前主题酒店需要迫切研究的问题。

文化类主题酒店是指以酒店所在地最具影响力的地域特征和文化特质为题材设计、建造、装饰、生产和提供服务的场所。其主要特点是依托自己独特的文化特色，形成文化主题，并围绕这个主题，在酒店的建筑风格、装饰艺术以及产品特色上进行全方位的文化展示，同时将服务项目融入主题形成鲜明的主题文化形象营造出一种无法复制和模仿的文化氛围，传递给顾客强烈的文化感受，从而让顾客获得新奇的体验。目前我国的文化主题酒店数量已经超过近130家，大部分集中在北京、上海、广东等经济较为发达的地区及省份，显然文化主题酒店已经成为酒店行业的新趋势。

三、P 酒店概况

P酒店于 2018 年成立，选取在 AAAA 级景区附近进行建造，酒店整体建筑采用汉风、仿古式风格设计，与景区景观融为一体，是一个以汉文化为主题的精品艺术酒店。

该酒店设施齐全，房间宽敞舒适，风格时尚。拥有布置豪华、舒适的观景房、休闲房、精品套房、庭院 Loft 等特色房型，房间配备高品质的床上用品及豪华洁具，带给宾客温馨舒适的居住感受。采用超现代、智能化的设施极大地提高了住宿环境的品质。贴心、周到的服务和汉风、仿古风的风格设计营造出全新的文化住宿体验空间。除了为顾客提供餐饮、住宿、会议、休闲等便利服务，酒店依托 4A 级景区，临水而建、风景雅致、文化气息浓郁，景区独特的景观为酒店增添了独特的艺术韵味，带来了灵气，给予顾客对汉人、汉风、汉韵的感受之余，也为顾客带来一份繁华闹市中的休闲、清净与自在。能够真正体验"观大汉文脉风采，赏月下湖光美景，品茗茶古琴古月"的盛景，极大地提高了对顾客的吸引力。

四、P 酒店经营管理之道

（一）"酒店 + 文化"和"酒店 + 景点"的完美结合

文化主题酒店的建设关键需要打造特定的文化氛围和环境，P 酒店选取经济较为发达的二线城市，该城市历史底蕴深厚，文化气息浓郁，以汉文化作为酒店的主题文化，与当地的地域文化特色十分契合。首先，P 酒店在设计过程中，采用了多元化的设计结构和创新的设计理念。外观古香古色，采用汉风、仿古式的建筑风格，大堂素净儒雅，作为顾客公共活动与团聚的地方，融合中式设计中天人合一的观念，体现中国人的精神追求。中厅落置了庭院编钟，从景观到室内盆景和家具的配置，以及汉文化家具设计的表面，将汉文化渗透在每一处设计之中。这些室内设计通过空间、布局、光线、色彩、陈设与室内装饰等要素，来进行烘托出带有浓厚汉文化氛围并且突出呈现中国传统教育意义体验的主题。其次，在服务人员的培养方面，服务是酒店的内核，除了做到一般星级酒店的标准外，其各种细节还融入了该地文化，例如服装、发饰等，更要求服务人员了解其酒店所融合的汉文化，力求能够给予客人最优质的服务和汉文化体验。同时，在提供给客人的客房服务中，酒店也融入了汉文化的元素，比如提供给客人的浴衣、拖鞋等日常用品中加入汉文化元素，让客人无时无刻不置身于汉文化的熏陶之中。最后，在主题餐饮方面，酒店仿照古制，提供特色餐厅和饮食，将传统元素和现代风格融合创新，满足个性化的消费者的需求。酒店配套有精心设计的特色餐厅及风格各异的高档包间 6 个，可同时容纳 400

人用餐。主推的高端精品菜将地方特色传统饮食、小吃和现代饮食融合创新。餐厅汲取了汉式简约精华元素，融合现代明朗简洁的设计和布局，彰显尊贵品质及中国古典文化魅力。特别还推出了分餐而食的汉文化用餐体验，给予顾客丰富的汉文化体验。顾客一进入酒店，不论是居住环境还是饮食娱乐，都围绕在汉文化的独特氛围之中。

优越的地理位置能够带来丰富的客源。P 酒店结合所在 4A 景区的湖边自然美景，依湖展开汉文化主题风格的构建，即将周围外在地理环境中天然的景观融入酒店的主题环境中，以自然风光为背景，建设仿汉式酒店的建筑，实现主题建筑与景区景观的自然融合，形成一个完整的汉文化主题环境。顾客选择当地旅游时，会对距离景区较近又富含独特汉文化风格的 P 酒店产生一定程度上的向往。顾客在入住酒店后，既可以享受餐饮、住宿、会议和休闲等便利服务，同时能感受浓厚的汉文化艺术氛围，能体验一种静谧、温馨、浪漫、与众不同的花园式住宿服务。通过给予这些客源记忆深刻的服务体验，也是对酒店良好的宣传。P 酒店得以逐渐在主题酒店中占领一席之地。

（二）创新设计酒店产品，提高核心竞争力

主题酒店不同于经济型酒店、商务型酒店等侧重于满足顾客实物性的服务，而是想要给予顾客一段愉悦身心的品牌故事、一份丰富精神需求的体验。P 酒店在确定以汉文化作为酒店的品牌文化之初，首先便大量收集关于汉文化的史料、习俗、文学作品等，其次敲定装修风格。仿汉式、汉风的装修风格，不完全是纯古风的建造，还融合了现代的艺术风格，意图将现代艺术和古风文化融合打造。但创立者深知仅在装修风格上凸显汉文化特色无法对顾客形成强有力的吸引力，还需要提供丰富的个性化主题活动，加强顾客对酒店的记忆和认知，增加回头客。

比如举办大型的沉浸式互动体验活动。在中秋节期间，模拟古人举办节庆活动的风俗习惯，宽阔敞亮、井然有序的小吃街，吆喝叫卖的商品摊位，还有熙熙攘攘的身着汉服的人群……让人仿佛置身数千年前的汉长安城街道。顾客可以倡国粹、着汉服、趣投壶、玩套圈、猜灯谜，玩古人游戏，体验别样中秋。同时举行拜月大典，按照传统形式进行通赞唱始、献官盥洗、司尊者举幂酌酒、主献上香、引众人拜等，给予顾客完整的汉风体验。同样在七夕节期间，不仅有斗巧、拜织女、古琴演奏、七巧剪纸、齐心投壶等各种七夕民俗互动，而且可以承办大气庄重的汉式婚礼大秀，将优秀的传统文化融入生活，让顾客感受到一个趣味横生的七夕节。日常中会举办汉服模特大赛，将国潮范十足的汉服走秀和汉服情景剧国风舞乐相融合，吸引了大批年轻人的入住欲望。特别推出的分餐而食的用餐活动，顾客先至酒店大堂观看盛大的汉舞表演，行至餐厅穿上汉服，一人一案，分餐而食，体验古人的仪式感。这些特色的、其他酒店不能提供的、奇思妙想的体验活动造就的就是顾客精神文化上的满足，极大地提高了顾客的重购意愿。

（三）高科技、现代化的基础设施的成功运用

酒店属于服务接待性企业，它提供有形的实物产品和无形的服务产品销售给客人，如地理位置、硬件设施、主题氛围、住宿饮食等。现代营销学中又大致分为核心产品、形式产品和附加产品。

P 酒店提供给顾客的基本的利益和服务就是核心产品。顾客下榻酒店，户外是优美的景区景观，环境优美，风景宜人，客房内精心设计汉文化，小到摆件，大到家具设计，同时配备的现代化的基础设施，将汉文化的精神享受和现代的舒适度相结合。但作为汉文化主题酒店，P 酒店深知，住宿是必要的服务，但是主题更重要。酒店为顾客创造出一种与主题相关的身临其境的体验才是其核心产品。如何从有形的设施环境转换到有形的体验活动，除了上文中酒店从内而外的装饰、装修，一些主题活动的举办，特别地 P 酒店采用了一些高科技设备，高清 LED 背景屏和高清液晶电视，可以循环播放汉文化的史料、民间故事、习俗，甚至兼做数字艺术走廊，令顾客全身心投入汉文化氛围中。

形式产品是核心产品的具体表现形式，P 酒店专注于客房、特色餐厅、会议室等的经营。客房配备了 IPTV 液晶电视、中央空调、迷你吧、保险柜、电子秤、浴袍、吹风机、浴缸、智能马桶、蓝牙音响、智能化客控、国内外直拨电话等基础服务。餐厅引进了智能座椅、机器人领位服务、iPad 点餐服务。特别在特色餐厅——汉文化体验餐厅，安置了更衣室和日常维护清洗的汉服供体验者进行更换。会议室配备高清 LED 背景屏及完美音质立体声音响等先进设备，可为各类大、中、小型商务会议及宴会宴请提供便捷服务，会议室内高端大气，户外紧邻景区湖泊，环境优美，风景宜人，能够为商务人士提供别具特色的会议场地。

　　附加产品指顾客购买酒店产品时获得的全部附加服务和利益。P 酒店提供了免费停车场、配有宽带接口的客房、运用的高科技的娱乐设施和活动等。

（四）新媒体环境下的营销策略

　　随着知识经济、信息时代的到来，酒店的各项工作活动都离不开电子信息、网络技术等先进的技术，特别是在市场营销领域，对文化主题酒店的发展起着重要的推动作用。所谓营销网络化，指酒店凭借网络、电脑通信和数字交互式媒体的威力，以宾客为导向，强调个性化的营销方式，适应了定制化时代的要求。P 酒店以汉文化作为品牌主题，其重点消费群体多为对汉文化、华夏历史或汉服有兴趣的年轻群体，所以需要通过新媒体展开网络宣传营销。

　　P 酒店主要以微博、公众号等作为切入点，以能描述酒店特色、对顾客产生吸引力的文章作为宣传媒介。比如，可以通过短视频的拍摄，或者是图文信息的推送，让酒店的主题文化与顾客的价值理念和情感产生一定的共鸣，这样能够极大地刺激顾客的消费欲望，从而实现一定的营销效果。

　　互联网的市场化运行后，建立了多种与旅游和住宿相关的网络信息平台。随着电子支付和网络消费的逐渐完善，通过互联网平台来订购酒店服务就成了一种十分主流的形式。P 酒店除了官网订购、公众号订购，还充分借助互联网平台，如携程、途牛等实现多种平台的全面营销模式。P 酒店在旅游出行网络平台上开设汉文化主题酒店的专栏，使需求用户可以通过专栏来直接搜索相关的主题酒店，这样可以更加精准地满足顾客的需求。其次，也可以通过内容营销使顾客产生更加感性的认识，从而实现主观上的消费。

参考文献

[1] 陈悦诗，王宁．文化类主题酒店现状及发展趋势初探 [J].市场周刊，2018（10）：26-27.

[2] 黄慧．文化主题酒店发展探析 [J].旅游纵览（下半月），2020（4）：77-78.

[3] 田越科．浅析中国传统文化在主题酒店中的研究与应用 [J].居舍，2021（30）：111-112，176.

[4] 杨场．茶文化主题酒店管理与发展研究 [J].福建茶叶，2021，43（10）：72-73.

[5] 李洁.我国主题酒店发展现状及其发展前景分析 [J].中小企业管理与科技（上旬刊），2020（7）：102-103.

[6] 王荣文.新媒体环境下主题酒店的营销策略分析 [J].黑龙江人力资源和社会保障，2021（8）：138-139.

[7] 苏青.“梦云南酒店”服务营销策略研究 [D].昆明：云南大学，2015.

[8] 孙敏华.香港文华东方酒店营销策略研究 [D].成都：西南交通大学，2019.

案例使用说明

一、教学目的与用途

（一）适用课程

本案例主要适用于旅游接待业、酒店管理概论、服务管理等相关课程，重点探讨酒店管理、服务管理、酒店营销战略、酒店市场营销组合等相关理论在主题酒店企业中的应用。

（二）适用对象

本案例适用于 MTA、MBA 专业学生以及本科高年级学生的课程教学。

（三）教学目的

通过案例分析和教学，使学生了解主题酒店相关发展背景，掌握酒店管理、服务管理、酒店营销战略、酒店市场营销组合等相关理论知识；培养学生对酒店经营管理理念、市场细分与酒店产品设计创新的思考；引导学生掌握酒店产品设计、营销策略与方法，认识市场定位、经营理念、品牌化管理等在酒店经营管理中的作用；通过对文化主题酒店的研究，让学生对酒店产品的创新设计展开思考。

（四）主要知识点

本案例涉及的主要知识点包括酒店市场营销组合、酒店差异化营销战略、酒店市场细分与酒店产品创新设计。

二、启发思考题

①一个新上市的主题酒店，如何选定主题确定市场定位？

②如何对主题酒店的主题文化进行深度挖掘？

③结合 P 酒店的实际案例，如何加强其文化品牌建设？

④举例说明文学因素对主题酒店设计的应用。

⑤试分析主题酒店相对于其他类型的酒店所具有的优势。

三、分析思路

在本案例的使用中，授课教师可根据自己的教学目标进行灵活使用，本文提供的分析思路仅供参考。

本案例描述了酒店市场迫切进行市场细分，主题酒店市场快速增长，但发展水平参差不齐，需要进行系统理论研究的背景下。P 酒店挖掘可以代表当地历史底蕴的汉文化为主题，进行酒店风格设计，并推出一系列特别的酒店创新产品，争夺市场份额、培养回头客。

希望通过对案例的学习和研讨，帮助学生了解酒店文化品牌建设、创新产品设计、宣传营销与酒店管理相关知识，从 P 酒店的经营之道了解主题酒店的发展现状。从市场角度去思考酒店产品创新、产品制订的方法，从管理者的角度去思考主题酒店的营销管理及经营。在案例中认识酒店差异化营销战略、酒店市场营销组合策略、波特五力模型理论等相关理论基础。

本案例分析思路为：从中国近年来在快速发展的主题酒店行业进行分析切入，以 P 酒店为例让学生了解主题酒店业发展的现状及前景，引导学生思考在主题酒店如何创新开发特色产品，如何进行文化品牌建设，如何通过宣传营销实现快速发展。通过案例分析，让学生掌握主题酒店产品创新设计的重要性，了解主题酒店产品销售与宣传营销。帮助学生认识酒店差异化营销战略、酒店市场营销组合策略、波特五力模型理论等相关理论研究在酒店经营管理中的应用。组织学生头脑风暴，分析 P 酒店未来如何冲破阻力、保持特色、避免同质化，在激烈的竞争中脱颖而出。

四、理论依据与分析

（一）酒店差异化营销战略

美国学者迈克尔·波特于 1980 年在《竞争战略》一书中提出了三种竞争战略类型，分别是总成本领先战略、差异化战略和专一化战略。而从酒店行业整体情况分析来看，差异化营销战略更能普遍适用于广大主题酒店。

美国企业管理学者刘易斯·卡布罗作出了如下解释："一个企业的市场竞争能力越强，则代表着企业制定的差异化战略越细致。"主题酒店要想得到生存与发展，坚持走差异化战略具有重要意义。差异化战略适用范围较广，且具有许多优势。第一，可以减少供应商的威胁，即使供应商私自提高了价格，企业也可以将其转移到顾客身上，而这与企业引入差异化战略之间有着密切联系。第二，可以减少购买者的威胁，企业在实施差异化战略时，将产品价值融入了其中，大大削弱了顾客的讨价还价能力。第三，可以降低潜在进入者的威胁，企业通过从消费者方向建立品牌识别，能够留住更多消费者。第四，可以减少竞争威胁，由于各个企业目标市场不一致，所以，降低了该行业的竞争压力。

采用差异化的营销战略，主题酒店应根据自身实际情况，深度挖掘品牌文化，打造自身的竞争优势，为顾客提供个性化服务，将所提供的产品与服务展现出足够的吸引力，以削弱其他连锁便捷酒店、经济型酒店等性价比更高的类型酒店的威胁。

（二）酒店市场营销组合策略

市场营销组合策略是企业市场营销部门根据公司总体战略和业务单位战略规划，在综合考虑外部市场机会及内部资源状况等因素的基础上，确定目标市场，选择相应的市场营销策略组合，并予以有效实施和控制的过程。

酒店在进行市场营销时，容易受到两类因素的影响。一类是酒店外部环境带给酒店的机会与威胁，这些是酒店很难改变的；另一类是酒店通过决策可以加以控制的。这些可以控制的因素归纳起来就是酒店市场营销组合策略。最早的市场营销组合策略分为四个部分：产品（Product）策略、价格（Price）策略、渠道（Place）策略、促销（Promotion）策略，即4P。产品策略包含客房产品、餐饮产品和康乐产品等，价格策略包括基本价格、折扣价格和付款方式等，渠道策略包含分销渠道、中间商等，促销策略包含人员促销、广告、公共关系等。后来，营销组合人员认为市场营销组合应该更新，就在4P原有的基础上增加了3个P，分别代表人（People）、过程（Process）、物理证据（Physical Evidence），形成了7P。酒店要合理分配人力资源，将产品设计、价格体系、消费渠道、推广方式以结构化的方式实现目标收益。最后，收集酒店市场中的真实交易和事实，为下一次营销做准备。

（三）波特五力模型理论

美国学者波特认为，有五种力量决定着整个行业、市场的吸引力，分别是供应商讨价还价的能力、行业内现有的竞争强度、购买者讨价还价的能力、新进入者威胁和替代者的威胁，评估目标市场的前景需要预测这五种力量对长期盈利的影响。酒店企业营销的成功，不仅要适应宏观环境的变化，而且取决于是否能适应来自于这五种的力量的变化。

酒店行业目前的竞争十分激烈，近年来行业的增长势头放缓，市场竞争形势日趋复杂，主题酒店间许多规模相仿、同质化现象严重，在顾客竞争方面尤为激烈。新进入者和替代品也是潜在的竞争威胁，经济型酒店性价比高，品牌连锁酒店在商务人士、旅游者等顾客心中的可信赖程度高，主题酒店需要拿出更个性、无法替代的服务产品来吸引顾客，培养顾客忠诚度。同时，如果处在行业上游的企业如原材料商、设备供应商、银行等提价或降低产品、服务质量，或减少供应，主题酒店在市场中还要面临对这类问题的处理。即使主题酒店已然成功进入市场，现有的顾客层次复杂、需求个性化，对酒店提供的产品和服务提出了更高标准的要求，主题酒店的经营模式、创新产品和宣传营销值得研究和探索。

五、背景信息

（一）主题酒店行业进入壁垒分析

主题酒店行业需要专业的技术人才，但目前我国主题酒店行业的人才培养体系还不完善，行业内大多数企业还没有建立专门的人才培养机制，缺乏技术型人才特别是能够持续致力于新产品新工艺开发的技术人才。

主题酒店行业需要在市场中培育一定的品牌忠诚度，但目前国内消费者可选择的老牌酒店品牌众多，知名品牌均已拥有了相对稳定的目标客户群体。主题酒店作为新进入者，在培育品牌知名度和维持品牌运营的竞争压力较大，需要更大的投入去突破市场现有品牌壁垒。

（二）市场环境信息

2017 年中共中央办公厅、国务院办公厅为建设社会主义文化强国，增强国家文化软实力，实现中华民族伟大复兴的中国梦印发了《关于实施中华优秀传统文化传承发展工程的意见》（以下简称《意见》），《意见》对如何实施中华优秀传统文化传承发展工程作出了具体要求，是指导性文件。文件于 2017 年 1 月 25 日发布并实施。《意见》提出：到 2025 年，中华优秀传统文化传承发展体系基本形成，研究阐发、教育普及、保护传承、创新发展、传播交流等方面协同推进并取得重要成果，具有中国特色、中国风格、中国气派的文化产品更加丰富，文化自觉和文化自信显著增强，国家文化软实力的根基更为坚实，中华文化的国际影响力明显提升。

根据汉服资讯 2018 年统计报告显示，2018 年淘宝汉服商家销量前十销售总额达 3.16 亿，交易量占总体的 45%，整体行业集中趋势逐渐明显。

2022 年 2 月 18 日下午，国家发改委等十四部门联合发布《关于促进服务业领域困难行业恢复发展的若干政策》（以下简称《通知》），《通知》按照党中央、国务院决策部署，为帮助服务业领域困难行业渡过难关、恢复发展，在落实好已经出台政策措施的基础上，经国务院同意，提出助企纾困扶持政策措施，其中包括服务业普惠性纾困扶持政策，餐饮业、零售业、旅游业、公路水路铁路运输业、民航业纾困扶持政策等。此次行业政策支持力度显著提升，纾困工具种类众多，涉及财税、金融、行政监管等多个方面，从根源上解决企业困境，从而稳固行业基本盘。

六、课程安排

教学案例时间：宜安排两次课时，即 4 小时左右，依研究生、本科生教学计划适当调整。

（一）第一次课时

以学习小组为单位，阅读案例并自由讨论，由教师引导在课堂上畅所欲言对案例的看法和思考，形成最终的启发思考题。

（二）第二次课时

①提前为各小组分配启发思考题，一组一道，制作 PPT 在课堂上演示发言。

②课上首先由教师进行案例回顾，明确案例分析讨论主题。

③小组按顺序进行发言展示，其他小组可提出疑问。

④教师进行归纳总结。

（三）课后作业

学生以报告或论文形式，围绕主题酒店市场定位、经营管理理念、文化品牌建设、酒店产品创新设计、营销战略等内容，提出主题酒店行业创新发展路径；阐述主题酒店经营管理中相对应的相关理论基础。